C0-AKV-042

Bollweg Vorderasiatische Wagentypen

ORBIS BIBLICUS ET ORIENTALIS

Im Auftrag des Biblischen Instituts
der Universität Freiburg Schweiz,
des Ägyptologischen Seminars der Universität Basel,
des Instituts für Vorderasiatische Archäologie
und Altorientalische Sprachen der Universität Bern
und der Schweizerischen Gesellschaft
für Orientalische Altertumswissenschaft

herausgegeben von
Othmar Keel und Christoph Uehlinger

Zur Autorin:

Jutta Bollweg studierte an der Universität Köln Vorderasiatische Altertumskunde und Altorientalische Philologie. 1994 Promotion in Vorderasiatischer Altertumskunde bei Prof. Wolfram Nagel. Während und nach dem Studium Forschungsaufenthalte in Berlin und München sowie Teilnahme an einer Ausgrabung in Syrien. Die Equiden- und Wagenproblematik Vorderasiens ist der Schwerpunkt ihrer Arbeiten. Weitere Publikationen: «Protoachämenidische Siegelbilder» (Archaeologische Mitteilungen aus Iran 21 [1988], «Equiden Vorderasiens in sumerisch-akkadischen Schriftquellen und aus Ausgrabungen» (mit Wolfram Nagel, Acta Praehistorica et Archaeologica 24 [1992]).

Orbis Biblicus et Orientalis 167

Jutta Bollweg

Vorderasiatische Wagentypen

im Spiegel der Terracottaplastik
bis zur Altbabylonischen Zeit

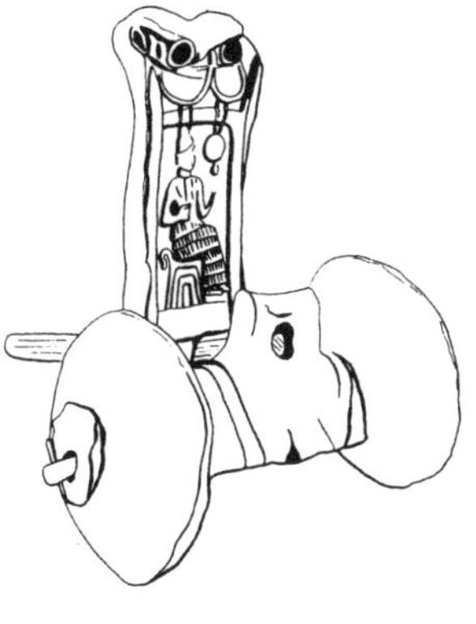

Universitätsverlag Freiburg Schweiz
Vandenhoeck & Ruprecht Göttingen

Die Deutsche Bibliothek – CIP-Einheitsaufnahme

Bollweg, Jutta:
Vorderasiatische Wagentypen: im Spiegel der Terraottaplastik bis zur altbabylonischen Zeit / Jutta Bollweg. – Freiburg, Schweiz: Univ.-Verl.; Göttingen: Vandenhoeck und Ruprecht, 1999
(Orbis biblicus et orientalis;167)
Zugl.: Bern, Univ., Diss., 1996
ISBN 3-7278-1254-0 (Univ.-Verl.)
ISBN 3-525-53695-X (Vandenhoeck & Ruprecht)

N
8217
.C24
B65
1999

Veröffentlicht mit Unterstützung der Schweizerischen Akademie der Geistes- und Sozialwissenschaften und des Rektorates der Universität Freiburg Schweiz

Die Druckvorlagen wurden von der Autorin als reprofertige Dokumente zur Verfügung gestellt

© 1999 by Universitätsverlag Freiburg Schweiz
Vandenhoeck & Ruprecht Göttingen

Paulusdruckerei Freiburg Schweiz

ISBN 3-7278-1254-0 (Universitätsverlag)
ISBN 3-525-53695-X (Vandenhoeck & Ruprecht)
ISSN 1015-1850 (Orb. biblicus Orient.)

INHALTSVERZEICHNIS

DANKSAGUNG

Vorab möchte ich den Herren Professoren Dr. Wolfram Nagel und Dr. Egbert von Weiher, beide Universität Köln, meinen besonderen Dank für ihre Unterstützung und ihre Anregungen zu diesem Werk aussprechen. Vor einem Jahrzehnt wurde der Kern seines Inhaltes zum Thema meiner Doktordissertation. Seitdem hat die Forschung zur Denkmälergruppe der vorderasiatischen Terracotten eine ganze Reihe neuer Ergebnisse erbracht. Ihre Einarbeitung führte im Verlauf der vergangenen Jahre zu dem Entschluß, dies alles nunmehr in einem Buch mit allgemeinerer Zielsetzung vorzulegen. Dabei bin ich Herrn Professor Dr. Othmar Keel, Universität Freiburg Schweiz, für die Aufnahme in seine Schriftenreihe »Orbis Biblicus et Orientalis« sehr verbunden ebenso wie auch Herrn Dr. Christoph Uehlinger für seine Mühewaltung bei der Drucklegung des Werkes.

Mein aufrichtiger Dank gilt ferner Frau Dr. habil. Eva Strommenger, Museum für Vor- und Frühgeschichte Berlin, die mir großzügigerweise gestattete, die zahlreichen Funde von Tonwägelchen aus Tall Bi^{c}ah auszuwerten und viele unpublizierte Stücke abzubilden.

Mein Dank gilt ebenso Herrn Prof. Dr. Bruno Jacobs, Universität Basel, sowie Herrn Thomas Köppen vom Museum Achse, Rad und Wagen in Wiehl, denen ich für die Erlaubnis zur Abbildung von Kat.-Nr. XII 10 und XII 13 sowie für die Anfertigung der entsprechenden Photos verpflichtet bin.

VORBEMERKUNGEN

Allgemeines

Die Terracottawagen Vorderasiens stellen eine Kleinkunstgattung dar, deren Auftreten räumlich und zeitlich recht beschränkt ist. Das Kerngebiet ihrer Verbreitung liegt in Mesopotamien und Syrien; als Randzonen gliedern sich Südanatolien, Kypros und Chuzistan an. Ihre Blütezeit erleben die Modelle vom Frühdynatikum bis in die Frühaltbabylonische Epoche. Der eigentliche Wert ihrer Sammlung besteht darin, daß man dabei einen Überblick über das erhält, was in den angegebenen Zeiten an Wagentypen real vorhanden war. Darstellungen aus anderen Kunstgattungn ergänzen dieses Bild; aber die tatsächliche Vielfalt der Typen, die damals in Gebrauch waren, lernen wir nur aus den Modellen kennen. In ihrem breiten Spektrum ergeben sie einen Wagenpark, dessen typologische Aufarbeitung interessante Gesichtspunkte vermittelt, insbesondere in Hinblick auf die Fahrzeugdarstellung in anderen Kunstgattungen. Das wurde schon von M. A. Littauer betont. Unser Ziel ist also nicht, eine vollständige Sammlung aller Terracottawagen und -fragmente vorzulegen. Aus diesem Grund wurden auch meist nur aussagekräftige Stücke aufgenommen. Als Nebenergebnis dieser Zusammenstellung einer großen Zahl von Modellen dürfte sich schließlich die Möglichkeit bieten, künftige Funde besser einordnen zu können.

Die Kenntnis der aus zahlreichen Ausgrabungen stammenden Wagentypen und ihres besonderen Spektrums an Formen und technischen Details sowie Informationen über die Herstellungstechnik der Modelle erlauben es auch, solche Exemplare, die aus dem Kunsthandel stammen, kritisch zu beurteilen. Diese verdienen grundsätzlich unser Mißtrauen, vor allem, wenn sie – wie sehr häufig – gut und vollständig erhalten sind. Hier wurden auf Grund technischer Unstimmigkeiten einige öfters abgebildete Terracottawagen als äußerst fragwürdig ausgeschieden. Der Leser wird den einen oder anderen von ihnen vielleicht vermissen, denn es handelt sich um Stücke, die wegen ihres guten Erhaltungszustandes gern zur Illustration benutzt wurden. Es sind vor allem die folgenden vier Exemplare:

- Rouault edit. Eufrate Rimini: 288 (das hier fälschlich als cat. n. 186 abgebildete Stück entspricht nicht dem S. 445 unter eben dieser cat. n. beschriebenen).
- Cholidis, Cobet edit. Echt Antik Essen 20 ff.: 20, 22, 49 Abb. 26.
- Littauer, Levant 22: 160–2 Fig. 4 S. 161.
- Zahlhaas, Zahlhaas edit. Idole München: 94 Kat. Nr. 40.

Einige andere problematische Exemplare sind hier allerdings aufgenommen worden, jedoch als »fragwürdig« bezeichnet. Bei ihnen sind die Abweichungen von den durch Grabungsobjekte belegten Details weniger gravierend. Sie sollten einer näheren Untersuchung unterzogen werden.

Es muß darauf hingewiesen werden, daß man zum heutigen Zeitpunkt keine Rückschlüsse aus der überlieferten Anzahl der Modelle eines bestimmten Wagentyps ziehen sollte. Diese Zahl ist in einem nicht abzuschätzenden Ausmaß einmal natürlich von der Zufälligkeit der Fundumstände beeinflußt, zum anderen aber auch von der Tatsache, daß zahlreiche Wagenfunde gar nicht erst den Weg in die Publikationen fanden und somit der Forschung nicht zur Verfügung stehen. Die auf der Töpferscheibe vorgeformten Planwagen wurden zudem oft den Keramikgefäßen zugerechnet.

Die Wagenmodelle bestehen nahezu ausschließlich aus Terracotta. Der Frontschildkasten XI 01 aus ungebranntem Ton kann als unfertiges Exemplar gelten; als Grabbeigabe hat man sich wohl das aufwendige Brennen gespart. Die Planwägelchen aus Fritte, Kat.-Nr. XII 01 und XII 03, sind vorerst noch Einzelstücke. Zur Abrundung des Bildes werden als Gruppe XIV drei Kupfermodelle angefügt, die bisher nicht oder nur an entlegener Stelle veröffentlicht sind.

Die realen Wagen des Alten Orients fanden ihre Verwendung als Streitwagen, Reisewagen, Sportwagen, Lastwagen und Kultwagen. Von allen diesen Arten gibt es die hier diskutierten Modelle, deren Zweckbestimmung in einem eigenen Kapitel näher untersucht wird.

Die Fragen der Geographie, der Kulturen, der Chronologie und der Namensschreibung

Bei jeder archäologischen Untersuchung im Raum Vorderasiens sind zunächst verschiedene Fragen zu klären, die für das Verständnis der vorgesehenen Abhandlung besonders wichtig sind. Es sind dies
- die Klärung der geographischen Begriffe,
- die Festlegung der chronologischen Ansätze,
- die Erläuterung von Kulturkreisen und -stufen; sowie schließlich
- die Prinzipien der Namensschreibung, insbesondere der -umschrift.

Ein annähernder Konsens ist in allen vier Punkten noch nicht erreicht und wird aller Voraussicht nach auch nicht gelingen. Höchstens könnte ein solcher im Falle der *chronologischen* Ansätze durch neue Schriftfunde erzwungen werden. Für unsere Zwecke genügt es hier, den Leser darüber zu informieren, welche Wahl wir unter den angebotenen Systemen jeweils getroffen haben.

Zur Klärung der *geographischen* Begriffe vergleiche den nächsten Abschnitt. Wir entscheiden uns dort für die traditionellen Großlandschaftsbezeichnungen, die sich normalerweise nach geographischen Gegebenheiten richten – also praktisch konstant bleiben und hierin den an Staatsgrenzen orientierten Großraumbegriffen überlegen sind (vergleiche ›Karte der Fundorte in Zentralvorderasien‹ am Schluß des Bandes.)

In einer besonderen ›Gesittungstabelle‹ nach der ›Tabelle zur Laufzeit der Wagentypen‹ und vor dem Abschnitt ›Beschreibung der Wagentypen‹ haben wir die *Kulturentwicklung* im alten Nordwestvorderasien darzustellen versucht. Die Gliederung erfolgt nach Gesittungskreisen und innerhalb derer nach Entwicklungsstufen. Die hierbei von uns verwendete Nomenklatur beruht auf dem Wandel der materiellen Kultur und – soweit vorhanden – auf den Strukturunterschieden und der Stilabfolge in der Bildenden Kunst. Dieses Verfahren läßt eine Feinunterteilung zu, die auf anderem Wege nicht zu erreichen wäre.

Die auf der genannten Tabelle beigefügten Jahreszahlen bevorzugen eine ›Ungekürzte *Chronologie*‹, deren Chancen gegenüber ›Gekürzten Zeitansätzen‹ in jüngster Zeit ständig zu wachsen scheinen.

Unsere Prinzipien der *Namensumschrift* haben wir in der ›Vorbemerkung‹ zum ›Ortsregister‹ erläutert. Danach wählten wir eine ›orthographische‹ Transkription, die im Gegensatz zur ›orthophonetischen‹ den Vorteil hat, auf festen Regeln zu basieren.

Zu den Begriffen ›Syrien‹ und ›Mesopotamien‹

Den geographischen Begriff ›Syrien‹ verstehen wir im folgenden als traditionellen Landschaftsraum zwischen Mittelmeer, Taurus-Gebirgen, Euphrat und den Libanon-Gebirgen, wobei letztere mit eingeschlossen sind. Der Euphrat trennt ›Syrien‹ von ›Mesopotamien‹, der Landschaft zwischen Euphrat und Tigris sowie zwischen Taurus und Persischem Golf. Gewöhnlich werden hierbei die Uferzonen westlich des Euphrat und östlich des Tigris in den Begriff ›Mesopotamien‹ mit einbezogen. Im Osten wird diese Uferzone des Tigris vom Zagrus-Gebirge begrenzt, im Westen die des Euphrat vom syrischen Steppenplateau. ›Innermesopotamien‹ umfaßt also das eigentliche Zwischenstromland einschließlich des schmalen Uferstreifens zwischen Euphrat und der Wüstensteppe. Zu Mesopotamien als ganzem gehören dann noch die drei osttigridischen Landschaften ›Ostobertigrisgebiet‹, ›Diyala-Gebiet‹ und ›Golf-Gebiet‹ (vergleiche Kohlmeyer, Kohlmeyer edit. Baal Berlin; Klengel, Syria).

Der erwähnte westeuphratische Uferstreifen entfällt am Euphratlauf vom Austritt aus dem Taurus bis zum Stromknie zwischen Maskanah/

Tabqah (Madinat aṯ Ṯawrah), da der Fluss hier selbst die Grenze zwischen Nordsyrien und Nordwestmesopotamien bildet. Vom Euphrat-Knie ab wäre dann eine gedachte Linie über den Gabal Šawmariyyah bis zur Oase von Damaskus als weitere Ostbegrenzung der Landschaft ›Syrien‹ zu ziehen. Dieser geographisch verstandene Raum greift also nicht wie das Staatsgebiet ›Suriyyah‹ nach Nordmesopotamien über, wo die heutige Landesgrenze gegen den ʿIraq bekanntlich in etwa der späteren römischen Reichsgrenze folgt.

Der so bestimmte Landschaftsraum ›Syrien‹ läßt sich noch einmal von Nord nach Süd dreiteilen. ›Nordsyrien‹ geht dabei ungefähr bis zu einer Linie, die am Euphrat-Knie zwischen Maskanah und Tabqah (Madinat aṯ Ṯawrah) beginnt und im Gebiet von Laḏaqiyyah, nördlich von Ra's Šamrah, aufs Mittelmeer trifft. ›Südsyrien‹ umfaßt die Libanon-Gebirge nebst dem Oasenraum von Damaskus; dazwischen liegt dann ›Zentralsyrien‹ mit den städtischen Mittelpunkten Ḥamah und Ḥumṣ.

Das gesamte Küstengebiet am östlichen Mittelmeerrand zwischen Anatolien und Ägypten wird bekanntlich als ›Levante‹ bezeichnet, umfaßt also ›Syrien‹ und ›Palästina‹. Will man die auch anderweitig kulturell festgelegten Adjektive ›syrisch‹ und ›palästinensisch‹ als geographische Ausdrücke vermeiden, so ließen sie sich durch ›nordlevantinisch‹ (= ›syrisch‹) beziehungsweise ›südlevantinisch‹ (= ›palästinensisch‹) ersetzen.

Bei neueren Kunsthändlernachrichten, die als Herkunftsregion eines angebotenen Stückes ›Syrien‹ angeben, erhebt sich naturgemäß stets die Frage, ob mit dieser Ortsumschreibung das Staatsgebiet von ›Suriyyah‹ oder der syrische (= nordlevantinische) Landschaftsraum gemeint ist. Das Staatsgebiet greift in Mesopotamien über den Nordwesten des Zweistromlandes noch weit nach Nordosten und bis nach Mittelmesopotamien aus. Das fragliche Stück könnte also gegebenenfalls auch noch aus diesen zweistromländischen Regionen stammen.

Typologie und Kultur

Wenn sich archäologische Arbeiten mit Seriendenkmälern beschäftigen, so ist zu allererst die Frage zu klären, ob das Material in seinen typologischen oder in seinen kulturellen Zusammenhängen darzustellen ist. Bei einfachem Gebrauchsgerät, aber auch bei der Massenware anspruchsloser Kleinkunstwerke gibt man meist der typologischen Betrachtungsweise den Vorzug, in deren Verlauf dann die einzelnen Typenstränge auf ihrer Wanderung durch mannigfache Kulturen verfolgt werden. Diesem Vorgehen haben wir uns bei der Materialgliederung unserer Arbeit gleichfalls angeschlossen. Im Vordergrund stehen hier eben die einzelnen Konstruktionstypen des Wagenbaus, die während mehrerer Epochen modern bleiben. Jedoch wechselt beim gleichen Typ des öfteren die Machart; das heißt, bei gleicher Funktion ändert sich das Aussehen. In unserem Fall also mag zwar die Laufzeit einer bestimmten Wagenkonstruktion durch mehrere Stufen der Kunstentwicklung zu beobachten sein, aber ihre jeweils sich wandelnde Ausprägung erlaubt es dann doch, sie unter glücklichen Umständen mit gewissen Kunstperioden punktuell in Verbindung zu bringen. Eine besondere Auszeichnung wird Stücken der Massenware zuteil, wenn sie zu Trägern höherer Kunstfertigkeit werden. Dazu gehören Dekorbemalung, aber auch Reliefauflagen, wie sie in unserem Fall bei Einachsern der Neusumerischen und Altbabylonischen Zeit am Frontschild auftreten. Hier läßt sich also eine exquisite Gruppe abtrennen, die nicht nur durch ihre Machart sondern auch zusätzlich noch durch ihren künstlerischen Schmuck genauer datierbar ist.

Begriffssystematik

In den folgenden Katalogtexten und Diskussionen werden eine Reihe von Begriffen verwendet, die zum besseren Verständnis vorab festzulegen sind. Skizzen stehen in einigen Fällen zur rascheren Orientierung an Stelle von Beschreibungen:

WAGENGESTELL: Karosserie und Räder

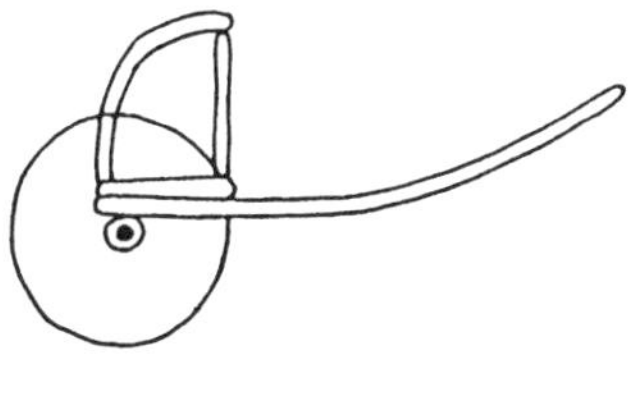

KAROSSERIE: Wagenaufsatz und Deichsel

WAGENAUFSATZ (WAGENAUFBAU): Wagengestell, dem Deichsel und Räder fehlen

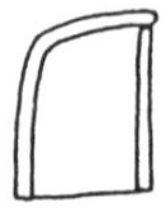

FAHRGESTELL: Räder (gegebenenfalls mit Achslagerung)

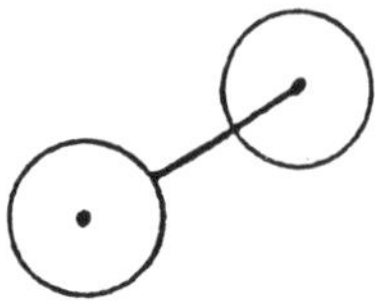

FRONTSCHILD: Der Frontschild stellt die vordere Brüstung des Wagenaufsatzes dar, er schließt den Wagen gerade ab und ist nicht gewölbt. Sind Seitenwände vorhanden, so ist der Frontschild deutlich höher als diese. Seine Konstruktion kann solide sein, aber neben festem Material gibt es auch mächtige Frontbügel, deren Durchblick dann wohl mit einer Lederbespannung abgedeckt zu denken ist. Bei unseren Terracottamodellen scheint es sich stets um hölzerne Frontplatten zu handeln. Diese sind häufig mit einem *Doppelbügel* ausgerüstet, der auf ihrer Oberkante angebracht ist. Dabei handelt es sich sicher um eine Haltevorrichtung für den Fahrer, die kaum der Zügelführung diente.
BODENRAHMEN, SEITENRAND, SEITENWÄNDE: Der *Bodenrahmen* faßt die Bodenplatte des Wagens ein, wobei er im Normalfall von der einen Seite des Frontschildes zur anderen verläuft. Die Rahmenhöhe geht kaum über den Fußknöchel eines Menschen hinaus, wenn dieser auf der Bodenplatte steht. Der *Seitenrand* ist breiter als der ›Bodenrahmen‹ und erreicht Sitzhöhe, geht also bis zum Knie eines Menschen, der sich auf der Platte des ›Seitenrandsitzes‹ (siehe ›Seitenrandsitz‹) niederläßt. *Seitenwände* schützen, ausgehend vom Frontschild, die Flanken des Wagengestells und decken die stehenden Insassen bis zur Hüfte ab.
SEITENRANDSITZ: Er besteht aus einer rechteckigen Platte (wohl Brett), die horizontal über die Enden der ›Seitenränder‹ (siehe ›Seitenränder‹) gelegt und dort befestigt ist. Der Raum unter diesem Sitz kann durch einen ›Hinterrand‹ geschlossen sein oder auch offen bleiben.
HINTERBOCK: Er steht, wenn der ›Bodenrahmen‹ (siehe ›Bodenrahmen‹) fehlt, frei auf dem hinteren Wagenboden oder aber ist mit dem Rahmen verbunden. Der Bock erreicht die übliche Sitzhöhe, überragt also den ›Bodenrahmen‹ und schließt mit der Wagenplattform ab.

KANZEL: Ist die Plattform eines einachsigen Wagens vorn und seitlich von einer gleichmäßig und mindestens hüfthohen Brüstung verschiedener Konstruktion umgeben, hinten aber offen oder nur durch eine Tür abgeschlossen, so sprechen wir von einer Kanzel.
RAUMBEGRENZUNGEN: Bei unseren Wagengestellmodellen lassen sich die Wagenaufsätze im Grundprinzip zumeist auf Raumbegrenzungen zurückführen, die im Idealfall einem vierkantigen Gehäuse nahekommen. Dessen Ummantelung wird im Deutschen mit verschiedenen Begriffsketten bezeichnet, die sich am besten an einem vierkantigen Haus auf rechteckiger Grundfläche erläutern lassen, dessen Eingang zur Straße an einer Schmalseite liegt. Es sind dies folgende termini:

Neutraler Ausdruck ›Ansichten‹:	*›Fronten‹:*
1. Vorderansicht	1. Front, Vorderfront
2. Rückansicht, Hinteransicht	2. Rückfront, Hinterfront
3. Seitenansichten	3. Seitenfronten
›Seiten‹:	*Wir verwenden in unserem Text:*
1. Vorderseite	1. Front
2. Rückseite, Hinterseite	2. Rückfront
3. Seiten	3. Seiten

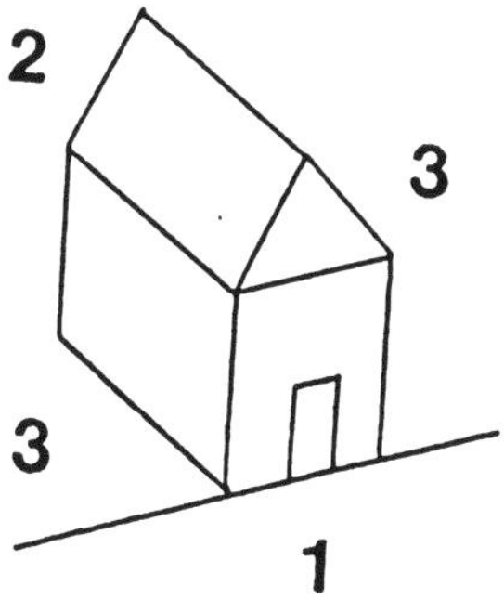

Zu den Literatur- und Abbildungszitaten

Die im folgenden benutzten bibliographischen Abkürzungen finden sich mit ihrer Auflösung im Abschnitt ›Literatur- und zugleich Abkürzungsverzeichnis‹ am Schluß des Haupttextes und vor den ›Katalogen‹.

Alle Illustrationshinweise, die sich auf die Abbildungsseiten hinter den Katalog-Beschreibungen gegen Schluß des Buches beziehen, werden im Gegensatz zu sonstigen »Abb.«-Angaben (in Literaturzitaten) stets in Versalien mit »ABB.« abgekürzt.

SYSTEMATIK DER WAGENTYPEN

Einachser

Typ I: (2achsig Typ VIII)	**›Frontschildeinachser mit Seitenrandsitz‹** Einachsiger Wagen mit Frontschild, Seitenrändern und Seitenrandsitz; Achse mittelständig
Typ II: (2achsig Typ IX)	**›Frontschildeinachser mit Stehfläche auf Scheibenrädern‹** Einachsiger Wagen mit Frontschild, Stehfläche und Bodenrahmen; Achse mittelständig
Typ III a: (2achsig Typ IX a)	**›Frontschildeinachser mit Hinterbock auf Scheibenrädern‹** Einachsiger Wagen mit Frontschild, Hinterbock und Bodenrahmen; Achse mittelständig
Typ III b: (2achsig Typ IX b)	**›Frontschildeinachser mit Hinterbock auf Scheibenrädern‹** Einachsiger Wagen mit Frontschild und Hinterbock; Bodenrahmen fehlt; Achse vorder-, mittel- und hinterständig
Typ III c:	**›Frontschildeinachser mit Hinterbock auf Scheibenrädern‹** Einachsiger Wagen mit Frontschild und Hinterbock; Bodenrahmen fehlt; Relief auf der Innenseite des Frontschildes; Achse hinterständig
Typ IV: (2achsig Typ XI)	**›Einachsiger Frontschildkasten‹** Einachsiger Wagen mit Frontschild und Seitenwänden; Achse mittelständig
Typ V:	**›Kanzelwagen‹**
Typ VI:	**›Sattelwagen‹**
Typ VII: (2achsig Typ XII)	**›Einachsiger Planwagen‹**

Zweiachser

Typ VIII: (1achsig Typ I)	**›Frontschildzweiachser mit Seitenrandsitz‹** Zweiachsiger Wagen mit Frontschild, Seitenrändern und Seitenrandsitz
Typ IX: (1achsig Typ II)	**›Frontschildzweiachser mit Stehfläche‹** Zweiachsiger Wagen mit Frontschild, Stehfläche und Bodenrahmen
Typ X a (1achsig Typ III a)	**›Frontschildzweiachser mit Hinterbock‹** Zweiachsiger Wagen mit Frontschild, Hinterbock und Bodenrahmen
Typ X b: (1achsig Typ III b)	**›Frontschildzweiachser mit Hinterbock‹** Zweiachsiger Wagen mit Frontschild und Hinterbock; Bodenrahmen fehlt
Typ XI: (1achsig Typ IV)	**›Zweiachsiger Frontschildkasten‹** Zweiachsiger Wagen mit Frontschild und Seitenwänden
Typ XII: (1achsig Typ VII)	**›Zweiachsiger Planwagen‹**

Sonstiges

Gruppe XIII:	**Nicht näher einzuordnende Wagentypen**
Gruppe XIV:	**Drei Kupfermodelle vom Typ III a:** ›Frontschildeinachser mit Hinterbock‹ (und Bodenrahmen)

Typenmodelle

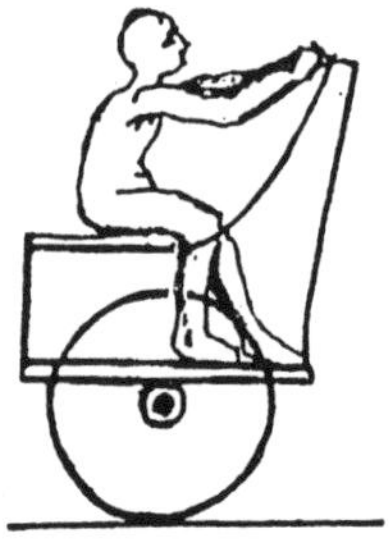

Frontschildeinachser mit Seitenrandsitz

Frontschildeinachser mit Stehfläche auf Scheibenrädern

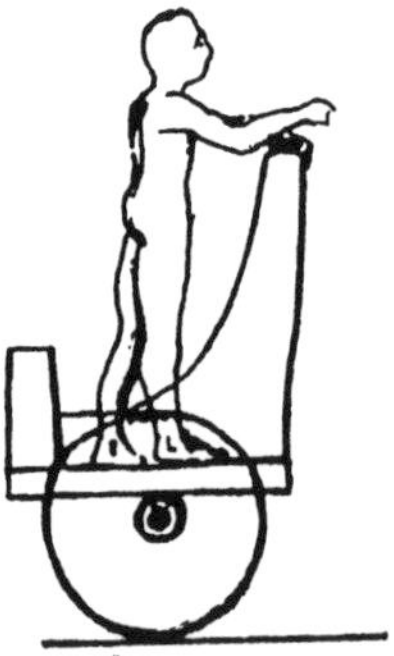

Frontschildeinachser mit
Hinterbock auf Scheibenrädern

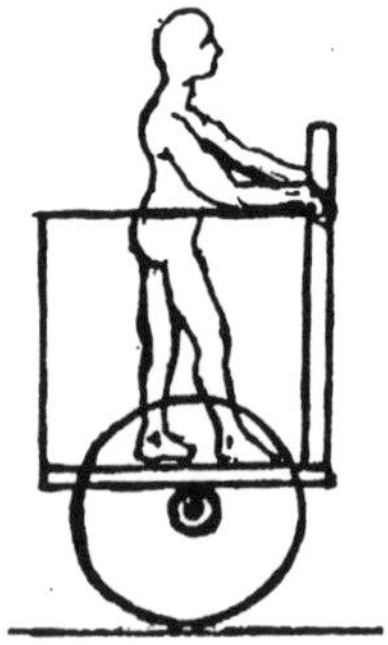

Einachsiger
Frontschildkasten

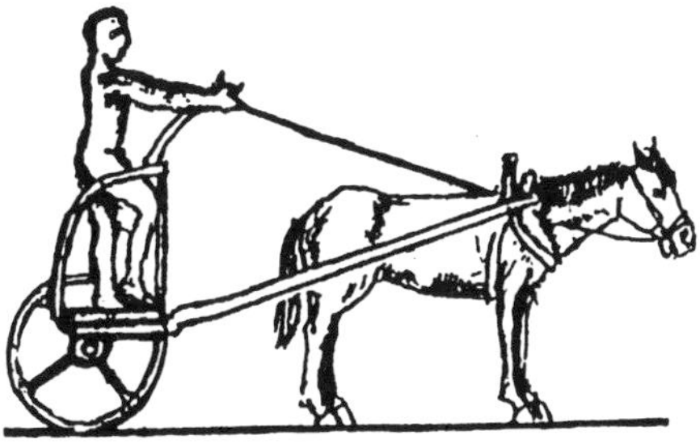

Kanzelwagen vom Geländertyp

Sattelwagen

Einachsiger Planwagen

Frontschildzweiachser
mit Seitenrandsitz

Frontschildzweiachser
mit Stehfläche

Frontschildzweiachser mit Hinterbock

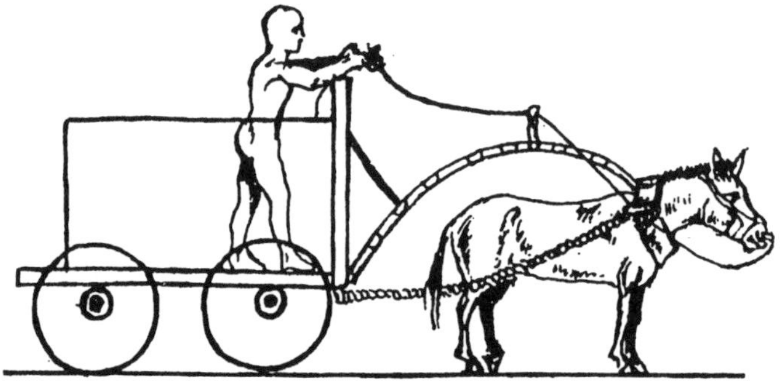

Zweiachsiger Frontschildkasten

Zweiachsiger Planwagen

Tabelle zur Laufzeit der Wagentypen

■ sichere Datierung □ vermutete Datierung

Periode \ Typ	Einachser I	II	III a	III b	III c	IV	V	VI	VII	Zweiachser VIII	IX	X a	X b	XI	XII	XIII 01-28
Urdynastikum 3300–3100								■ ■ ■								■ ■ ■
Älteres Frühdynastikum 3100–2900			■ ■ ■					■ ■ ■		□ Kat.-Nr. VIII 01	■ nur ABB. 178+179	■ ■ ■				■ ■ ■
Jüngeres Frühdynast. Farah 2900–2700			■ ■ ■					■ ■ ■		□ □ □	□ □ □	■ ■ ■		■ ■ ■		■ ■ ■
Jüngeres Frühdynast. Meskalamdu 2700–2640	■ ■ ■		■ ■ ■			□ □ □		■ ■ ■		□ □ □	□ □ □	■ ■ ■		■ ■ ■		■ ■ ■
Jüngeres Frühdynast. Ur I 2640–2440	■ ■ ■		■ ■ ■			□ □ □		■ ■ ■		□ □ □	■ ■ ■	■ ■ ■	■ ■ ■	■ ■ ■		■ ■ ■
Reichsakkadische Zeit 2440–2327	□		■ ■ ■	■ ■ ■				nur Siegel ABB. ■192		Kat.-Nr. VIII 03 □	□ □ □	nur Siegel ABB. ■184	■ ■ ■	■ ■ ■	■ ■ ■	■ ■ ■
Neusumerische Zeit 2327–2040		■ ■ ■		■ ■ ■	■ ■ ■			nur Kat.-Nr. VI 05 ■			■ ■ ■			■ ■ ■	■ ■ ■	■ ■ ■
Altbabylonische Zeit 2040–1700		■ ■		■ ■	■ ■				■ ■ ■						■ ■	■ □ □
				■ Hurritisch			■ um 1400	■ Hurritisch	→			■ Hurritisch				□ Hurritisch

GESITTUNGSKREISE DER VORDERASIATISCHEN HOCHKULTUR

Vorbemerkung

Die hier gebotenen Übersichten richten sich nach der kunstgeschichtlichen Entwicklung, die eine besondere Feinunterteilung ermöglicht. Dabei bezieht die Archäologie die Benennung ihrer mannigfachen Kunstprovinzen und Stilstufen aber einerseits aus der zweiten großen Kultursparte, der ›Literaturhistorie‹, und andererseits aus der politischen Geschichte der jeweils kulturtragenden Staaten und leitet sie gern von deren Herrscherhäusern ab. Das bringt Merkwürdigkeiten mit sich, die dem Nichtkenner wenig logisch erscheinen müssen. So beginnt die ›Assyrische Kultur‹ mit einer ›Mittelassyrischen Phase‹, wogegen die ›Syrische Gesittung‹ mit einer ›Mittelsyrischen‹ endet. Diese Eigentümlichkeiten beruhen darauf, daß Sprach- und Literaturperioden mit der kunstgeschichtlichen Stilentwicklung nicht immer synchron verlaufen. Andererseits sind es große politische Wandlungen, die über weite Räume hinweg Zäsuren setzen und einen Gleichschritt der Epochen im allgemeinen Kulturablauf ergeben.

An den Dynastien der Staaten hängen weitgehend unsere genaueren Datierungen in der Kunsthistorie. In der Frühzeit, wo solche Herrscherreihen noch fehlen, treten markante Grabungsorte an ihre Stelle und bezeichnen mit ihren Schichtenabfolgen die kulturellen Entwicklungsstufen.

Die von uns gewählten Periodenbenennungen haben wir von Fall zu Fall mit Bezeichnungen aus anderen geläufigen Systemen erläutert.

In den Datierungen wird man keine Lücken finden; jede Periode schließt jahresmäßig an die vorhergehende direkt an. Das ergibt hier der Systemzwang und unsere Unkenntnis, was die sogenannten ›Übergangszeiten‹ anbetrifft, deren bildkünstlerische Produktion für uns naturgemäß schwer zu fassen ist. Im allgemeinen überlappen sich die alte und die neue Kunstrichtung für eine Weile. Unsere Einteilung setzt deren Beginn zumeist dort chronologisch fest, wo er sich das Neue zuerst bemerkbar macht (Ausnahme bei der Frühaltbabylonischen Zeit, wo wir das Aufkommen dieses Kunststils für längere Zeit allein in Mari beobachten können).

Zu der hier gewählten ›Ungekürzten Chronologie‹ wäre kurz folgendes zu sagen: Bekanntlich schwanken die zeitlichen Ansätze in der Zentralvorderasiatischen Schriftkultur für das III. Jahrtausend und für die erste Hälfte des II. Jahrtausends v. Chr. um zwei Jahrhunderte. Die Untersuchungen von Reiner, Venus Tablet (1975), sowie von Huber, Dating

Babylon (1982), haben nun in jüngerer Zeit gezeigt, daß einer ›Ungekürzten Chronologie‹ offenbar doch der Vorzug zu geben ist. Auch die Abhandlung von Nagel, DaM 6 (1992), kam zum gleichen Ergebnis. Eine Zeittafel der ›Ungekürzten Chronologie‹ steht vorläufig nur bei Strommenger, Mesopotamien (1962): 42, 132 ff., zur Verfügung. Die dortigen Ansätze, berechnet von W. Nagel, basieren auf den Ausführungen von Landsberger, JCS 8 (vergleiche dazu auch Nagel in Strommenger, BaM 1: 93 f.).

Gesittungstabelle (nach W. Nagel)

VORDERASIATISCHER GROSSKREIS
(Nordwestvorderasien, Chuzistan)

ZENTRALVORDERASIATISCHER HAUPTKREIS
(Südmesopotamien, zeitweise ganz Mesopotamien)

^{c}Ubayd-Zeit ca. 4400–4100
Mittlere Süd-^{c}Ubayd-Stufe ca. 4400–4200 (Eridu XII–VIII)
Späte Süd-^{c}Ubayd-Stufe ca. 4200–4100 (Eridu VII)

Warka'-Zeit ca. 4100–3700
Frühe Warka'-Stufe ca. 4100-3800 (Uruk-Eana Archaisch XVIII–XII)
Späte Warka'-Stufe ca. 3800-3700 (Uruk-Eana Archaisch XI–VII)

Frühsumerische Zeit ca. 3700–3300
Frühsumerisch I ca. 3700–3500 (Uruk-Eana Archaisch VI–IV a) = ›Uruk‹ = ›Spät-Uruk‹
Frühsumerisch II ca. 3500–3300 (Uruk-Eana Archaisch III) = ›Gamdat Naṣr‹

Frühdynastische Zeit ca. 3300–2440
Urdynastikum ca. 3300–3100 (Uruk-Eana Archaisch II und Älteres I)
Urdynastischer Hauptkreis ca. 3300–3100
Archaischer Ur-Kreis ca. 3300–3100
Älteres Frühdynastikum ca. 3100–2900
(Uruk-Eana Mittleres Archaisch I) = ›Mesilim‹
Älterfrühdynastisch I ca. 3100-3000
(Diyala Älteres Early Dynastic II)

Älterfrühdynastisch II ca. 3000–2900
(Diyala Mittleres Early Dynastic II)
Jüngeres Frühdynastikum ca. 2900–2440
(Uruk-Eana Jüngeres Archaisch I) = ›Farah / Ur I‹
Farah-Phase ca. 2900–2700
(Diyala Jüngeres Early Dynastic II + Early Dynastic III a)
Meskalamdu-Phase ca. 2700–2640
(Diyala Älteres Early Dynastic III b)
Ur I-Phase ca. 2640–2440
(Diyala Jüngeres Early Dynastic III b + Protoimperial + Regierungsbeginn des Šarrukkîn)

Reichsakkadische Zeit ca. 2440–2327 = ›Akkade‹
Frühreichsakkadisch ca. 2440–2405
Hochreichsakkadisch ca. 2405–2327

Neusumerische Zeit ca. 2327–2040
Gudea-Periode ca. 2327–2277
Ur III / Isin-Periode ca. 2277–2040

Frühaltbabylonische Zeit ca. 2040–1870
(ca.. 2160 in Mari, ca. 2040 in Mesopotamien) = ›Larsa‹

Spätaltbabylonische Zeit ca. 1870–1700

Mittelbabylonische Zeit ca. 1700–1200 = ›Kassitisch‹

Spätmittelbabylonische Zeit ca. 1200–880

Neubabylonische Zeit ca. 880–600

Spätbabylonische Zeit ca. 600–330

ELAMISCHER NEBENKREIS (Chuzistan)

Protoelamische Zeit ca. 3800–2540
Frühprotoelamisch ca. 3800–3700 (Susa B a–B d)
Hochprotoelamisch ca. 3700–3300 (Susa C a–C b)
Spätprotoelamisch ca. 3300–3100 (Susa C c, D a, D b)
Endprotoelamisch ca. 3100–2540 (Susa D c–D d)

Elamische Zeit ca. 2540–600
Frühelamisch ca. 2540–2000
Altelamisch ca. 2000–1500
Mittelelamisch ca. 1500–1100
Neuelamisch ca. 1100–600

ḪAFAGAH-NEBENKREIS (Diyala-Gebiet)
Älteres Ḫafagah ca. 3550–3300
(Diyala Protoliterate c + Älteres Protoliterate d)
Jüngeres Ḫafagah ca. 3300–3100
(Diyala Jüngeres Protoliterate d + Transitional + Early Dynastic I)

FRÜHSYRISCHER NEBENKREIS (Nordsyrien) ca. 2900–2400

KAPPADOKISCHER NEBENKREIS (Zentralanatolien, Nordsyrien) ca. 2120–1880 (Kültepe II–I B)

SYRISCHER NEBENKREIS
(Südzentralanatolien, Nordsyrien, dann Syrien, Palästina)
Altsyrische Zeit ca. 2080–1700
Mittelsyrische Zeit ca. 1700–1200

LIBANESISCHER NEBENKREIS
(Süd- und Zentralsyrien) ca. 2040–1700

HETHITISCHER NEBENKREIS (Zentral- und Südzentralanatolien)
Althethitische Zeit ca. 1880–1500
Großhethitische Zeit ca. 1500–1200

SPÄTLIBANESISCHER NEBENKREIS
(Süd- und Zentralsyrien) ca. 1700–1600

MITTANISCHER NEBENKREIS (Nordmesopotamien) ca. 1450–1350

ASSYRISCHER NEBENKREIS (Nordmesopotamien)
Mittelassyrische Zeit ca. 1385–1050
Mittelassyrisch I ca. 1385–1300
Mittelassyrisch II ca. 1300–1200
Mittelassyrisch III ca. 1200–1050

Neuassyrische Zeit ca. 1050–610
- Neuassyrisch I ca. 1050–890
- Neuassyrisch II ca. 890–810
- Neuassyrisch III ca. 810–720
- Neuassyrisch IV ca. 720–610
  - Neuassyrisch IV a ca. 720–704
  - Neuassyrisch IV b ca. 704–694
  - Neuassyrisch IV c ca. 694–650
  - Neuassyrisch IV d ca. 650–610

BESCHREIBUNG DER WAGENTYPEN

Einachser

Typ I Frontschildeinachser mit Seitenrandsitz
Verbreitung: Die drei Exemplare, die Typ I gut vertreten, kommen aus Grabungen und zwar aus Tall Bi^{c}ah, Kiš und Tall Fārah, also aus Nordwest- und Südmesopotamien.
Zeitstellung: Die Exemplare aus Südmesopotamien sind in die Meskalamdu- oder Ur I-Zeit datiert (ca. 2700–2640–2440 v. Chr.).
Darstellung: Die Wagenmodelle aus Kiš und Tall Fārah (Kat.-Nr. I 03, I 01) sind sorgfältig ausgearbeitet. Ihr längsrechteckiger Wagenaufbau thront auf einer stark abgesetzten, mittelständigen Achsröhre, die somit ein separates Fahrgestell bildet. Der Doppelbügel auf der Oberkante des Frontschildes ist sauber modelliert. Er besteht aus einem geschwungenen Tonwulst, der bei dem Exemplar aus Tall Fārah durch eine Mittelkrampe gleicher Machart eingeknickt wird. Die Seitenränder der Wagenplattform werden an der Rückfront durch einen Hinterrand verbunden, so daß unter der darübergelegten Sitzplatte ein nach innen offener Hohlraum entsteht. Der Frontschild ist leicht nach vorne geneigt und soll offenbar durch eine Fortsetzung der Seitenränder gehalten werden, die sich an seinen Vertikalkanten spitz nach oben hochzieht. Der Wagenboden reicht hinten über den Rand hinaus und bildet ein abgeschrägtes Trittbrett zum leichteren Einstieg.

Typ II Frontschildeinachser mit Stehfläche auf Scheibenrädern
Verbreitung: Die drei Modelle, die Typ II vertreten, stammen aus Ḥamah, Ḥabubah Kabirah und Ḥalawwah, also aus Zentral- und Nordsyrien sowie Nordwestmesopotamien.

Zeitstellung: Die Schichtlage der Exemplare aus Ḥamah und Ḥalawwah weist auf die »Mittlere Bronzezeit I« (ca. 2200–1900 v. Chr.) hin, also auf das Ende des III. Jahrtausends v. Chr.; das würde der Neusumerischen oder Frühaltbabylonischen Zeit in Mesopotamien entsprechen.
Darstellung: Die drei Exemplare sind alle schlecht erhalten. Die Achse liegt jeweils mittelständig. Der niedrige Bodenrahmen faßt die rechteckige Wagenplattform seitlich und rückwärts ein und trifft vorne beiderseits auf den Frontschild. Erwähnenswert ist der bei Kat.-Nr. II 03 nicht nur hinten als Trittbrett, sondern auch vorne weit überstehende Wagenboden.

Typ III a / b Frontschildeinachser mit Hinterbock auf Scheibenrädern – mit und ohne Bodenrahmen
Verbreitung: Typ III ist unter den Wagenmodellen der am häufigsten belegte. Er ist von Südzentralanatolien über Syrien und Mesopotamien bis nach Chuzistan verbreitet. Die Fundorte sind: Al Anṣārī (Aleppo), Ḥabubah Kabirah, Ḥamah (und Murek), Ḥalawwah, Tall Bi^{c}ah, Tall Ḥuwayrah, Tall Baraq, Tall Tāyā, Assur, Nuzi, Tall ad Dayr, Nippur, Tall Lawḥ, Susa. Ein Kunsthandelsstück soll aus der Gegend von Gaziantep (Südzentralanatolien) stammen.
Zeitstellung im allgemeinen: Schichtdatierte Stücke kommen aus fast allen der genannten Fundorte. Die Zeitangaben reichen vom ›Älteren Frühdynastikum‹ bis zur »Altbabylonischen« Epoche. Aus Nuzi gibt es sogar Modelle aus der »Mittanischen Periode« (ca. 1450–1350 v. Chr.). Die Terracotte aus der Gegend von Gaziantep gehört vielleicht der ›Kappadokischen Kultur‹ (ca. 2120–1880 v. Chr.) an. Alles in allem liegt der chronologische Schwerpunkt unseres Typs offenbar in der Zeit von 3000–1900 v. Chr. Belege gibt es aus dem Frühdynastikum, der Reichsakkadischen und Neusumerischen Zeit bis in die Frühaltbabylonische Periode.
Darstellung: Unser Typ III zerfällt in zwei Untergruppen: Die eine (III a) besitzt einen Bodenrahmen, die andere (III b) keinen. Zweifellos ist das nur eine Frage der Modellierung. Gemäß Siegeldarstellungen war der Bodenrahmen bloß knöchelhoch und der Hinterbock ragt dementsprechend in Sitzhöhe darüber hinaus (vergleiche ABB. 180 und 181). Bei der Kleinheit unserer Modelle war so etwas vom antiken Künstler schwer zu differenzieren. Entweder fiel ihm der Bodenrahmen zu hoch aus oder er ließ ihn ganz weg.

Eine dritte Untergruppe ist durch ihren »neusumerischen« und »altbabylonischen« Reliefschmuck an der Innenseite des Frontschildes datiert und wird von uns als ›Typ III c‹ im folgenden Abschnitt separat besprochen.

Die Untergruppe III a ›mit Bodenrahmen‹ umfaßt eine Reihe von kommunen Stücken, die auf mittelständiger Achse laufen. Sie lagert in einer Röhre, deren Mittelteil in den Unterboden der Wagenplatte eingelassen erscheint, während sie mit ihren beiden Endstutzen links und rechts darüber hinausragt. Der Frontschild hält sich meist senkrecht, der Bodenrahmen erscheint reichlich hoch, der Bock steht bedeutend oder nur wenig über. Der Rahmen läuft an den Vertikalkanten des Frontschildes nach oben aus. Die Schildoberkante trug wohl manchmal den bekannten geschwungenen Doppelbügel, die Wagenplatte ragt nach hinten als kleines Trittbrett vor. Bei Kat.-Nr. III a 04 ist die Rückfront geschlossen; manchmal ist die Bocksitzplatte kissenartig mit ausgezogenen Zipfeln modelliert (Kat.-Nr. III a 02). Bei Kat.-Nr. III a 04 und 08–12 ist die Achsröhre durch seitliche Stutzen verlängert.

Die Untergruppe III b ›ohne Bodenrahmen‹ umfaßt gleichfalls eine Reihe kommuner Stücke mit langrechteckigem Wagenboden, Frontschild und Hinterbock. Auf der Rückfront kann die Bodenplatte überstehen, entweder in ganzer Breite als Trittbrett oder als schmale Stufe. Verzierungen sind selten: Kat.-Nr. III b 05 zeigt eine Kreuzschraffur des Wagenbodens, III b 08 Fischgrätenmuster auf allen Seiten des Frontschildes. Bei den meisten Stücken ist die Oberkante des Frontschildes beschädigt, so daß eventuelle Doppelbügel nicht erhalten sind. Sie waren aber wohl in vielen Fällen zumindest angearbeitet oder durch eine doppelte Durchbohrung unter der Oberkante des Frontschildes, wie bei Kat.-Nr. III b 09, angedeutet. Besser ausgebildet treten sie uns bei Kat.-Nr. III b 14, 15, 18, 19 und 22 entgegen. Die vorder-, mittel- oder hinterständige Achse lagert meist in einer Röhre, die durch den Wagenboden hindurchgeht. Die Röhrenaustritte sind bei dieser Untergruppe immer links und rechts durch angefügte Stutzen verlängert. Die ausgesprochene Vorderständigkeit der Achse bei den ›besseren‹ Modellen Kat.-Nr. III b 20, 22 und 24 verblüfft. Zum Problem im Hinblick auf die zugehörigen Karosserien vergleiche den Schluß dieses Abschnittes und den Abschnitt zu Gruppe XIII sub ›Sonstiges‹.

Mehrere Wagen waren ursprünglich mit einer Fahrerfigur ausgestattet, die entweder zwischen Frontschild und Hinterbock steht (Kat.-Nr. III b 02) oder aber direkt aus dem Hinterbock ›herauswachsen‹ kann (Kat.-Nr. III b 14, 15 [?], 18); in einem Fall sind es sogar zwei Insassen (Kat.-Nr. III b 19; siehe auch unten).

Am besten ist ein Stück aus Assur modelliert (Kat.-Nr. III b 22), das überdies besonders gut die Tendenz ›besserer‹ Wagen des Typs III b zeigt, den Raum zwischen Frontschild und Hinterbock derart zu verengen, daß ein Fahrer dort gerade noch stehen konnte; beim Sitzen hätte er die Füße auf die ›Achsstutzen‹ stellen müssen. Zu diesen ›Kompaktwagen‹ gehören etwa die Modelle Kat.-Nr. III b 20-24, aber wohl auch eine ›Syrische Sondergruppe‹, die die bereits oben herausgestellten ›Fahrerwagen‹ umfaßt (Kat.-Nr. III b 14, 15 [?], 18, 19) und durch mächtige Doppelbügel ausgezeichnet ist, wie gleichfalls schon oben bemerkt wurde. Die vier Wagen tragen einen zunächst sehr schmalen Frontschild, der nach oben in einen überdimensionalen Doppelbügel mündet. Der Frontschild kann außen mit aufgesetzten Tonkügelchen verziert sein. Zu dieser ›syrischen‹ Sonderform vergleiche auch das einachsige Planwagenmodell Kat.-Nr. VII 03, an dessen Echtheit wir Zweifel haben.

Drei ›Kompaktwagen‹ (Kat.-Nr. III b 20, 22, 24) fahren eindeutig auf vorderständiger Achse. Wenn überhaupt, so wäre das eben nur bei derart kurzen Fahrzeugen möglich, da das Gewicht der Wageninsassen sonst die Deichsel stark nach oben drücken würde.

Schließlich gehört zu den ›Kompaktwagen‹ wohl die ganze Untergruppe III c mit reliefiertem Frontschild; sie wird im nächsten Abschnitt separat behandelt.

Zeitstellung im besonderen: Bei einem zeitlichen Vergleich der beiden Untergruppen III a und III b fällt auf, daß sich das Vorkommen der Modelle ›mit Bodenrahmen‹ (III a) auf das Frühdynastikum und die Reichsakkadische Zeit (ca. 3100–2440–2327 v. Chr) beschränkt. Modelle ›ohne Bodenrahmen‹ (III b) tauchen erst in der letztgenannten Epoche auf. Die oben erläuterte Sondergruppe der ›besseren‹ Wagen (III b 14, 15, 18–24) beginnt mit dem dort beschriebenen Stück aus Assur, wohl das älteste dieser Sondermodelle, das aus der Neusumerischen Zeit (ca. 2327–2040 v. Chr.) stammt. Demnach scheint sich in der Reichsakkadischen Periode ein Wandel in der Machart zu vollziehen: Der Bodenrahmen verschwindet und bald tauchen Sondermodelle besserer Ausführung auf, die – wie wir im nächsten Abschnitt (III c) sehen werden – auch Reliefschmuck tragen können.

Typ III c Frontschildeinachser mit Hinterbock auf Scheibenrädern - Bodenrahmen fehlt - Frontschildrelief

Verbreitung: Diese Untergruppe ist, soweit sie aus Grabungen stammt, fast ausschließlich in den bekannten kulturellen Mittelpunkten Südmesopotamiens beheimatet: Kiš, Nippur, Isin, Tall Lawḥ, Uruk, Larsa, Ur; dazu kommt noch das mittelmesopotamische Mari (Kat.-Nr. III c 01).

Zeitstellung: Die Reliefs stammen aus der Neusumerischen Zeit sowie der Frühaltbabylonischen Zeit (ca. 2327–2040–1870 v. Chr.).

Darstellung: Die Wagen der Klasse III c entsprechen bis auf das zusätzliche Relief dem Typ III ›ohne Bodenrahmen‹ (= III b). Wie wir gesehen haben, ist die Kategorie räumlich wie zeitlich eng begrenzt; aber auch sonst bilden die reliefgeschmückten Einachser eine recht homogene Untergruppe. Das abseits liegende Stück aus Mari ist durch seinen spärlichen Dekor – ein abstraktes Rechteckmuster – ein Ausnahmefall. Von den fast 40 hier aufgeführten ›Wagen‹ sind nur die wenigsten als Gestelle ganz erhalten. Häufig blieb lediglich der Frontschild übrig, der dann auf Grund seiner typischen Verzierung an dieser Stelle eingeordnet wurde.

Der Frontschild ist stets schmal und hoch, manchmal verbreitert er sich im oberen Teil. Der Doppelbügel auf seiner Oberkante wird nur noch vereinfacht dargestellt. Die rundplastischen Tonwülste, die sonst die beiden Halbbögen bildeten, sind hier nur noch im Relief auf dem Schild angegeben. Dabei bleibt die Oberkantenführung meist gerade oder ist nur in der Mitte leicht eingedellt. Zwei hoch im Frontschild sitzende Löcher deuten die einstigen Durchlässe zwischen Bügel und Schildoberkante an.

Die Wagen sind auffallend kurz (vergleiche Kat.-Nr. III b 20–24): der Hinterbock ist so dicht an den Frontschild gerückt, daß man sich kaum einen Fahrer dazwischenstehend vorstellen kann. Wohl infolge der Kürze des Wagenaufsatzes ist der Hinterbock zur Aufnahme der Deichsel immer mit durchbohrt. Bei allen so weit erhaltenen Modellen ist hinter dem Bock noch ein schmales stufenartiges Trittbrett angesetzt.

Die Achse sitzt im Hinterbock in einer Achsröhre, ihre Endstutzen ragen gelegentlich weit rechts und links hinaus.

Der Reliefschmuck befindet sich immer an der Innenseite des Frontschildes. Mit Kat.-Nr. III c 24 ist sogar ein Model, also eine Prägeform zur Herstellung dieser Reliefs auf uns gekommen. Die Motive der Reliefs, die ein- oder zweifriesig ausgeführt sein können, sind begrenzt: Göttersymbole (Sîn, Šamaš), stehende und sitzende Gottheiten, Gott und Beter, Stiermensch, stehender Bogenschütze, Bogenschütze auf Löwe, Person mit einem Bein auf Unterworfenem stehend, stehende Person mit und ohne Keule und einmal ein Streitwagen.

Typ IV Einachsiger Frontschildkasten

Das einzige Modell, das diesen Typ repräsentiert, stammt aus dem Kunsthandel, angeblich aus »Syrien« (Kat.-Nr. IV 01). Eindeutige Darstellungen dieses Typs in anderen Kunstgattungen gibt es nicht. Als Gegenstück zu den ›Zweiachsigen Frontschildkästen‹, die als Streitwagen der Meskalamdu- und Ur I-Zeit (ca. 2700–2640–2440 v. Chr.) in Mosaiken, Reliefs und Kupfermodellen (ABB. 187 und 188) gut belegt sind, mag unser Wagen in die gleiche Zeit gehören. Sein längsrechteckiger Wagenboden trägt einen oben bestoßenen Frontschild. Die Seitenwände flankieren eine vielleicht offene Rückfront und laufen an den Vertikalkanten des Frontschildes leicht nach oben, wodurch sie ihn in fast senkrechter Stellung halten. Das Stück trägt jetzt Scheibenräder (zugehörig?) auf mittelständiger Achse.

Typ V Kanzelwagen

Verbreitung: Das einzige Modell eines Kanzelwagens wurde in dem südsyrischen Tall Kāmid al Lawz gefunden (Kat.-Nr. V 01).

Zeitstellung: Der Wagen aus Tall Kāmid al Lawz wird von den Ausgräbern um 1400 v. Chr. datiert.

Darstellung: Mit Kat.-Nr. V 01 tritt uns ein sogenannter ›Klassischer Streitwagen‹ entgegen, also ein einachsiges Gefährt mit Speichenrädern, das von einem Pferdezweigespann gezogen wird. Der Streitwagen aus Tall Kāmid al Lawz ist ein Kanzelwagen vom Rundschirmtyp, daß heißt, der D-förmige Wagenboden wird vorne und an den Seiten von einer halbrunden, soliden Brüstung umschlossen. Die Rückfront des Wagenaufsatzes ist offen. Die Besatzung dieses Wagens bestand aus zwei Personen, einem Kutscher und einem Passagier (Kämpfer?). Das Pferdezweigespann steht auf einer eigenen vierrädrigen Bodenplatte.

Typ VI Sattelwagen

Verbreitung: Südmesopotamien ist das Herkunftsgebiet fast aller Wagenmodelle dieser kleinen Gruppe. Im Ostobertigrisgebiet, in Tappah Gawra, wurde nur ein Stück gefunden. Zu einem fraglichen zweiten Objekt aus dem Norden (aus Nuzi) siehe unten.

Zeitstellung: Die südmesopotamischen Sattelwägelchen sind einheitlich der Frühdynastischen Epoche (ca. 3300–2440 v. Chr.) zuzuordnen. Der Wagen aus Tappah Gawra (Kat.-Nr. VI 05) ist jünger, er stammt aus der Neusumerischen Zeit (ca. 2327–2040 v. Chr.). Das Modell aus Nuzi (Kat.-Nr. VI 07) fällt durch seine Datierung in die »Hurritische Zeit« (ca.1450–1350 v. Chr.) völlig aus dem Rahmen heraus.

Darstellung: Die Bezeichnung dieses Typs ist mit Einschränkung zu verstehen, denn seine Fahrzeuge tragen auf ihrer Achsröhre einen Aufbau, der teilweise nur entfernt an einen Sattel erinnert. Dieser ›Sattel‹ ist immer ziemlich hoch über der Achsröhre aufgebockt. Bei Kat.-Nr. VI 02 wird die Achsröhre mit zwei großen Krampen unter dem Sattel festgehalten, bei den anderen Modellen ist die Art der Befestigung nicht erkennbar. Wie ein irdischer Fahrer – wenn überhaupt – auf diesem Gefährt Platz fand, bleibt unbestimmt. Er könnte breitbeinig über dem ›Sattel‹ gestanden haben, wobei seine Füsse rechts und links auf der Achse Halt fanden; oder er mochte rittlings auf dem Wagenaufsatz Platz nehmen. Schließlich wäre auch ein auf dem Wagenaufbau stehender Fahrer möglich (siehe unten). Die Form des Aufsatzes kann von einem einfachen, an den beiden Enden nach oben gebogenen Tonwulst (Kat.-Nr. VI 03) bis zu einer ausgeformten Standfläche (Kat.-Nr. VI 06) reichen, die leicht konkav mit ausgesprochenen Seitenkanten versehen und daher zum Sitzen wenig geeignet ist. Der ›Sattel-Bug‹ scheint das ›Heck‹ stets überragt zu haben.

Bei Kat.-Nr. VI 07 handelt es sich möglicherweise nicht um einen Sattelwagen, sondern um einen einfachen Plattformwagen. Hierfür spräche neben der Datierung die nur geringe Höhe des Aufbaus über der Achse.

Besonders erwähnenswert ist das Modell Kat.-Nr. VI 08, das einen Sattelwagen komplett mit Fahrer und Gespann darstellt. Aus der Flachbildkunst ist uns etwas ähnliches erhalten geblieben: eine in das 1. Drittel des III. Jahrtausends v. Chr. datierte Scherbe eines Steingefäßes aus Südzentraliran zeigt einen Sattelwagen mit darauf *stehendem* Fahrer, gegebenenfalls ein göttliches Wesen (ABB. 191; vergleiche dazu im übrigen das reichsakkadische Siegelbild ABB. 192).

Wie bei allen Einachsern muß man auch beim Sattelwagen statt eines Strangzuges auf jeden Fall eine starre Deichsel annehmen, die neben ihrer Funktion als Zug- und Bremsvorrichtung das Gleichgewicht hält, also einer ziemlichen Belastung gewachsen sein muß. Ein älterfrühdynastisches Weihplatten-Fragment aus Ur (ABB. 190) zeigt einen Sattelwagen mit einer sogenannten ›Bogendeichsel‹. Nach Nagel, AMNWD 15: 168 f., ist diese bogenförmige Konstruktion eher als ein »Bremsbügel« anzu sprechen. Dazu wäre zusätzlich eine hier zwischen den Zugtieren verdeckt verlaufende Streckdeichsel zu postulieren.

Die Weihplatte gibt auch Aufschluß über die Verwendung dieses merkwürdigen Wagentypus in der Frühdynastischen Zeit. Sie zeigt in einer Prozession einen unter Fellen verborgenen Sattelwagen, der wohl von Fabeltieren gezogen wird. Der zügelhaltende Kutscher folgt zu Fuß, es handelt sich also anscheinend um einen (›Leeren‹) Götterwagen.

Zweiachser

Typ VIII Frontschildzweiachser mit Seitenrandsitz

Verbreitung: Von den fünf Exemplaren, die den Typ VIII gut vertreten, kommen nur zwei aus Grabungen (Kat.-Nr. VIII 01 und VIII 03); ihre Fundorte sind Tall Ḫuwayrah und Kiš. Die anderen Stücke stammen aus dem Kunsthandel, davon zwei angeblich aus der Gegend von Sürüç in Südanatolien. Ihre Einordnung bleibt jedoch fraglich. Danach hatte der Typ sein Kerngebiet anscheinend in Nordwest- bis Südmesopotamien.

Zeitstellung: Die beiden Ausgrabungsexemplare sind schichtmäßig nicht näher bestimmt. Man vermutet als Zeitstellung Älteres Frühdynastikum (Kat.-Nr. VIII 01, Tall Ḥuwayrah, ca. 3100–2900 v. Chr.) beziehungsweise Ur I-Phase des Jüngeren Frühdynastikums oder Früh- bis Hochreichsakkadische Zeit (Kat.-Nr. VIII 03, Kiš, ca. 2640–2440–2405–2327 v. Chr.).
Darstellung: Der zweiachsige Wagen aus Kiš (Kat.-Nr. VIII 03) entspricht in vielem ziemlich genau seinem einachsigen Pendant aus demselben Ort (Kat.-Nr. I 03). Der längsrechteckige Wagenaufbau trägt einen schräg nach vorn geneigten Frontschild, dessen oberste Partie bortenartig von einer Leiste eingefaßt wird, die zugleich ein Doppelfutteral für Peitsche und Stachelstock an der linken Schildkante festhält. Der übliche Doppelbügel scheint zu fehlen, wenn er nicht abgebrochen ist. Die kurzen Seitenränder laufen, wie auch sonst häufig, an den Vertikalkanten des Frontschildes spitz nach oben aus. Die viereckige Sitzplatte läßt vor sich nur noch Platz für die Beine des Fahrers; der Hohlraum unter ihr wird rückwärts durch einen Hinterrand abgeschlossen, der in einem abschüssigen Tritt ausläuft. Ein weiteres Modell (Kat.-Nr. VIII 02), diesmal aus dem Kunsthandel, trägt einen senkrechten Frontschild. Darauf wölbt sich ein hoher Doppelbügel, der runde Öffnungen bildet. Die beiden Achsröhren sind in dem Wagenboden eingelassen und stehen mit ihren Endstutzen ziemlich weit rechts und links über.

Die beiden Exemplare aus der Gegend von Sürüç (Kat.-Nr. VIII 04 und VIII 05) sind ähnlich geformt; hier fehlt aber die hintere Randabdeckung. Bei Kat.-Nr. VIII 05 wird die bei beiden Stücken schmale Sitzgelegenheit durch einen Ständer in der Mitte unterstützt. Der geschwungene Wulst des Doppelbügels ist bei beiden Wagen durch eine Mittelkrampe eingeknickt.

Das leicht kufenartige Vortreten ihrer Seitenabdeckungen rechts und links über den Frontschild hinaus verbindet diese beiden Gefährte mit der folgenden Gruppe, dem Typ IX (= ›Frontschildzweiachser mit [bloßer] Stehfläche [und Bodenrahmen]‹). Gegen eine Einordnung unter diesen Typus spricht aber die durchbrochene Abdeckung der Rückfront , wenn man schon den schmalen Seitenrandsitz nicht gelten lassen will.

Typ IX Frontschildzweiachser mit Stehfläche
Verbreitung: Die Exemplare, die Typ IX repräsentieren, stammen entweder aus Tall Bi^{c}ah oder Harran in Nordwestmesopotamien; ein Stück kommt aus dem Kunsthandel, angeblich aus der Gegend von Sürüç in Südostanatolien. Hier zeichnet sich also zunächst ein nordwestmesopotamischer Verbreitungsschwerpunkt ab.

Zeitstellung: Das Modell aus Tall Bi^{c}ah soll aus der Ur I-Phase des Jüngeren Frühdynastikums (ca. 2640–2440 v. Chr) stammen; zu einem typischen Fragment aus der Neusumerischen Zeit (ca. 2327–2040 v. Chr.) vergleiche unten; in diese Epoche gehören wohl auch noch die weiteren Exemplare aus Tall Bi^{c}ah. Unsere ABB. 179 zeigt ein Siegelbild mit Wagen-Typ IX aus dem Älteren Frühdynastikum (ca. 3100–2900 v. Chr.). Das gleiche Fahrzeug erscheint auf einer Gefäßmalerei derselben Zeit (ABB. 178). Beide Denkmäler kommen aus dem Kunsthandel, das Gefäß aber sicher aus Ḫafagah im Diyalagebiet.
Darstellung: Der Wagen aus dem Kunsthandel ist sorgfältig gearbeitet und gut erhalten. Sein senkrechter Frontschild trägt die meist aufgesetzten, brillenförmigen Doppelbügel, die weite Öffnungen bilden; eine Mittelkrampe knickt die Bügel in der Mitte ein. Der Bodenrahmen ist relativ hoch ausgefallen und faßt die längsrechteckige Wagenplatte auf drei Seiten ein. Typisch sind die kufenartigen Vorsprünge, die die Rahmenenden rechts und links des Frontschildes bilden, indem sie gleichsam an dessen Vertikalkanten vorbei noch etwas über den Wagenboden hinausreichen. Durch Löcher in diesen Kufen verlief die Vorderachse, die also frei vor der untersten Partie des Frontschildes gelagert war. Ein hinteres Trittbrett scheint selten zu sein (Kat.-Nr. IX 03; allerdings ist auf den Fotos der restlichen Wagen dieses Typs die Rückfront oft nicht klar zu erkennen).

Die Eigenart, die Vorderachse in vorgezogenen Kufen zu lagern, weist auch ein Fragment aus der Grabung von Harran (Nordwestmesopotamien) auf, das dort in die Neusumerischen Zeit (ca. 2327–2040 v. Chr.) datiert ist (Kat.Nr. IX 4). Wir erwähnen es hier, weil es den oben abgesteckten Zeitrahmen bestätigt, auch wenn letztlich ungewiß bleibt, ob es zu Typ IX oder vielleicht zu Typ VIII gehört.

Typ X a / b Frontschildzweiachser mit Hinterbock – mit und ohne Bodenrahmen

Verbreitung: Modelle vom Typ X sind aus Tall Bi^{c}ah, Tall Ḥuwayrah, Assur, Tappah Gawra, Nuzi und Susa bekannt. Damit scheint der geographische Schwerpunkt dieses Typs in Nord- und Mittelmesopotamien sowie im Ostobertigrisgebiet zu liegen.
Zeitstellung: Die Fundortdatierungen weisen fast allesamt auf das Ältere und Jüngere Frühdynastikum (ca. 3100–2900–2440 v. Chr., selten bis in Reichsakkadische Zeit, ca. 2440–2327 v. Chr.); nur das Stück aus Nuzi stammt aus der ›Mittanischen Periode‹ (ca. 1450–1350 v. Chr.).
Darstellung: Typ X ist die auf Rollsiegelbildern am häufigsten belegte Wagenform (vergleiche ABB. 180 und 181). Wie sein einachsiges Pen-

dant zerfällt auch er – zumindest dem Augenschein nach – in zwei Untergruppen: Die eine (X a) besitzt einen Bodenrahmen, die andere (X b) keinen. Auch hier mag das an dem jeweiligen Modellierungsmuster liegen. Aber im Gegensatz zu den Einachsern, die ja noch eine große Zukunft vor sich haben, sterben die zweiachsigen Hinterbockwagen bald aus und sind als Tonmodelle nur im Frühdynastikum (oder geringfügig jünger) belegt – sowohl mit als ohne Bodenrahmen und letzteres bisher nur in einem einzigen Exemplar (Kat.-Nr. X b 01). Es fehlt bei den Zweiachsern also die reiche Tradition rahmenloser Bockwagen, wie wir sie bei den Einachsern bis in die Frühaltbabylonische Zeit verfolgen können.

Nur zwei Modelle sind besser erhalten und genauer ausgearbeitet. Das Stück aus Tall Ḥuwayrah (Kat.-Nr. X a 01) zeigt einen leicht nach vorn geneigten Frontschild und einen hohen Bodenrahmen, den der Hinterbock nur wenig überragt. Das Modell Kat.-Nr. X a 03 aus Assur trägt einen fast senkrechten, reich verzierten Frontschild, dessen Standfestigkeit durch den Bodenrahmen gesichert wird, indem sich dieser mit spitzen Enden an den Vertikalkanten des Schildes hinaufzieht. Dem Schild war ein Doppelbügel aufgearbeitet. Der Hinterbock überragt den Rahmen beträchtlich und schließt rückwärtig mit dem Wagenboden ab. Zwei Achsröhren sind unter dem Schild und dem Bock in die Wagenplatte eingelassen und ragen mit ihren Endstutzen rechts und links darüber hinaus. Der Wagen hat einen länglich-rechteckigen Grundriß.

Der mit der Untergruppe X a gleichzeitige rahmenlose Typ X b (aus Tall Bi^{c}ah, Kat.-Nr. X b 01) zeigt gleichfalls einen länglich-rechteckigen Wagenboden. An diesem ist vorne der Frontschild angearbeitet, welcher mit diagonal laufenden Tonapplikationen besetzt ist. Dieses kreuzförmige Muster scheint ein für die Wagenkonstruktion wichtiges Element wiederzugeben, da man sich die Mühe machte, es auf Siegeln sowie auf der sogenannten Ur-Standarte darzustellen (ABB. 181 und 187). Es wird sich um eine Verstrebung handeln, die die Standfestigkeit des Frontschildes erhöhen sollte. Dieser verbreitert sich bei unserem Modell an der Oberkante (hörnerartig?). Auf dem rückwärtigen Ende der langen und schmalen Bodenplatte ist dann der Hinterbock aufgesetzt.

Die Gestaltung der Hinterböcke bei den Wagentypen X a und X b weist Varianten auf. Kat.-Nr. X a 01 und X a 02 tragen einen breiten Bock, der mit seinen vier ausgezogenen Ecken kissenartig wirkt. Bei Kat.-Nr. X a 03 und X b 01 ist der Sitz nur schmal, hat jedoch ebenfalls zipfelartige Eckbildungen.

Typ XI Zweiachsiger Frontschildkasten

Die zwei Beispiele für Typ XI stammen aus Tall Bi^{c}ah in Nordwestmesopotamien, Kat.-Nr. XI 01 aus jüngerfrühdynastischem Zusammenhang, Kat.-Nr. XI 02 soll reichsakkadisch oder neusumerisch sein; beide sind jedoch nicht vollständig erhalten. Vermutlich geben sie jenen zweiachsigen Kastentyp wieder, der durch Mosaiken (ABB. 187) und Reliefs (sowie Kupfermodelle; ABB. 188) aus der Meskalamdu- und Ur I-Phase des Jüngeren Frühdynastikums (ca. 2700–2640–2440 v. Chr.) als Streitwagen dieser Epoche in Südmesopotamien bekannt geworden ist. Demnach besaß dieses Gefährt einen Frontschild, hüfthohe Seitenwände und war hinten offen oder durch eine Tür geschlossen (siehe unten). Unsere Terracotte Kat.-Nr. XI 02 besitzt noch zwei Achsröhren, die ganz vorn und ganz hinten zur Hälfte in den Wagenboden eingelassen sind. Bei Tonfahrzeug Kat.-Nr. XI 01 blieb dagegen der brillenförmige Doppelbügel auf der Oberkante des Frontschildes erhalten.

Die erwähnte Hintertür wird besonders beim schon zitierten Kupfermodell (ABB. 188) deutlich, das angeblich aus Ḥumṣ stammen soll (Littauer, Levant 5: 103, Pl. XXXII). Seine Rückwand ist zweigeteilt: die linke, schmalere Partie ist fest mit der Seitenwand und dem Boden verbunden, unter der breiteren rechten Partie bleibt jedoch ein Spalt über der Wagenplatte offen: hier wird ganz deutlich eine Tür nachgebildet. Littauer nimmt übrigens nicht nur für die Heckpartie einiger Wagen, sondern auch für die Seiten bewegliche, daß heißt abnehmbare Verkleidungen an, die an einer geländerartigen Brüstung befestigt wären (Littauer, Levant 5: 115).

Sonstiges

Typen VII / XII Planwagen

Verbreitung: Bei der Verbreitung von Modellen zwei- und einachsiger Planwagen zeichnen sich als Kerngebiete Nordmesopotamien sowie Nord- und Zentralsyrien ab. Darüber hinaus gibt es vereinzelte Wagen aus Südzentralanatolien, dem Ostobertigrisgebiet, Mittelmesopotamien und Chuzistan. Dabei werden Nordsyrien und Südzentralanatolien nur durch Kunsthandelsobjekte abgedeckt. Die Modelle einachsiger Planwagen stammen bis auf das Fragment Kat.-Nr. VII 02 (Ausgrabung Tall Maşin) alle aus dem Kunsthandel. Die mehrmals auftauchende Händlerangabe »Syrien« läßt es offen, ob Landschaft oder Staatsgebiet gemeint ist. Einige weitere, allerdings einachsige, Planwagen sind aus Kypros bekannt geworden. Aus Südmesopotamien ist uns kein Modell eines Planwagens zur Kenntnis gelangt.

Ergänzend wurden in Südrußland in Gräbern mehrfach einachsige Planwagenmodelle (oder echte Wagen) gefunden, die hier aber nicht behandelt werden. Das Modell Kat.-Nr. XII 10 wurde aufgenommen, obwohl als Herkunft Südrußland angegeben ist. Im Vergleich mit den russischen Modellen sieht es jedoch eher ›syrisch‹ als ›russisch‹ aus. (Zu den russischen Wagen vergleiche unter anderem: Häusler, Treue edit. Achse: 139–52; Piggott, Wheeled Transport: passim; Tarr, Karren: 107 ff.).
Zeitstellung: Die zweiachsigen Planwagenmodelle sind von der Reichsakkadischen bis zur Ur III-Zeit (ca. 2440–2327–2150 v. Chr.) datiert; nur der Wagen aus Terqa (Kat.-Nr. XII 04) soll ›frühaltbabylonisch‹ (ca. 2040–1870 v. Chr.) sein. Allerdings sind von unseren 15 Stücken lediglich vier genauer datierbar. Die einachsigen Planwagenmodelle aus Mesopotamien und Syrien sind alle nicht fest einzuordnen, der einzige datierte kyprische Planwagen gehört in das 6.–5. Jahrhundert v. Chr.
Darstellung: Die Planwagenmodelle wurden nach zwei verschiedenen Methoden angefertigt. Nach der ›klassischen‹ Methode, die bei ein- wie zweiachsigen Modellen angewandt wurde, befestigte man auf einer rechteckigen Bodenplatte ein aus einer ebenfalls rechteckigen Tonplatte gebildetes, halbtonnenförmiges Verdeck (Kat.-Nr. XII 01–04, 06–10). Diese Überdachung kann hinten geschlossen oder offen sein. Häufig ist das Verdeck mit Ritzungen verziert, die wohl Mattengeflechte oder ähnliches darstellen sollen (Kat.-Nr. XII 02, 07 und andere). Bei dem Wagen Kat.-Nr. XII 01, der aus Fritte hergestellt ist, wurde die Gewölbekappe sicher in einer Model geformt. Die Überdachung der Wagen kann vorne und hinten mit einem Wulst oder einer Aufwölbung abgeschlossen werden (Kat.-Nr. XII 01, 02, 03 mit Bemalung). Die Achslager wurden oft als durchbohrte Tonrollen, also ›Achsröhren‹, unter den Wagenboden gesetzt (Kat.-Nr. XII 01 und 02), bei anderen Stücken wurde für diesen Zweck der Wagenboden selbst quer durchbohrt (Kat.-Nr. XII 04 und 06). Im Gegensatz zu den Modellen offener Zweiachser haben die vierrädrigen Planwagen nie ein Führungsloch für eine Deichsel (vergleiche Strommenger, Tribute Bounni: 300). Statt dessen wurden bei Kat.-Nr. XII 02 (Tappah Gawra) vorne an den Seitenwänden zwei senkrechte Ösen zur Aufnahme einer Zugvorrichtung angebracht. Diese Lösung läßt an einen Strangzug denken, wobei allerdings das Problem der Bremsung offen bleibt. Kat.-Nr. XII 08 hat vorne am Wagenboden eine senkrecht durchbohrte Öse, die hier zur Befestigung der Zugvorrichtung diente. Bei Kat.-Nr. XII 01 wurde einfach der Wagenboden selbst senkrecht durchbohrt, um den Zugstrang zu befestigen. Häufig findet man eine besondere Lösung für die Anbringung der Vorderachse: dabei werden die Seitenwände im unteren Bereich über den Wagenboden hinaus nach vorne

gezogen (ähnlich Kat.-Nr. IX 03, 04, 06). Diese vorstehenden Enden werden dann quer durchbohrt, so daß die Achse frei vor dem Wagenboden verläuft (Kat.-Nr. XII 09, 10). Zusätzliche Löcher oder Ösen für eine Zugvorrichtung fehlen wohl; deren Befestigung bleibt ungeklärt (die Deichsel bei Kat.-Nr. XII 09 ist moderner Zusatz).

Die zweite – nur bei zweiachsigen Planwagenmodellen angewandte – Machart besteht darin, den Wagenaufsatz als Topf auf der Scheibe zu drehen (Kat.-Nr. XII 11–15). Zur Herstellung eines solchen ›Topfwagens‹ wird nun eine Wandpartie des Gefäßes längsseitig eingedrückt und das Gefäß um 90° gedreht (vergleiche hierzu die Beschreibung bei Strommenger, Tribute Bounni: 297 f.). Auf diese Weise entsteht ein rückwärtig (durch den Topfboden) geschlossener Wagenaufsatz mit nach hinten etwas abfallendem Verdeck und mehr oder weniger gewölbtem Boden. Durch Zusammenfalzen der Topfwand entlang der beiden Knicke, die durch das Eindrücken der einen Wandpartie zur Erzielung einer Bodenplatte entstanden, bildeten sich (nach Strommenger) zwei Grate, die zur Aufnahme der Achsen quer durchbohrt wurden. Bei ›Topfwagen‹ finden sich keine separat angesetzten Ösen für die Zugvorrichtung, sondern nur eine Durchbohrung des Wagenbodens oder deren zwei. Auch diese ›Topf‹-Modelle können mit Ritzungen verziert sein. Wie schon Strommenger, Tribute Bounni: 300, feststellte, handelt es sich bei ›Topf‹- und ›klassischen‹ Planwagen wohl nicht um verschiedene Wagentypen, sondern nur um verschiedene Macharten.

Aus dem übrigen Bereichen der bildenden Kunst ist uns bisher nur eine einzige Darstellung eines Planwagens bekannt. Es handelt sich um ein Siegelbild aus dem Kunsthandel, das sich im Louvre befindet (ABB. 202). Im unteren Register des Siegels ist deutlich ein zweiachsiger Planwagen zu erkennen, dessen Verdeck durch schräge, sich kreuzende Linien gegliedert ist. Amiet, Palmieri dedicata: 263–5, und Collon, Cyl Seals: 158–9 no. 722, deuteten das Gefährt als Heu- oder Erntewagen mit entsprechend hoher Ladung, was unseres Erachtens nach nicht zutrifft ist. Die Gruppe links von dem Wagen ist nicht ganz klar aufzuteilen. Entweder ist das hier stehende Rind(ergespann) als Wagenzugtier(e) zu werten, oder es soll vor den Pflug gespannt werden, den ein Mann zwischen Ochsen und Fuhrwerk trägt; der Wagen wäre dann ohne Zugtiere abgebildet.

Die vielleicht drei bekannten einachsigen Planwagenmodelle aus dem mesopotamisch-syrischen Raum unterscheiden sich von den zweiachsigen durch mehr als nur die Zahl der Achsen. So hat Kat.-Nr. VII 01 neben einer Öse kein Loch für eine Deichsel, was auch bei den Zweiachsern bisher nicht belegt ist, bei einem Einachser aber zwingend zu erwarten wäre, da hier die Deichsel zur Balancehaltung unverzichtbar ist.

Das Modell Kat.-Nr. VII 03 scheint eine Mischung aus einem Planwagen und einem Frontschildwagen wie Kat.-Nr. III b 19 zu sein. Solange nicht ein vergleichbares Stück gesicherter Herkunft bekannt ist, sollte dieses Objekt unseres Erachtens nach mit Vorsicht behandelt werden. Es ist eigentlich zu schön und zu ausgefallen. Littauer, PPS 40: 33 Addendum, erwähnt ein ähnliches Modell aus dem Kunsthandel, an dessen Echtheit auch sie Zweifel hat.

Kat.-Nr. VII 02 ist wohl kein Fragment eines vergleichbaren Wagens (anders Littauer, PPS 40: 23 f., 29 f. Fig. 6). Aus den Resten ließe sich zwar ein Planwagen mit Fahrer rekonstruieren, aber neben der Öse gibt es kein Deichselloch und der Ansatz eines Frontschildes ist nicht erhalten. Leider ist von diesem Fragment kein Photo, das sicher genauere Aussagen zuließe, publiziert.

Die kyprischen Modelle Kat.-Nr. VII 04–06 sind, wo datiert, jünger als die mesopotamisch-syrischen, entsprechen diesen vom Aussehen her allerdings recht gut. Die Führungen der Achsen werden hier separat rechts und links unter dem Wagenboden angesetzt, und ein Röhrenstutzen vorn an der Bodenplatte nimmt die Deichsel auf.

Gruppe XIII Nicht näher einzuordnende Wagentypen

In Gruppe XIII haben wir sowohl Einzelstücke zusammengefaßt, die sich keinem der oben besprochenen Typen zuordnen ließen, als auch mit Kat.-Nr. XIII 01–28 eine Reihe zusammengehöriger Modelle, die uns aber so problematisch erscheinen, daß wir sie nicht in den Typenteil des Kataloges aufnehmen mochten. Die meisten Einzelstücke sprechen für sich selbst, so daß wir nur ausgewählte Beispiele behandeln.

Die Wagen Kat.-Nr. XIII 01–28 sind von Grunde her Einachser mit Frontschild und einer hinteren Erhöhung sowie ohne Bodenrahmen. Sie zeichnen sich aber durch eine extreme Vorderständigkeit der Achse aus. In der Praxis läßt sich ein einachsiger Wagen mit vorderständiger Achse nicht fahren: durch das Gewicht des Fahrers würde der Wagenaufsatz hinten nach unten, die balancehaltende Deichsel somit stark nach oben gedrückt, was anspannungstechnisch nicht zu verkraften ist. Wir müssen uns daher fragen, was das Vorbild dieser Modelle gewesen sein könnte. Möglicherweise handelt es sich um Nachahmungen von Schleifenwagen, bei denen das hintere Ende des Wagenaufsatzes auf dem Boden auflag und die mittels eines Strangzuges gezogen wurden. Die relativ lange Laufzeit dieser Sonderform von der Frühdynastischen bis in die Frühaltbabylonische und sogar Hurritische Zeit deutet jedenfalls auf die Existenz einer realen Vorlage hin, ebenso wie das große Verbreitungsgebiet: Ostobertigrisgebiet, Mittel- und Südmesopotamien, Chuzistan und Nordsyrien.

Merkwürdig ist bei diesen Wagen ferner, daß sie häufig keinen ebenen Wagenboden haben, er ist dann immer in Längsrichtung gewölbt, so daß man gar nicht auf dem Wagen stehen könnte. Ganz besonders ausgeprägt ist dies bei den Modellen Kat.-Nr. XIII 01–08, die zwischen der Rückenlehne und dem Frontschild nur einen schmalen, oben abgerundeten Grat haben, auf dem man allenfalls wie auf einem Sattel sitzen könnte. Daß wir es auch bei diesen Stücken auf jeden Fall mit Wagen zu tun haben und nicht mit Tierfiguren, wie Mackay bei einigen Objekten meinte, zeigen die Doppelgriffe auf dem Frontschild von Kat.-Nr. XIII 03 (vergleiche Mackay, ›A‹ Kish II: 210 ff.). Charakteristisch ist für unsere Gruppe auf jeden Fall ein nicht selten relativ langes Mittelstück zwischen Frontschild und rückwärtiger Erhöhung. Letztere kann man öfters als Rückenlehne interpretieren, aber manchmal erinnert sie mehr an einen Hinterbock. Dieser würde den, der darauf Platz nimmt, infolge des langen Mittelstückes und der extrem vorderständigen Achse stets über den Erdboden schleifen (vergleiche besonders Kat.-Nr. XIII 20, 22, 26). Dieses Einachser-Problem diskutierten wir bereits in dem Abschnitt »Typ III a / b Frontschildeinachser mit Hinterbock auf Scheibenrädern« sub ›Darstellung‹, wo es um echte Wagen mit sehr kurzem Aufsatz und vorderständiger Achse ging.

Besondere Erwähnung verdient schließlich der ›Schiffswagen‹ Kat.-Nr. XIII 38. Dieses Stück ist unseres Wissens nach das einzige bekannte Modell eines solchen Fahrzeugs. Dieser Fund bestätigt nun, was schon Streck, Assurbanipal III: 270 f. und Anm. 8, vermutete: ^{giš}m á - t u š - a »ist der auf Rädern laufende schiffartige Wagen, auf dem am Neujahrsfest die Mardukstatue in feierlicher Prozession (...) gefahren wurde«. Dazu ist auch die Liste Ḫ A R - r a =*ḫubullu* Tafel IV heranzuziehen: ^{giš}m a - t u š - a = *elip* ^{d}AMAR.UD (Landsberger, MSL V: 177 Zeile 305). Bisher gab es für diese Sitte nur ein urartäisches Siegelbild als Beleg (ABB. 203, vergleiche Lehmann-Haupt, Materialien Armeniens: 107 Fig 80), auf dem deutlich ein Schiffswagen abgebildet ist. Trotzdem war der Transport von Götterstatuen in Schiffswagen lange umstritten. Gegen einen solchen Brauch spricht sich unter anderem Thureau-Dangin, Rituels: 147 Anm. 5, aus: »Le dieu montait dans une véritable barque et non, comme on l'a supposé très graduitement, dans une barque montée sur des roues« (vergleiche auch Thureau-Dangin, RA 19: 141), ebenso Pallis, Akîtu: 159, der die Existenz von Schiffswagen ebenfalls verneint und die oben erwähnte Siegelabbildung ohne Begründung ablehnt. Auch Lehmann-Haupt, Armenien II 2: 580, verweist auf H. Schäfer, der das Siegelbild als einen auf einem Wagen transportierten und mit Seilen gesicherten (heiligen?) Baum erklären möchte. Das nun gefundene Schiff auf Rädern läßt jedoch wieder an eine mögliche Schiffsprozession denken. Die Götterstatuen wären dann erst auf einem Schiff transportiert worden, welches schließlich auf ein Chassis mit Rädern gesetzt und zum Tempel gezogen wurde. Für jenen Brauch sprechen sich auch Weidner, OLZ 16: 22, und Salonen, Prozessionswagen: 4, aus; dazu überdies Salonen, Landfahrzeuge: 67 f.

Gruppe XIV Drei Kupfermodelle vom Typ III a

Abschließend möchten wir an dieser Stelle drei Modelle einachsiger Wagen vorstellen, die bisher nicht (Kat.-Nr. XIV 01) oder nur an schwer zugänglicher Stelle publiziert sind. Alle drei Wagenmodelle stammen aus dem Handel mit der Herkunftsbezeichnung ›Luristan‹ oder ›Iran‹. Sie sind vermutlich in die Neusumerische Zeit (ca. 2327–2040 v. Chr.) zu datieren.

Der Wagen aus der Sammlung Artuner (Kat.-Nr. XIV 01) besteht aus fast reinem Kupfer (Analyse des Rathgen-Forschungslabors, Staatliche Museen Preußischer Kulturbesitz vom 30. Juni 1988). Für die anderen beiden Modelle liegt keine Analyse vor, laut Publikation sind sie aus Bronze. Es ist jedoch eher wahrscheinlich, daß auch sie aus Kupfer oder zumindest aus Bronze mit hohem Kupferanteil bestehen (vergleiche dazu auch Littauer, Levant 5: 103–5, 107, 126; sofern für die von ihr besprochenen Wagen eine chemische Analyse vorlag, ergab diese stets Kupfer als Material).

Alle drei Wagen entsprechen wohl unserem Typ III a: Einachser mit Frontschild, Hinterbock, Bodenrahmen und Trittbrett. Der Bodenrahmen ist bei Kat.-Nr. XIV 01 auf unserem Foto nicht sicher zu erkennen. Die Kupferwägelchen sind ihren tönernen Gegenstücken sehr ähnlich, leider lassen sich aber auch bei diesen Metallmodellen nicht mehr Details erkennen. Der Frontschild ist oben zweifach gerundet, um den Doppelbügel anzudeuten, jedoch – soweit auf den Fotos auszumachen – nicht durchbohrt. Alle drei Modelle sind komplett mit Scheibenrädern, die auf dünnen Metallstäben als Achsen sitzen, Deichsel und Zugtieren ausgestattet. Die zwei Equiden scheinen jeweils mit Halsgurt und Joch angespannt.

Bei Wagen Kat.-Nr. XIV 03 besteht der Hinterbock aus einer quer montierten ›Doppelleiste‹ mit einer Rille dazwischen; war hier einmal eine Fahrerfigur eingesetzt? Unter dem Bock durchbricht ein röhrenförmiges Loch das hinten vorstehende Trittbrett. Vermutlich sollte hier die Deichselwurzel gelagert werden.

ZUR ACHSRÖHRE

Viele Wagenmodelle tragen eine sogenannte Achsröhre unter ihrem Boden; wir wollen nun der Frage nachgehen, ob diese ein Bauteil realer Wagen oder nur ein Gestaltungselement des Terracottenkünstlers war.

Zunächst gibt es grundsätzlich zwei Arten, das Fahrgestell eines Wagens zu konstruieren. Bei der ersten dreht sich die Achse, die Räder sind auf der Achse fixiert und drehen sich mit ihr. Bei der zweiten ist die Achse starr montiert, auf ihr sitzen beweglich die sich drehenden Räder. Sollte es die Achsröhre in natura gegeben haben, so hätten wir in ihr das Lager einer beweglichen Achse mit starren Rädern zu sehen.

Schon früh äußerte sich auch Littauer, HdO Vehicles: 16 f., zum Problem der Achsenkonstruktion. Auf sie beziehen wir uns im folgenden verschiedentlich.

Die beiden Fahrgestell-Typen haben jeweils Vor- und Nachteile. Die bewegliche Achse muß in ziemlich breiten Lagern oder sogar in einer durchgehenden Röhre laufen, um hinreichend stabil zu sein. Entsprechend hoch ist der Reibungswiderstand. Die bewegliche Achse muß Enden mit rechteckigem Querschnitt haben, um einen stabilen Aufsatz der Räder zu garantieren. Solche Räder sind einfacher herzustellen, als sich frei drehende, da sie keine so belastbare Nabe brauchen. Nachteilig ist bei der beweglichen Achse, daß sich inneres und äußeres Rad in Kurvenfahrt nicht unterschiedlich schnell drehen können. Eine solche Konstruktion bietet sich also eigentlich nur für langsame Fahrt und schwerfällige Fahrzeuge an und ist wohl die ältere der beiden Versionen.

Die starre Achse erfordert eine aufwendigere Bauweise der Räder, da der Bereich der Nabe alle Last aufnehmen, mithin also entsprechend verstärkt und verdickt sein muß. Reibung entsteht hier nur im Bereich der Nabe, nicht über die ganze Länge der Achse. Auch die Kurvenfahrt wird durch die sich einzeln drehenden Räder erleichert. Außerdem wird durch das Fehlen einer unter dem gesamten Wagenboden angebrachten komplizierten Achslagerung die ganze Konstruktion leichter.

Das Problem ist natürlich, ob und wie die beiden Bauweisen in der Bildenden Kunst dargestellt wurden. Mit Littauer vertreten wir hier die Ansicht, daß, wenn die Enden der Achse erkennbar rund sind und das Rad zudem eine aufwendige Nabenkonstruktion zeigt, wir es mit einer starren Achse und beweglichen Rädern zu tun haben. Tatsächlich scheint dies, wo die Darstellungen überhaupt so differenziert sind, immer der Fall zu sein (Ur-Standarte: ABB. 187; Weihplatte aus Ur: ABB. 190; vergleiche auch Littauer, HdO Vehicles: Fig. 13).

Wir sind daher der Ansicht, daß die Achsröhre der tönernen Wagenmodelle nicht das Lager einer beweglichen Achse wiedergeben soll, sondern vom Künstler anstelle einer einfachen Durchbohrung des Wagens angebracht wurde. Tatsächlich hatte er ja außer der Anbringung einer separaten Achsenführung, sprich Achsröhre, oder der rohen Durchbohrung von Wagenboden beziehungsweise -gehäuse wenig Möglichkeiten, eine Achse an einem Modell stabil zu befestigen.
Gegen die Achsröhre in der Realität sprechen verschiedene weitere Gründe: die Röhre findet sich bei alten wie jungen Terracotta-Modellen, obwohl zur Zeit der jüngeren Modelle sicher schon die starre Achse im Wagenbau Verwendung fand. Außerdem gibt es die Achsröhre häufig bei einachsigen Wagenmodellen. Gerade die bewegliche Achse stünde aber bei den doch mobileren Einachsern schnellerer Fahrt und leichteren Manövern im Wege. Hierzu ist ergänzend der Artikel von Littauer, Levant 5, heranzuziehen. Die dort abgebildeten detaillierten Metallmodelle von Wagen lassen nichts erkennen, was einer Achsröhre ähnlich sieht (vergleiche ABB. 188).
Nur für die altertümlichen Sattelwagen möchten wir die Frage nach der Achsröhre nicht so pauschal entscheiden. Zwar haben wir oben die Darstellung eines Sattelwagens aus dem Älteren Frühdynastikum (ABB. 190) mit starrer Achse herangezogen, bei dem Tonmodell Kat.-Nr. VI 02 scheint die Achsröhre jedoch so in die Wagenkonstruktion eingebunden, daß wir hier vielleicht auch bei der realen Vorlage eine Achsröhre mit beweglicher Achse annehmen sollten.

Anders wiederum liegt der Fall bei der bekannten älterfrühdynastischen Quadriga aus Tall Agrab (ABB. 193 und 194), der vollen rundplastischen Darstellung eines von der Konstruktion her den Sattelwagen vergleichbaren Fahrzeugs. Die Enden der Achse sind rund, also die Achse starr. Die Aufsicht zeigt außerdem, daß die Achse relativ dünn ist, zu dünn jedenfalls, als daß es sich hier um eine Achsröhre mit innenlaufender Achse handeln könnte.

SYNOPSIS

Eine Systematik der frühdynastischen Wagentypen mit Scheibenrädern wurde in jüngerer Zeit von W. Nagel, AMNWD 15 (1992), vorgenommen. Neben den »Deichselbock-« und »Sattelwagen« unterscheidet er hier »Frontschildzweiachser« und »-einachser« sowie »Kastenzweiachser«. Bei den »Frontschildzweiachsern« nimmt er stets eine Sitzgelegenheit

hinten auf der Wagenplattform an. Auf Grund unserer Beobachtungen sind hier aber drei verschiedene Typen zu unterscheiden:
- Frontschildzweiachser mit Seitenrandsitz,
- Frontschildzweiachser mit (bloßer) Stehfläche und
- Frontschildzweiachser mit Hinterbock

Bei allen drei Typen werden die Wagenplattform und gegebenenfalls ihre Aufbauten durch eine Einfassung aus Brettern oder anderem Material zusammengehalten. Bei den Frontschildzweiachsern mit ›Stehfläche‹ oder ›Hinterbock‹ handelt es sich stets um einen niedrigen *Bodenrahmen*, bei den Wagen mit ›Seitenrandsitz‹ um eine kniehohe *Rand*-Einfassung auf beiden Seiten. Auf diesem Flankenschutz ist bei diesbezüglichen Terracottamodellen hinten eine Sitzplatte aufgenagelt (Kat.-Nr. VIII 02).

Auf Siegelbildern erscheint dieser Wagentyp wohl nicht. Bei anderen Modellen überragt dagegen ein Bock den Bodenrahmen, der hier also recht niedrig bemessen ist (Kat.-Nr. X a 01), aber sogar auch ganz fehlen kann (Kat.-Nr. X b 01). Nach vorne reicht der Flankenschutz bei beiden Terracottatypen bis zum Frontschild und zieht sich dort spitz hinauf. Auf frühdynastischen Siegelbildern mit ›Hinterbock‹-Gefährten (ABB. 180 und 181) hockt der Fahrer, wie auch bei den Terracotten vorgesehen, auf einer die Seitenplanken überragenden Sitzgelegenheit. Dieser Bodenrahmen seines Wagens ist auf den Siegelbildern so niedrig, daß er nur die Füße des Fahrers verdeckt, der Mann selber also fast in voller Statur sichtbar bleibt. Andere Darstellungen des Frühdynastikums dagegen sind vermutlich sitzlos und zeigen den (oder die) Fahrer aufrecht stehend, wobei nur die Füße hinter dem Bodenrahmen verschwinden (ABB. 178 und 179). Hier haben wir es anscheinend mit einer bloßen Stehfläche hinter dem Frontschild zu tun. Derartiges findet sich nun auch unter den Modellen. Der angedeutete Bretterrahmen deckt hier die Wagenplattform seitlich und rückwärtig ab (Kat.-Nr. IX 01). Fehlt die Hinterplanke, so ist bei diesen Terracotten wohl mit einem ›Frontschildkasten‹ zu rechnen. In Mosaikdarstellungen dieses Typs erkennt man, daß an seinem Frontschild etwa hüfthohe *Seitenwände* ansetzen (ABB. 187). Ein entsprechendes Kupfermodell besitzt hinten einen Türverschluß (ABB. 188). Eine Wagenkonstruktion gleicher Art auf nur zwei Rädern ist uns lediglich in dem Tonfahrzeug Kat.-Nr. IV 01 erhalten. Auch die drei Frontschild-Typen mit Scheibenrädern, die oben erläutert wurden, sind ja als Einachser belegt, allerdings nur als Tonmodelle (Kat-Nr. I 01, II 01, III a 01) und gleichfalls nicht auf frühdynastischen Siegeln. Eine entsprechende Hinterbock-Darstellung erscheint in der Glyptik vielleicht erst in Neusumerischer Zeit (ABB. 186, eher wohl Sattelwagen).

Bodenrahmen und *Seitenränder* werden, wo sie an den *Frontschild* anschließen, spitz nach oben gezogen. Das besonders gut gearbeitete Stück Kat.-Nr. VIII 03 erweckt den Eindruck, daß es sich bei den nach oben gezogenen Teilen des Bodenrahmens um eine Halterung handelt, die die Standfestigkeit des Frontschildes sichern sollte. Frontschild und Flankenschutz können mit Ritzmustern versehen sein, die wohl teilweise die Materialstruktur wiedergeben. Besonders die Ritzungen bei Kat.-Nr. VIII 01 und X a 03 legen es nahe, daß es sich bei den Flankenbegrenzungen nicht immer um regelrechte Plankenborde sondern – je nach Bestimmung des Wagens – um geländerartige Konstruktionen mit Flechtmatten oder ähnliche Verspannungen gehandelt hat. –

Die Frontschilde der Terracottawagen werden oft an der Oberkante von einem *Doppelbügel* geschmückt. Diese Doppelbügel können eine gewisse Hilfe zur Datierung geben. Im Frühdynastikum wird diese brillenförmig wirkende Haltevorrichtung sorgfältig aus einem dünnen Tonwulst mit quer aufgesetzter Mittelkrampe modelliert, welche den Wulst eindellt; aber auch zwei einzelne Tonwülste kommen vor, die oben an den Frontschild angearbeitet sind (zum Beispiel Kat.-Nr. I 01, XI 01). Seit der Reichsakkadischen Zeit werden die Griffe nicht mehr separat angebracht. Der Frontschild wird unter der Oberkante nur noch zweifach durchbohrt. In Nachahmung der Griffe kann diese Oberkante doppelt geschwungen sein (zum Beispiel Kat.-Nr. III b 22 und XIII 21). In Gruppe III c werden die ursprünglichen Tonwülste öfters durch das Relief noch angedeutet (zum Beispiel Kat.-Nr. III c 07, 12, 28). –

Einen Sonderfall bilden die Siegelbilder mit Frontschildzweiachsern, die der Kappadokischen Kultur (ca. 2120–1880 v. Chr.) angehören (ABB. 185). Diese Fahrzeuge fanden aber sicher nur noch im Kult Verwendung. Hier thront der Fahrer hoch auf einem Bock, der den Bodenrahmen überragt; seine gut sichtbaren Füße ruhen dann offenbar auf einem Trittbrett, das vor dem Bock über die niedrigen Flankenplanken genagelt worden war. Der durch diese Konstruktion labiler gewordene Kutschersitz mochte die gewiß statischen Rituale im religiösen Bereich nicht weiter behindern (vergleiche auch Abschnitt ›Funktionale Wagenklassen‹ sub ›Kultwagen‹). –

Im oben zitierten Artikel von W. Nagel, AMNWD 15, wird bei den von uns als ›Stehflächen-Wagen‹ charakterisierten Gefährten offenbar mit einer unsichtbaren Sitzplatte am Hinterende der Seitenplanken gerechnet, also mit Wagen vom ›Typ mit Seitenrandsitz‹. Abgesehen nun von den entsprechenden Tonmodellen, die tatsächlich eine Sitzgelegenheit bezeugen, spricht das Standmotiv der Wageninsassen auf Siegeln (ABB. 179) und einer Gefäßbemalung (ABB. 178) nicht für die Nagelsche Interpretation. Eher würde man in diesen Fällen einen sitzenden Fahrer wie bei den Darstellungen von Hinterbock-Wagen (ABB. 180 und 181) erwarten. Die Siegelabbildung apud Nagel, AMNWD 15: 172 Abb. 2, ist demgemäß eher als ein Wagen mit ›Stehfläche‹ zu interpretieren.

Eine zweite Frage stellt sich bei dem teilweise korrodierten Siegel apud Nagel, AMNWD 15: 170, 177 Abb. 13, das im Text zur »einzigen Darstellung« eines Frontschildeinachsers innerhalb der Frühdynastischen Siegelkunst erklärt wird (= unsere ABB. 183). Diese Singularität macht stutzig; eher sollte es sich daher um einen (stets einachsigen) ›Sattelwagen‹ handeln. Nagel interpretiert die beiden Ritzlinien zwischen Wagengestell und Gespann als »Streckdeichsel« und »Bremsbügel«. Nun könnte letzterer aber auch einen sogenannten ›Bugschirm‹, einen Aufsatz auf dem Bug eines ›Sattelwagens‹, andeuten. Auf einem frühdynastischen Siegelbild in Berlin (ABB. 182) sind bei der einachsigen Wagendarstellung ›Bremsbügel› und ›Bugschirm‹ klar auszumachen. Schon Moortgat, Rollsiegel: Nr. 145 S. 18 Anm. 1, verglich sie mit dem bekannten ›Sattelwagen nebst Bugschirm‹ auf einer Siegelabrollung aus Ur (Salonen, Landfahrzeuge: Tf. XIII 1); zur verschiedenen Form der ›Bugschirme‹ siehe Salonen, Landfahrzeuge: Tf. XIII und den Sattelwagen Tf. XX.

Eigentümlich verhält es sich mit dem Tonmodell ›Einachsiger Frontschildkasten‹ (Kat.-Nr. IV 01). Wir haben es ins mesopotamische Frühdynastikum datiert, da seine Herkunft aus dem »syrischen« Kunsthandel diesbezüglich freie Hand läßt und es konstruktionsmäßig das systemkonforme Pendant zu den jüngerfrühdynastischen Zweiachsern des gleichen Typs liefert (ABB. 187 und 188). Damit hätte allerdings schon das Jüngere Frühdynastikum Zentralvorderasiens eine Wagenform erreicht, die dem ›Klassischen Streitwagen‹ des II. Jahrtausends v. Chr. in ihrer ›Kanzelkonstruktion‹ recht nahe kam, sofern man von der erhöhten Mittelbrüstung und den Scheibenrädern einmal absieht. Eigenartig verläuft aber dann die weitere nach-frühdynastische Entwicklung. Der ›Einachsige Frontschildkasten‹ gerät nicht in die Darstellungen anderer Kunstgattungen, sondern verschwindet. Dagegen erscheint der ›Frontschildeinachser mit Hinterbock‹ – wie wir schon oben gesehen haben – nunmehr vielleicht in der Glyptik (ABB. 186 ?). In der ›Libanesischen Kultur‹ (ca. 2040–1700 v. Chr.) in Südsyrien erhält er sodann auf vielen Siegelbildern Speichenräder – neben dem gleichfalls damit ausgestatteten ›Frontschildeinachser mit gerahmter Stehfläche‹ (ABB. 195 mit Bodenrahmen; dieser kann sonst fehlen). Der Hinterbockwagen auf zwei Speichenrädern behält die offenen Seitenpartien und eben den überflüssigen Bock – beides unpraktisch im Kampf, wo der stets stehende Fahrer mit ungeschützten Flanken angreifen muß (ABB. 196). Die Errungenschaft des frühen einachsigen Streitgefährts mit abschirmender Seitenbrüstung ist hier also völlig verloren gegangen. Zu der damit kurz skizzierten Streitwagenentwicklung im Vorderasien des II. Jahrtausends v. Chr. vergleiche ausführlicher Nagel, DaM 6: 67 ff.

Alles in allem kann man sagen, daß die Terracottawagen in ihrem Typenreichtum eine erstaunliche Aussagekraft erweisen. Das gilt zumindest für das Frühdynastikum, wo sich Wagenmodelle und entsprechende Siegelbilder gegenseitig in Konstruktion und Funktion erhellen.

Die mesopotamisch-syrischen Terracottawagen tragen, sofern sie original erhalten sein sollten, Scheibenräder. Die Alternative hierzu, nämlich Speichenräder, ließe sich gewiß in Ton nachbilden. aber auch die farbige Angabe von Speichen auf der Tonscheibe wäre möglich. Offenbar jedoch kommt beides bei der von uns behandelten Terracottengruppe nicht vor. (Nur ein in das 6.–5. Jahrhundert v. Chr. datiertes Planwagenmodell, Kat.-Nr. VII 05, aus Kypros hat ausnahmsweise einmal bemalte Scheibenräder.) Nun endet allerdings die Laufzeit aller unserer Wagenmodelle spätestens in der Frühaltbabylonischen Zeit, abgesehen von einigen jungdatierten Stücken aus Nuzi und einem regelrechten Kanzelwagen aus Tall Kamid al Lawz, der bereits den bekannten ›Klassischen Streitwagen‹ wiedergibt. Das heißt aber nichts anderes, als daß fast alle unsere Scheibenradmodelle einer archaischen Konstruktionsstufe angehören, die nach den Fundortdatierungen nur im Frühdynastikum und in der ›Hochdynastischen Epoche‹ ihre Blütezeit hatte, also in der Reichsakkadischen, Neusumerischen und Frühaltbabylonischen Zeit. Danach werden sie als Massenware nicht mehr hergestellt. Folgende zwölf Typen lassen sich unterscheiden:

Frontschildwagen mit Scheibenrädern:

– Frontschildwagen mit Seitenrandsitz

Typ I:	als Einachser
Typ VIII:	als Zweiachser

– Frontschildwagen mit Stehfläche

Typ II:	als Einachser
Typ IX:	als Zweiachser

– Frontschildwagen mit Hinterbock

Typ III:	als Einachser

Typ X: als Zweiachser
- Frontschildkasten
Typ IV: als Einachser
Typ XI: als Zweiachser

Sonstige Typen:
- Kanzelwagen Typ V
- Sattelwagen Typ VI
- Planwagen
Typ VII: als Einachser
Typ XII: als Zweiachser

Damit wären fast alle ›archaischen‹ Scheibenradtypen, die uns aus anderen Kunstgattungen bekannt sind, auch als Terracotten belegt: als ›Typ XIII‹ fehlt hier nur der in einem Kupfermodell erhaltene ›Deichselbockwagen‹ aus dem Frühdynastikum (ABB. 193 und 194). Allerdings gibt es andererseits nun einen Terracottatyp, der sonst nirgends vorkommt: das ist der Wagen mit Seitenrandsitz (Typ I / VIII). –

Die vier an sich auf einer Grundform basierenden Frontschildwagen wurden oben in dem Kapitel ›Systematik der Wagentypen‹ der Übersichtlichkeit halber nach Ein- und Zweiachsern getrennt aufgeführt. Vereint man nun die beiden Achsvarianten zu ihrem entsprechenden Grundtyp, so erhalten wir vier Basiskonstruktionen, deren raum-zeitliche Eingrenzung nicht allzu sehr von der ihrer beiden Spielarten abweicht, das heißt, daß Geographie und Chronologie der Achsvarianten eines Grundtyps im großen und ganzen übereinzustimmen scheinen, was man ja auch zu vermuten geneigt wäre. Die vier Grundtypen stellen sich dann folgendermaßen dar:

Grundtyp I / VIII Frontschildwagen mit Seitenrandsitz auf Scheibenrädern:
Seine Verbreitung erstreckt sich von Nordwest- bis Südmesopotamien. Dort existierten beide Formen vom Frühdynastikum bis in die Reichsakkadische Zeit hinein.

Grundtyp II / IX Frontschildwagen mit Stehfläche auf Scheibenrädern:
Seine beiden Varianten sind in Syrien und Nordwestmesopotamien belegt. Ihre Blütezeit beschränkte sich dort auf die Jüngerfrühdynastische bis auf die Frühaltbabylonische Epoche. In Mesopotamien ist der Zweiachser aufgrund einer anderen Darstellung (ABB. 178) auf jeden Fall schon seit dem Älteren Frühdynastikum bekannt.

Grundtyp III / X Frontschildwagen mit Hinterbock auf Scheibenrädern:
Seine beiden Spielarten sind überall in Syrien und Mesopotamien zu finden und gehören dort in den weiten Zeitraum vom Frühdynastikum bis zur Frühaltbabylonischen Zeit.

Grundtyp IV / XI Frontschildkasten:
Nur der zweiachsige Typ XI ist hier genauer einzuordnen und zwar vom Jüngeren Frühdynastikum bis in die Neusumerische Zeit Nordwestmesopotamiens; besser ist er aus Südmesopotamien in anderen Kunstsparten aus der älteren Epoche belegt.

Auffallend bleibt bei alledem das Mißverhältnis, in dem unsere Terracottabelege zu dem Vorkommen der verschiedenen Wagentypen in anderen Kunstgattungen stehen. So taucht etwa keiner der vier Einachsertypen in Ton vor dem Ende des Frühdynastikums in anderen Kunstsparten auf. Der Typ mit Seitenrandsitz ist überhaupt nur unter frühdynastischen und reichsakkadischen Terracotten belegt. Seit der Neusumerischen Zeit aber gibt es Einachsertypen auf Scheibenrädern mit Hinterbock auf Siegelbildern (ABB. 186). In der Libanesischen Glyptik Südsyriens (ca. 2040–1700 v. Chr.) taucht dann dieser Wagentyp mit Speichenrädern auf (ABB. 196): eine der ältesten Varianten des ›Klassischen Streitwagens‹. Danebenher laufen im Frühaltbabylonischen Mesopotamien (ca. 2040–1870 v. Chr.) offenbar Terracotten vom Einachsertyp mit Hinterbock auf Scheibenrädern (Typ III c). In Syrien dagegen scheinen die Einachser mit Stehfläche oder Hinterbock auf Scheibenrädern nach der Neusumerischen Zeit (ca. 2325–2040 v. Chr.) nicht mehr belegt zu sein. Die Wagen mit Seitenrandsitz und in Kastenform waren hier nie heimisch; in ›Innermesopotamien‹ starben sie schon mit dem Ende des Frühdynastikums oder in Hochreichsakkadischer Zeit aus. Seit der Neusumerischen Zeit verbleiben also nur noch die Scheibenradwagen mit Frontschild, Stehfläche oder Hinterbock als ›Entwicklungsmasse‹ für den ›Klassischen Streitwagen‹. Den einachsigen Stehflächenwagen gab es damals im syrisch-nordwestmesopotamischen Raum; der zweiachsige war in Syrien schon vorher aufgegeben worden, überlebte in Mesopotamien nicht in Frühaltbabylonischer Zeit. Der einachsige Hinterbockwagen wurde zu jener Zeit sowohl in Syrien als auch in Mesopotamien gefahren; seine zweiachsige Variante war bereits in Neusumerischer Zeit ausgestorben.

Während der Libanesischen (ca. 2040–1700 v. Chr.), Alt(nord)syrischen (ca. 2080–1700 v. Chr.) und Frühaltbabylonischen Kultur (ca. 2040–1870 v. Chr.) begann sich dann sehr rasch der neue Speichenradeinachser mit Stehfläche (ABB. 195) oder Hinterbock (ABB. 196) überall durchzusetzen – erst in Syrien, dann in Mesopotamien.

Funktionale Wagenklassen

Funktionsklassen und Konstruktionstypen

Wagen sind Gebrauchsgegenstände, die zur Fortbewegung von Personen und Gütern konstruiert sind. Danach also sollte die jeweils besondere Funktion die Bauart bestimmen, und im Prinzip ist das auch so. Zu beachten bleibt nur, daß ein einmal entwickelter Bautyp mehreren Zwecken dienen kann und überdies neue bessere Lösungen alte Modelle verdrängen können.

Im Alten Orient sind *vier* Lebensbereiche mit Transportaufgaben befaßt, die die Entwicklung eines Wagens anzuregen vermochten. Dies sind

- bei der *Lastenbeförderung* der Ferntransport,
- beim *Reisen* der Fernverkehr,
- auf der *Jagd* der Kampf mit Großwild und
- im *Krieg* der Kampf in der Schlacht.

Dazu kommen *zwei* weitere Nutzungsbereiche, deren Wagenverwendung aber offensichtlich erst durch das Vorhandensein von Räderfahrzeugen angereizt wurde. Es handelt sich

- im *Kult* um die Kultprozessionen und
- im *Sport* um das Wagenrennen.

Danach wären die *sechs Funktionsklassen* der

- Kultwagen,
- Lastwagen,
- Reisewagen,
- Sportwagen,
- Jagdwagen und
- Kriegswagen

zu unterscheiden. Wieviele Konstruktionstypen den somit umrissenen Bedarf jeweils abdecken, ist zeitlich verschieden. Dabei ist zu beachten, daß bis zum ›Dunklen Zeitalter‹ die Typenpalette der altvorderasiatischen Wagen infolge der umfangreichen Terracottaproduktion besonders reich dokumentiert ist. Wir beschränken daher im folgenden unsere Analyse auf den Zeitabschnitt zwischen Frühdynastikum und Spätaltbabylonischer Periode. Während dieser Epoche entsprechen jenen oben genannten sechs Gebrauchsklassen aber nur *drei* große *Grundtypen* im Wagenbau, wie wir anschließend genauer ausführen werden. Es sind dies

- der ›Planwagen‹ als Lastwagen,
- der ›Frontschildwagen‹ als Lastwagen,
- der ›Frontschildwagen‹ als Streitwagen und
- der ›Kanzelwagen‹ als Streitwagen.

Einen eigenen Wagentyp zum Einsatz bei *Kultprozessionen* gab es offenbar nicht. Es handelt sich bei den in diesem Bereich verwandten Gefährten entweder um Spezialanfertigungen, die einen bekannten Grundtypus mit charakteristischen Eigenheiten versehen, oder um ausgefallene Konstruktionen für einmalige Zwecke. Hinzu kommen Sondertypen, die mit dem Aspekt der ›Götterwagen‹ verbunden sind.

Zum *Lastentransport* auf weite Strecken wurde – besonders in der hier behandelten älteren Zeit – speziell der ›Planwagentyp‹ konstruiert. Ein ›Frontschildwagen‹ vom ›Gattertyp‹ übernahm vielleicht auch diese Aufgabe.

Für die Wagen, die einen *Kampfauftrag* erfüllen sollten, wurden zwei große Typenreihen entwickelt: Die ›Frontschildwagen‹ stellen die ältere Serie dar, die ›Kanzelwagen‹ eine verbesserte jüngere. Beide Modellreihen dienen sowohl dem Jagd- wie dem Kriegseinsatz und werden als ›*Streitwagen*‹ zusammengefaßt.

Auf *Fernreisen* benutzte man wohl ›Streit-‹ wie ›Lastwagen‹, fürs *Wagenrennen* vermutlich nur die erstgenannten (siehe dazu unten den Abschnitt ›Lastwagen‹ und den Abschnitt ››Streitwagentypen‹ als Reise-, Kult- und Sportwagen‹).

Kultwagen

Eine Gruppe von Kultwagen haben wir oben im Abschnitt ›Synopsis‹ in der Kappadokischen Kultur (ca. 2120–1880 v. Chr.; ABB. 185) ausgemacht. Es handelt sich dabei um den Wagentyp ›Frontschildzweiachser mit Hinterbock‹, der hier auf Siegelbildern sowohl mit Scheiben- als auch Speichenrädern wiedergegeben wird und bei dem die Füße des Fahrers noch über dem Bodenrahmen dargestellt werden, anstatt wie sonst hinter diesem zu verschwinden. Ein Fußbrett scheint in diesem Fall den Fahrer zu erhöhen. Diese Eigenheit bei einem in der angegebenen Epoche ohnehin archaisch wirkenden Zweiachser verleitet dazu, in ihm einen Prozessionswagen zu sehen, dessen langsame Fortbewegung den labilen Kutschersitz vertrug.

Ein Jochemblem in Gestalt einer Rundscheibe bei einem Kupfermodell in Form eines *Gatterwagens*, also eines Zweiachsers mit Frontschild und (bespanntem?) Seitengeländer (ABB. 189), gibt gleichfalls Anlaß, an einen ›Kult-‹ oder sogar ›Götterwagen‹ zu denken (vergleiche Nagel, APA 16/17: 151, und unten den Abschnitt ›Lastwagen‹).

Um ein echtes Prozessionsgefährt könnte es sich dann bei jenem ›Schiffswagen‹ (Kat.-Nr. XIII 38; ABB. 203) handeln, den wir oben im Abschnitt ›Beschreibung der Wagentypen‹ sub ›Gruppe XIII Nicht näher einzuordnende Wagentypen‹ erläuterten.

Schließlich gibt es in diesem Rahmen noch die ›Götterwagen‹ als besondere Gruppe. Vielleicht gehörte das oben erwähnte Kupfermodell ABB. 189 dazu, aber auch das Siegelbild ABB. 180 läßt eine entsprechende Vermutung aufkommen, da hier der hockende Insasse wohl nicht selber die Zügel führt, sondern ein Diener zu Fuß den Wagen lenkt, dessen Gespann überdies offenbar Fabeltiercharakter hat. Unsere ABB. 184 stellt ergänzend einen echten Götterwagen mit Drachengespann dar (vergleiche unten den Abschnitt ›Der Wagen des Gottes Enlil‹). Vom Typ her entspricht er dem ›Frontschildzweiachser mit Hinterbock auf Scheibenrädern‹, der auch dem oben angeführten Kultgefährt der Kappadokischen Kultur (ABB. 185) als Vorbild diente. Es ist also ein Streitwagenmodell, das hier jeweils Pate stand. Unter dem Verdacht der Göttlichkeit steht letztlich die ganze Gruppe der ›Sattelwagen‹ (vergleiche dazu oben den Abschnitt ›Beschreibung der Wagentypen‹ sub ›Typ VI Sattelwagen‹). Unsere ABB. 190 demonstriert das an einem Relief, das einen ›Leeren (Sattel-)Wagen‹ darstellt, dessen Fabeltiergespann von einem hinterhergehenden Kutscher gelenkt wird. Das Siegelbild ABB. 192 zeigt dann tatsächlich einen Gott auf einem drachengezogenen Sattelgefährt; bei dem Relief ABB. 191 ließe sich ähnliches vermuten (zum himmlischen Charakter der ›Sattelwagen‹ vergleiche auch Nagel, AMNWD 15: 168 f.).

Lastwagen

Lastwagen als besonders erkennbare Gruppe sind durch ein tonnenförmiges Verdeck charakterisiert. Es gibt zwei- wie einachsige Ausführungen solcher *›Planwagen‹*, und als Zugtiere sind wohl zumeist Rinder zu erwarten. Dazu ist unsere ABB. 202 zu vergleichen, die auf einem Siegelbild die einzige Darstellung eines ›Planwagens‹ bietet, die bislang neben den recht zahlreichen Terracotten existiert (vergleiche den Abschnitt ›Beschreibung der Wagentypen‹ sub ›Typen VII / XII Planwagen‹). Ein Equidengespann vor einem Einachser mag auf die Verwendung als Reisewagen deuten (vergleiche ›Katalog der Wagenmodelle‹ sub ›Typ VII Einachsiger Planwagen‹ Kat.-Nr. VII 06).

Noch eine andere Konstruktion könnte neben dem ›Planwagen‹ als ›Lastwagen‹ anzusprechen sein. Es geht dabei um den bereits oben im Abschnitt ›Kultwagen‹ erwähnten Typ des *Gatterwagens*, einem ›Frontschildzweiachser mit Seitengeländer auf Scheibenrädern‹, der uns in einer größeren Gruppe von Kupfermodellen erhalten blieb, die von Rindern gezogen wird (vergleiche Nagel, APA 16 / 17, und ABB. 189).

Streitwagen

Die große Masse der Terracottawagen bietet Modelle, die offenbar primär für Jagd- und Kriegseinsatz entwickelt wurden (sekundäre Nutzungen anderer Art sind dabei also nicht ausgeschlossen; siehe den folgenden Abschnitt ››Streitwagentypen‹ als Reise-, Kult- und Sportwagen‹). Den Beweis erbringen für einen Teil der Terracotten entsprechende Darstellungen anderer Kunstarten mit eindeutigem Ambiente. Dabei ist zu beachten, daß ›Hund‹ oder ›Wild‹ im Umkreis des Fuhrwerks dieses zum ›Jagdgefährt‹ macht, ein ›Gefallener (Feind)‹ dagegen zum ›Kriegsfahrzeug‹. Als älteste Typen sind auf diesem Wege ›Frontschildzweiachser auf Scheibenrädern‹ funktional als ›Streitwagen‹ festzulegen. An Untergruppen sind hier zu nennen: der

- Frontschildzweiachser mit (bloßer) Stehfläche (dazu vergleiche unsere ABB. 179 ›Jagdgefährt‹ und auch ABB. 178), der
- Frontschildzweiachser mit Hinterbock (auf Scheibenrädern; dazu vergleiche unsere ABB. 181 ›Kriegsgefährt‹ und auch ABB. 180, 184) sowie der
- Zweiachsige Frontschildkasten (dazu vergleiche unsere ABB. 187 ›Kriegsgefährt‹).

Zu einem ›Frontschildzweiachser mit Hinterbock auf Speichenrädern‹ vergleiche oben den Abschnitt ›Kultwagen‹ und unten den Abschnitt ››Streitwagentypen‹ als Reise-, Kult- und Sportwagen‹.

Die entsprechenden ›Frontschild*ein*achser auf Scheibenrädern‹ sind nur als Terracotten belegt; ihre Streitwagennutzung ist jedoch kaum analog zu erschließen – gewiß auch nicht deswegen, weil es neben ihnen ›Frontschildeinachser auf Speichenrädern‹ gibt, die auf Siegelbildern eindeutig als Kampfgefährte gekennzeichnet sind. Wir kommen gleich darauf zurück. An ›Frontschildeinachsern auf Scheibenrädern‹ sind folgende Typen belegt: ein

- Frontschildeinachser mit (bloßer) Stehfläche auf Scheibenrädern, ein
- Frontschildeinachser mit Hinterbock auf Scheibenrädern sowie ein

– Einachsiger Frontschildkasten.

Eine jüngere Entwicklung stellen dann die erwähnten ›Frontschildeinachser auf Speichenrädern‹ dar, wozu des näheren Nagel, DaM 6: 36 f., 67, zu vergleichen ist. Entsprechend ihren Terracottavorläufern gibt es hier einen

- Frontschildeinachser mit (bloßer) Stehfläche auf Speichenrädern (dazu vergleiche unsere ABB. 195 ›Jagdgefährt‹) und einen
- Frontschildeinachser mit Hinterbock auf Speichenrädern (dazu vergleiche unsere ABB. 196 ›Kriegsgefährt‹).

Die jüngere Serie, die der ›Kanzelwagen‹, umfaßt nur Einachser auf Speichenrädern, die sich in vier Untertypen gliedern, wozu des näheren Nagel, DaM 6: 67 f., zu vergleichen ist; es sind dies der

- Geländereinachser (ABB. 197 ›Jagdgefährt‹, ABB. 198; vergleiche dazu Nagel, DaM 6: 32, 37, 68, 74, 87), der
- Rundschirmeinachser (ABB. 199 ›Jagdgefährt‹; vergleiche dazu Nagel, Streitwagen: 33, 68, 74), der
- Rahmeneinachser (Kat.-Nr.III c 39, ABB. 200 ›Jagdgefährt‹; vergleiche dazu Nagel, DaM 6: 75, 88) sowie der
- Kasteneinachser (ABB. 201 ›Kriegsgefährt‹; vergleiche dazu Nagel, DaM 6: 32, 37, 68, 74 f., 88).

Bei *Prunk-* und *Gala*veranstaltungen sowie bei Paraden gelangten – sofern ein Wagen-Defilee vorgesehen war – gewiß vornehmlich Streitwagentypen als Zeremonialgefährte zum Einsatz.

›Streitwagentypen‹ als Reise-, Kult- und Sportwagen

In dem Abschnitt ›Die Kultfahrt des Königs Šulgi‹ wird eine Tagesreise dieses Herrschers geschildert, an deren Anfang und Ende er die gleiche religiöse Feier, das Ešeš-Fest, in zwei Städten, Ur und Nippur, vollzog, die nach moderner Berechnung durch eine Wegstrecke von 150 bis 200 Kilometern getrennt sind. Der Fürst veranschlagt für die Entfernung eine Marschleistung von 30 Stunden. Für eine Tagesreise stehen jedoch höchstens 14 Stunden zur Verfügung. In dieser kurzen Zeit ist die Strecke aber nur mit einem schnellen Wagen zurückzulegen. Für uns ist hier wichtig, daß in dieser belletristischen Passage ein leichter Wagen verlangt wird, der eine Kultfahrt absolviert, bei der Schnelligkeit und Ausdauer im Text ausdrücklich als sportliche Leistung hervorgehoben werden. Vermutlich benutzte der König einen ›Frontschildeinachser mit Hinterbock auf Scheibenrädern‹, der damals in Südmesopotamien modern war und demnach sowohl auf Reisen als auch im Kult und Sport Verwendung fand. Einen anderen Streitwagentyp, nämlich einen ›Frontschild*zwei* achser mit Hinterbock auf Scheiben- oder Speichenrädern‹ (zum Teil in Sonderausführung) lernten wir bereits oben im Abschnitt ›Kultwagen‹ kennen (ABB. 184 und 185).

Reguläre Wagenrennen fanden im Alten Orient erst sehr viel später statt; dazu vergleiche Nagel, Treue edit. Achse: 33.

Wagentypen unbekannter Funktion

Als Wagentypen, deren Funktion nicht klar erkennbar ist, wären folgende drei Modelle zu nennen:
- Deichselbockwagen (ABB. 193 und 194),
- Frontschildeinachser mit Seitenrandsitz (auf Scheibenrädern) und
- Frontschildzweiachser mit Seitenrandsitz (auf Scheibenrädern).

DER ZWECK DER WAGENMODELLE

Nur für einen Bruchteil der Terracottamodelle läßt sich aus den Fundumständen eine Aussage über ihren möglichen Zweck treffen, da eine große Anzahl Wagen aus dem Kunsthandel stammt. Bei den Ausgrabungsobjekten ergibt sich die Schwierigkeit, daß sich häufig der genaue Fundzusammenhang nicht feststellen ließ oder aber in der Publikation nicht angegeben wurde (ähnlich auch Littauer, Levant 5: 125).

Festzuhalten ist auf jeden Fall, daß Wagenfunde in allen Funktionsbereichen der antiken Orte gemacht wurden: in Gräbern, Tempeln und Tempelbezirken sowie in Wohnbezirken. Folgende Modelle lassen sich zuordnen:
- Aus Gräbern:
  Kat.-Nr. III b 14, VII 05, X b 01, XI 01, XII 01 (Kindergrab), XII 03;
- aus Tempeln oder Tempelbezirken: zum Beispiel
  Kat.-Nr. III a 01, III b 22, III c 07, III c 18, VI 05, X a 04 (?), XII 02 (?);
- aus Wohnhäusern oder anderen profanen Gebäuden: zum Beispiel
  Kat.-Nr. III a 08, III a 11, III b 04, III b 16, III b 23, III c 32, V 01, IX 01, IX 05, X a 05, XII 06, XIII 08, XIII 29.

Dabei ziehen sich die verschiedenen Herkunftsbereiche quer durch die einzelnen Gruppen; es scheint nicht möglich, eine Gruppe ausschließlich einer besonderen Bestimmung zuzuschreiben.

Wagen als Grabbeigaben vertraten wohl meist echte Wagen, die zu kostbar waren, um sie in das Grab mitzugeben. Das Tonmodell als Symbol konnte dem Verstorbenen im Jenseits ebensogut dienen. Im Falle des Planwagens Kat.-Nr. XII 01 würde man, da er in einem Kindergrab entdeckt wurde, eher an ein Spielzeug denken. Die in Tempelbereichen gefundenen Wagen können einerseits zur Ausstattung der Häuser der Götter gedient haben, wie den Göttern auch Betten, Hausrat, Kleidung und ähnliche Dinge zur Verfügung gestellt wurden (Braun-Holzinger, Mesop Weihgaben: 5). Daneben waren aber die Wagen als Vertreter der Gottheit anscheinend selbst Gegenstand der Verehrung und tauchen in Opferlisten als Empfänger eigener Opfer auf (Braun-Holzinger, Mesop Weihgaben: 3, 228; Civil, JAOS 88: 3).

Die Verwendung von Wagenmodellen als Götterwagen in Tempeln scheint sich zunächst besonders für Gruppe III c anzubieten, deren Wagen ihren Reliefschmuck auffälligerweise an der Innenseite des Frontschildes tragen. Sofern eine Gottheit dargestellt ist, liegt die Interpretation als ›leerer‹ Götterwagen, bei dem die Gottheit stellvertretend auf dem Relief abgebildet ist, nahe. Zwei der Wagen mit entsprechenden Motiven, Kat.-Nr. III c 07 und III c 18, wurden tatsächlich in Tempeln entdeckt. Diese Deutung gilt aber nicht für die gesamte Gruppe III c. Mehrere Wagen zeigen profane Motive, wie Bogenschützen, auf den Reliefs. Für diese Wagen bietet sich entweder eine Nutzung im häuslichen Bereich (Spielzeug) an oder aber die Deutung als persönliche Weihgabe eines Stifters, der mit dem Motiv des Reliefs um Glück im Kampf (Bogenschütze) bat oder für solches dankte (Unterwerfungsszene; diese Erwägung steht im Gegensatz zu Braun-Holzinger, Mesop Weihgaben: 8, die Wagen nicht zu den persönlichen Weihgaben einzelner Stifter rechnen möchte). Leider gibt es bei allen Wagen mit weltlichen Motiven nur ungenaue Angaben über den Fundort, so daß sich aus ihrer An- oder Abwesenheit in Tempeln oder Wohnhäusern keine Aussage gewinnen läßt. Das einzige definitiv unter einem Wohnhaus gefundene Modell (Kat.-Nr. III c 32) ist leider zu beschädigt, um noch zu erkennen, ob der Reliefschmuck sakraler oder profaner Natur war. Die Terracottamodelle aus Wohnhäusern können natürlich ebenso wie als Spielzeug auch für Hausaltäre benutzt worden sein. Gegen die Verwendung von Modellen, in diesem Fall von Tieren auf Rädern, als Spielzeug spricht sich Cholidis, MDOG 121: 198, 204, aus.

Wie diese kurzen Ausführungen zeigen, lassen sich aus den Funden zwar durchaus verschiedene Nutzungsmöglichkeiten der Wagenmodelle erschließen, im Einzelfall muß die Verwendung eines Modells jedoch meist ungeklärt bleiben.

Man sollte sicher nicht allen Modellen pauschal kultische Bedeutung zuschreiben, wie es noch die Meinung von Klengel-Brandt, FuB 12: 36, und vielleicht auch von Civil, JAOS 88: 3, ist.

DER WAGEN DES ENLIL UND DIE KULTFAHRT DES ŠULGI

Der Wagen des Gottes Enlil

Im Abschnitt ›Funktionale Wagenklassen‹ kamen wir auch auf die ›Götterwagen‹ zu sprechen. Wir erwähnten dort ein Rollsiegelbild (ABB. 192), das nun zu jener Beschreibung eines solchen Gefährts im belletristischen Kontext passt, auf die wir hier näher eingehen wollen. Es handelt sich um eine sumerische Hymne aus der Neusumerischen Zeit, die von Civil, JAOS 88, bearbeitet wurde (allgemein zu Götterwagen dieser Zeit vergleiche Civil, JAOS 88: 3). In dem Lied wird erzählt, wie der König Išmedagan von Isin (ca. 2092–2072 v. Chr.) einen Wagen für Enlil bauen läßt: ausführlich werden im ersten Teil des Textes die einzelnen Teile des Wagens gelobt – auf diese Begriffe werden wir unten eingehender zu sprechen kommen; im zweiten Teil der Hymne wird beschrieben, wie Enlil den Wagen besteigt, hinter ihm die Annuna-Götter, vor ihm Gott Ninurta. Es bleibt dabei aber unklar, ob eine Prozession beschrieben wird, in der dieser Wagen als Götterwagen mitgeführt wird und an der Enlil durch das (imaginäre) Besteigen seines Wagens teilnimmt, oder ob der Wagen im Tempel aufgestellt wurde und die Entgegennahme der Opfergabe durch den Gott angedeutet werden soll, es sich also nur um eine mythische Prozession handelt. Im zweiten Fall hätten wir es nach Braun-Holzinger, Mesop Weihgaben: 3, mit einer jener Opfergaben zu tun, die als Geschenke für einen Gott im Tempel aufgestellt wurden, später aber durchaus selbst verehrt werden konnten (vergleiche auch den Schluß des Abschnittes ›Der Zweck der Wagenmodelle‹). Ebenso ist es möglich, daß sich die Hymne nicht auf die Anfertigung eines echten Wagens sondern nur auf die eines kostbaren Wagenmodells, welches dann im Tempel deponiert wurde, bezieht.

Die Anfertigung von Götterwagen an sich ist öfter belegt. Vom Fürsten Gudea I. von Lagaš heißt es zum Beispiel in seiner Tempelbauhymne:

> »Wenn du nach Girsu, dem Heiligtum des Ortes Lagasch, kommst, an deinem Schatzhaus das Siegel entfernst, Holz daraus hervorbringst,

für deinen König ([Gott] Ningirsu) einen Wagen zurechtmachst, Eselhengste davorspannst,
diesen Wagen mit leuchtendem Edelmetall und Lapislazuli zierst – schnell wie der Pfeil aus dem Köcher, wie das Licht, wird er wegfahren –, ...«

(Gudea Cylinder A Kolumne VI Zeile 15–20, zitiert nach Falkenstein, Hymnen: 143 f.)

Im folgenden soll näher auf die sumerischen Ausdrücke für die einzelnen Bauelemente des Wagens, wie sie in der Hymne beschrieben werden, eingegangen werden. Fragliche Lesungen werden dabei stets in Versalien geschrieben, sumerische Lesungen klein und gesperrt, akkadische kursiv; nur bei entsprechenden Lexikonzitaten (»sub voce«) erscheinen akkadische Wörter im Normalsatz.

Zeile 10 und 82: gišš u - k á r

Civil, JAOS 88: 6 f., übersetzt »furnishings« beziehungsweise »implements« = »Ausrüstung(steile), Gerätschaften«.

Zeile 11: gišm a - g í d

»Deichsel«

Variante gišm u - g í d (- g i g i r). Der Begriff hat in der Liste ḪAR - r a = *ḫubullu* (im folgenden Ḫḫ abgekürzt) Tafel V Zeile 46 die akkadische Entsprechung *ma-šad-du*. Der sumerische Ausdruck ist zusammengesetzt aus m a beziehungsweise m u [anstelle von m u_9 = GIŠ = *iṣu(m)* »Holz«] und g í d = *šadādu* »ziehen«, also in etwa »Ziehholz«.

Vergleiche AHw: II 622 sub voce ›mašaddu‹; CAD: X 350 f. sub voce ›mašaddu‹; Civil, JAOS 88: 13; Landsberger, MSL VI: 9 Zeile 46; Salonen, Landfahrzeuge: 122 ff.

Zeile 12: [s u -] d i n

»Flügelwesen« (als Jochaufsatz)

Ḫḫ Tafel V Zeile 47 bietet gišs u - d i n - g i g i r = *su-ut-tin-nu*. *Š/sut(t)innu(m)* ist sonst die »Fledermaus«. Der Ausdruck steht in der Liste Ḫḫ zwischen dem für die Deichsel und weiteren Teilen der Deichsel. Salonen, Hippologica: 105 f., übersetzt »Kummet«. Wie Civil, JAOS 88: 13, aber richtig bemerkt, werden in dem betreffenden Abschnitt der Liste Ḫḫ nur Teile des Wagengestells selbst behandelt, nicht die Anspannung. Am Schluß unseres Abschnittes werden wir zum Vergleich die Darstellung eines Götterwagens aus der Reichsakkadischen Zeit heranziehen (ABB. 192). Hier schwebt eine Blitzgöttin über dem Treffpunkt von Bremsbügel und Joch, also gleichsam als ein Jochaufsatz; ein solcher könnte auch mit einem (fledermausartigen) »Flügelwesen« gemeint sein.

Vergleiche AHw: III 1292 sub voce ›šut(t)innu(m), sut(t)innu‹; Landsberger, MSL VI: 9 Zeile 47; Salonen, Landfahrzeuge: 121.

Zeile 14 und 71: $^{[giš]}$e r í n

»Doppeljoch«

Ḫḫ Tafel V Zeile 48 bietet ^{giš}e r í n - g i g i r = *ṣi-mi-it-tu*. Civil, JAOS 88: 9 f., übersetzt »yoke«. In AHw: III 1103 sub voce ›ṣimittu(m)‹ gibt W. von Soden dieses Wort neutraler mit »Querbalken der Deichsel« wieder, etwas anders CAD: XVI 198 f. sub voce ›ṣimittu‹: »crosspiece of a yoke«. Wie Civil richtig bemerkt, wird die Übersetzung ›Joch‹ durch die ursprüngliche pictographische Form des Zeichens, die einen Doppelbogen darstellt, unterstützt.

Vergleiche Landsberger, MSL VI: 9 Zeile 48; Salonen, Landfahrzeuge: 132.

Zeile 14: ^{giš}r a b

»Bremsbügel« (vergleiche Nagel, AMNWD 15)

^{giš}r a b wurde als sumerisches Lehnwort in das Akkadische übernommen. Die Liste Ḫḫ Tafel VII B Zeile 141 gibt die Gleichsetzung [^{giš}r a] b = *rap-pu*, das Vokabular S^b Tafel II = B Zeile 332 r a - b a = *rap-pu*. AHw: II 956 sub voce ›rappu(m)‹ übersetzt »Reif, (Zwing)stock«. Civil, JAOS 88: 13, gibt ^{giš}r a b als »neckstock, or a similar implement« wieder. In unserer Enlil-Hymne wird ^{giš}r a b in Zeile 14 direkt nach ^{giš}e r í n (»Joch«) genannt: »vor deinem Joch, vor deinem erhabenen ^{giš}r a b gibt es kein Entkommen...«. Es handelt sich demnach um ein mit dem Joch verbundenes Teil des Wagens, in diesem Fall also ziemlich sicher um den ›Bremsbügel‹, der auf unserer ABB. 192 sowie auf Kat.-Nr. III c 39 (ABB. 83) deutlich dargestellt ist.

Vergleiche dazu auch Falkenstein, ZA 49: 128 f., der ^{giš}r a b als eine Art »Klammer« übersetzte, ebenso Sjöberg, ZA 54: 57; siehe überdies Landsberger, MSL III 89 ff.: 149 Zeile 332, und Landsberger, MSL VI: 128 Zeile 141.

Zeile 29: s a g - k i

»Sattelbug« (*pūt ereqqi* = »Vorderseite des Wagens«)

Dieser Ausdruck ist in Zusammenhang mit Wagen sonst nur neuassyrisch in astronomischen Texten bei Beschreibungen des Sternbildes des Großen Wagens belegt.

Vergleiche Salonen, Landfahrzeuge, 83 f.; Civil, JAOS 88: 13.

Zeile 30: á - š i t a_4

»Handwaffenfutteral«

Civil, JAOS 88: 6 f., bietet etwas unklar »furnishings« in der Übersetzung und »implements« in den lexikalischen Anmerkungen. Der Ausdruck taucht in der Liste Ḫḫ Tafel V Zeile 192 als Teil des Pfluges auf (Salonen, Agricultura: 96 Zeile 30): ^{giš}á-š i t a_4(U+KID) = *ta-kal-tu*, was mit AHw: III 1304 sub voce ›tākaltu(m)‹ als »Tasche, Futteral« zu übersetzen ist. In der lexikalischen Liste s i g$_7$ - a l a m = *nabnītu* Tafel IV hat der Ausdruck eine andere Entsprechung: á$^{\text{a š - t e}}$ š i t a$_4$ = *ḫi-šiḫ-tum* (Thompson, CT 12: Pl. 34, Obverse II 3 f.), was nach AHw: I 349 sub voce ›ḫi/ešiḫ-tu(m)‹ soviel wie »Bedarf« bedeutet. Eine weitere Gleichsetzung bietet nochmals die Liste Ḫḫ Tafel VI Zeile 10: ^{giš}á - š i t a$_4$(U+KID) = *ú-tur-tum*, möglicherweise eine »Holzklammer«, wie AHw: III 1446 sub voce ›uturtu(m)‹ angibt. Civil, JAOS 88: 7, weist darauf hin, daß in parallelen Texten á - š i t a$_4$ mit á - š u - d u$_7$ - a wechselt, wobei immer irgendwelche Ausrüstungsgegenstände gemeint sind. Š u - d u$_7$ hat die akkadische Bedeutung *šuklulu* »vollenden, fertigstellen« [AHw: III 1264 sub voce ›suklulu(m)‹]. In dem Vokabular S^{b} Tafel II = B Zeile 234 wird š i - t a mit *šuk-lu-lu* direkt gleichgesetzt. Für die Übersetzung von á - š i t a$_4$ bietet sich daher als ein mögliches Bedeutungsfeld »vollständige« oder »gesammelte Ausrüstungsteile« an. Eher jedoch würde man in unserem Zusammenhang an ein Futteral für Waffen denken: W. von Soden bietet ja tatsächlich in AHw: III 1304 sub voce ›tákaltu(m)‹ die spezielle Bedeutung »Axthülle«, wozu unsere ABB. 190 zu vergleichen ist. Vielleicht war das Futteral aus ›Kopffell‹ gefertigt, wie W. von Soden in AHw: II 1027 sub voce ›sappartu‹ erwägt (à$^{\text{a š - t e}}$ š i t a$_4$ = *sa-par-tum*).

Vergleiche auch CAD: VI 204 sub voce ›ḫišiḫtu‹ mit weiteren Belegen; sodann Landsberger, MSL III 89 ff.: 144 Zeile 234; Landsberger, MSL VI: 21 Zeile 192, Seite 51 Zeile 10; Salonen, Agricultura: 96 ^{giš}á - U+KID »Sätasche«.

Zeile 31: ^{giš}(s i -) d ù - a (Untergeschriebene Glosse z a - r a)
»Doppelbügel«

Folgende Belegstellen sind heranzuziehen:

Ḫḫ Tafel V Zeile 25: ^{giš}s i - d ù - a - g i g i r = *qar-nu* [»Horn«]
26: ^{giš}d ù - a - g i g i r = *qar-nu* [»Horn«]
Variante: ^{giš}d ù - d ù- a
28: ^{giš}[KAK ?]$^{\text{d a}}$ - a - g i g i r = *za-ru-ú* [»Stange, Deichsel«]

CAD: XXI 71 sub voce ›zarû A‹ übersetzt »pole (of a vehicle, or part thereof)«, und CAD: XIII 139 gibt ›qarnu‹ als »horn of a chariot« wieder. AHw: III 1516 sub voce ›zarû(m)‹ übersetzt »Deichsel, Stange« als sumerisches Lehnwort aus z a r a , vergleiche Salonen, Landfahrzeuge: 124 f.

Gemäß Salonen, Landfahrzeuge: 93, dürfte es sich um den bekannten ›Doppelbügel‹ handeln, der allerdings wohl nur zum Festhalten für den Fahrer und kaum zur Zügelführung diente. Trotz der Glosse z a - r a ist hier offenbar ein ›Horn-Paar‹ gemeint, da die ›Deichsel‹ ja schon mit einem anderen Ausdruck aufgeführt wurde (siehe oben sub ^{giš}m a - g í d). In der Reihenfolge der Begriffe liegt der ›Doppelbügel‹ nach unserer Interpretation zwischen zwei Futteralen (siehe im folgenden), die rechts und links an den Seitenkanten des Frontschildes aufgehängt waren, wozu das Wägelchen Kat.-Nr. VIII 03 (ABB. 100) zu vergleichen ist.

Der Übersetzung von Civil mit »axle« können wir nicht folgen, schon deswegen nicht, weil nach unserer Ansicht der Ausdruck für ›Achse‹ erst weiter unten folgt (siehe unten sub g a b - í l). Erst dort und nicht schon hier ist in der logisch aufgebauten Reihung der termini (von der ›Deichsel‹ zum ›Trittbrett‹, siehe dazu den Schluß des Abschnittes) ein Platz für die ›Achse‹ zu erwarten.

Vergleiche AHw: II 904 sub voce ›qarnu(m)‹; Landsberger, MSL VI: 7 Zeile 25 ff.; Salonen Landfahrzeuge: 93; ABB. 192.

Zeile 32: é - s u - l u m - m a

»Futteral« für Peitsche und Stachelstock

Die Liste Ḫḫ erwähnt den Ausdruck mehrmals:

Ḫḫ Tafel V 17: ^{giš}é - z ú - l u m - g i g i r = *la-ḫa-ru-uš-ku*

Ḫḫ Tafel VII A 64: ^{giš}é - z ú - l u m - m a = *la-ḫa-ru-uš-šú*

Ḫḫ Tafel XI 102: ^{kuš}é - z ú - l [u m - m a] = *la-ḫa-ru-uš-k[a]*

(bei Civil, JAOS 88: 8, fälschlich als Ḫḫ IX 102 zitiert).

Danach kann das é - s u - l u m - m a aus Holz (g i š) oder Leder (k u š) sein. Seine Bedeutung geht klar aus der von Civil, JAOS 88: 8, zitierten Passage aus dem Ninurta-Mythos ›Angin dimma‹ hervor: Es handelt sich um ein Futteral, in das der Gott Ninurta Peitsche [^{kuš}u s à n, *qinnazu(m)*] und Stachelstock [b a r - u š , *paruššu(m)*] steckt. *Laḫaruḫšum* bedeutet dagegen »Köcher« im eigentlichen Sinne. Das geht aus der Umschreibung hervor, die die Synonymenliste *malku = šarru* Zeile 200 (Soden, ZA 43: 241) bietet: *la*$^{!}$*-ḫar-uš-ka = bīt qa-né-e* [= »Haus der Rohrpfeile«].

Vergleiche AHw: I 528 sub voce ›laḫaruḫsum, laḫarušk/šu‹; Landsberger, MSL VI: 6 Zeile 17, Seite 88 Zeile 64; Landsberger, MSL IX: 198 korrigierter Text von Ḫḫ Tafel XI Zeile 102.

Zeile 33: ^{i}g i š - d u b (i als Glosse untergeschrieben)

»Plakette(nschmuck)« (aus Edelstein oder -metall)

Vergleiche AHw: I 294 sub voce ›gištuppu(m)‹ = »Plättchen«: ^{na_4}g i š - d u b ; AHw: I 6 sub voce ›abnu(m)‹: $^{i\,/\,na}$NA$_4$ »Stein«. Im Akkadischen ist g i š- d u b also als sumerisches Lehnwort *gištuppu(m)* erhalten. Die Deutungsversuche von Civil, JAOS 88: 8, als »pole-pin« sind zu weit hergeholt.

Zeile 34: g a b a - g á l

»Bugaufsatz, Bugschirm«

Der Ausdruck wurde als sumerisches Lehnwort in das Akkadische übernommen:

– Ḫḫ Tafel V Zeile 18 f.: ^{giš}š e - i r - g a b a - g á l - g i g i r / ^{giš}g a b a - g á l - g i g i r = *ir-tum* [= »Brust, Brüstung«]
– Ḫḫ Tafel V Zeile 21: ^{giš}g a b a - g á l - g i g i r = *gaba-[ga]l-lum*
Vergleiche AHw: I 271 sub voce ›gabagallu(m)‹; AHw: I 386 f. sub voce ›irtu(m)‹; CAD: V 1 sub voce ›gabagallu‹; Civil, JAOS 88: 10; Landsberger, MSL VI: 6 Zeile 18 ff.; Salonen, Landfahrzeuge: 88, ist danach zu ergänzen.

Zeile 35: ^{ú}KI.KAL, Lesung ḫ u r i n ?

»(Deck-/Sitzplatte der) Sattelkiste«
Die akkadische Entsprechung dieses terminus findet sich in Ḫḫ Tafel V 32: ^{giš}KI.KAL- g i g i r = *sa-as-su* [= »Boden«; Landsberger, MSL VI: 7 Zeile 32 und Seite 36 Zeile 10 Vorläufer]. KI = »Erdengrund« und KAL = »fest« ergibt »Grundfeste des Wagens«; so auch Civil.

Apud Salonen, Landfahrzeuge: 95, ist es aber der Gott Bunene, der *ra-kib* ^{giš}GIGIR *a-ši-bi sa-as-si* (= »... auf dem Wagen fährt, auf dem *sassu* sitzt«); das scheint entscheidend.

Vergleiche Civil, JAOS 88: 10, 13; AHw: II 1032 sub voce ›sassu(m)‹ und ›sassatu‹.

Zeile 36: g á b - í l

»Achsschenkel«
g á b - í l hat mehrere lexikalische Gleichsetzungen:
– Ḫḫ Tafel V 33: ^{giš}k a b - í l - g i g i r = *[kab-]bíl-lu* (Variante *kab-bíl-lum*)
– Ḫḫ Tafel V 53: ^{giš}k a b - í l - g i g i r = *bu-bu-tu* (Variante *bu-bu-tum*)
Hinzu kommen noch zwei Entsprechungen aus der Synonymenliste *malku* = *šarru* (Soden, ZA 43: 241 f.):
– Zeile 205: *kab-bil-lum* = *til*$^{!}$*-lu*
– Zeile 220: *kab-b[il]-lum* = *bu-bu-tú*ú
Wie auch sonst gibt es also für g á b - í l im Akkadischen ein sumerisches Lehnwort (*kabillu*) und daneben noch einen eigenen Ausdruck [*bubūtu(m)*]. ^{giš}g á b - í l hat an sich etwa die Bedeutung ›Träger‹. Salonen, Landfahrzeuge: 100 ff., und AHw: I 417, 135 geben für *kabillu* und *bubūtu* die Bedeutung ›Achse‹ an. Civil, JAOS 88: 10, CAD: VIII 20 sub voce ›kabillu‹ und CAD: II 302 sub voce ›bubūtu B‹ halten ^{giš}g á b - í l dagegen für die beiden längsseitigen Bodenträgerbalken des Wagenaufsatzes. Nach unserem Text Zeile 36 hat der Wagen nun zwei ^{giš}g á b - í l, die mit »einem Ochsen und einer Kuh, die schwere Last tragen« verglichen werden. Dies mag sich eher auf einen Wagen mit zwei Achsen beziehen. In Thompson, CT 20: Pl. 26 Reverse Zeile 1, wird von einem *bubūtu imitti*, in Gadd, CT 40: Pl. 35 Zeile 24, von einem *bubūtu šumeli*,

also von einem *bubūtu* zur Rechten und zur Linken, gesprochen. Das sieht allerdings ganz so aus, als sei hier von den beiden zu Rundhölzern abgearbeiteten Achsschenkeln die Rede, die über den Wagenboden hinausreichten und auf denen die Räder rotierten. Diese vorragenden Stutzen bildeten naturgemäß zwei neuralgische Punkte, an deren Ansätzen die Gesamtachse leicht zu Bruch gehen konnte. So mögen hier die Schenkel eines Einachsers gemeint sein.

Vergleiche AHw: I 135 sub voce ›bubūtu(m) II‹; AHw: I 417 sub voce ›kabillu‹; CAD: II 302 sub voce ›bubūtu B‹; Landsberger, MSL VI: 7 Zeile 33, Seite 9 Zeile 53.

Zeile 37: š à - s ù

Deutung ungewiß

Civil, JAOS 88: 13 f., sieht in š à - s ù die unter dem Wagenboden querseitig sitzenden Trägerbalken des Wagenaufsatzes. Für š à - s ù ist keine akkadische Entsprechung belegt. Civils Übersetzung beruht auf der Annahme, daß š à - s ù mit ^{giš}š à - s i gleichzusetzen ist, dem ›Querbalken eines Türrahmens‹ (für Textbelege siehe Civil, JAOS 88: 13).

Zeile 38: d a - d a

»Seitenplatten der Sattelkiste«

Vergleiche AHw: I 406 f. sub voce ›itû(m)‹: ^{da}d a = *i-ti* »Grenze« (Landsberger, MSL II: 139 Zeile 3). Weiter bietet Salonen, Landfahrzeuge: 87: ^{giš}d á - d á - m a r - g íd - d a (vergleiche Landsberger, MSL VI: 38 Zeile 9, ohne akkadisches Gegenstück). Wenn d a dem d á entspricht, würde sich »Seiten des (vierrädrigen) Wagens« als Übersetzung ergeben. Das erhärtet die Variante ^{giš}d a l - d [a l - m a r - g íd - d a]; hierzu ist zu vergleichen AHw: III 1311 sub voce ›tallu(m)‹: $^{ta-ár}$t a r = *ta-al-lum*, Wortzeichen DAL, »Trennlinie, -balken«. Civil, JAOS 88: 7, übersetzt »sideboard«. Hinzuweisen wäre auch noch auf Salonen, Wasserfahrzeuge: 79 Ḫ̮ḫ Tafel IV ^{giš}d a - d a - m á = *itāti eleppi* »Schiffsseiten, -borde«; vergleiche Landsberger, MSL V: 182 Zeile 384 g i š - d a - d a - m á *[i-ta-]ti* // = *(e-lep-pi)*.

Zeile 39: g ì r – g u b

»Trittbrett«

Lexikalische Gleichsetzungen:

– Ḫ̮ḫ Tafel V 34: ^{giš}g ì r i - g u b - g i g i r = *[gi-]ri-gub-bu*
– Ḫ̮ḫ Tafel V 35: ^{giš}g ì r i - g u b - g i g i r = *man-za-an-zu*
(Variante *[m]a-an-za-zu / man-za-za*)
– Ḫ̮ḫ Tafel V 85: ^{giš}g ì r i - g u b - m a r - g íd - d a = *gi-ri-gu-bu*
– Ḫ̮ḫ Tafel V 86: ^{giš}g ì r i - g u b - m a r - g íd - d a = *ma-an-za-zu*
(Variante *man-za-an-zu*)

Der terminus wird also mit *mazzāzu / manzāzu* und dem sumerischen Lehnwort *gergubbu / girigubbu* gleichgesetzt. Die Bedeutung erschließt sich aus g ì r = *šepu* »Fuß« und g u b = *i/uzuzzu* »stehen«, also ›Standfläche‹ oder ›Trittbrett‹. CAD: X 1 Seite 234 f. sub voce ›manzāzu‹ übersetzt: »... perching place, ... floor of a chariot or wagon«, wogegen es in CAD: V 88 sub voce ›girigubbu‹ heißt: »footboard (of a chariot)« (so auch Civil, JAOS 88: 6). Der ›Sattelwagen‹ apud Salonen, Landfahrzeuge: Tf. XX, zeigt, wie eine Bodenplatte der Sattelkiste mit Trittbrettern verbunden sein könnte.

Vergleiche AHw: I 291 sub voce ›girigubbu‹ »Fußbrett«; AHw: II 638 f. sub voce ›mazzazu(m), manzazu(m)‹ »Trittbrett«; Landsberger, MSL VI: 8 Zeile 34 f., Seite 13 Zeile 85 f.; Salonen, Landfahrzeuge: 89.

Der Übersichtlichkeit halber seien hier die Wagentermini in der Reihenfolge, wie sie in unserer Enlil-Hymne vorkommen, aufgeführt:

– Zeile 10:	^{giš}š u - k á r	»Furnishings«, Ausrüstungsteile
– Zeile 11:	^{giš}m a - g í d	Deichsel
– Zeile 12:	[s u -] d i n	Flügelwesen (als Jochaufsatz)
– Zeile 14:	$^{[\text{giš}]}$e r í n	Doppeljoch
	^{giš}r a b	Bremsbügel
Lücke: Zeile 15–28 sind ganz oder weitgehend zerstört		
– Zeile 29:	s a g - k i	Sattelbug
– Zeile 30:	á - š i t a_4	Handwaffenfutteral
– Zeile 31:	^{giš}(s i -) d ù - a	Doppelbügel
– Zeile 32:	é - s u - l u m - m a	Futteral für Peitsche und Stachelstock
– Zeile 33:	^{i}g i š - d u b	Plakette(nschmuck; aus Edelstein oder -metall)
– Zeile 34:	g a b a - g á l	Bugaufsatz, Bugschirm
– Zeile 35:	^{ú}KI.KAL Lesung ḫ u r i n ?	(Deck-/Sitzplatte der) Sattelkiste
– Zeile 36:	g á b - í l	Achsschenkel
– Zeile 37:	š à - s ù	– ? –
– Zeile 38:	d a - d a	Seitenplatten der Sattelkiste
– Zeile 39:	g ì r - g u b	Trittbrett
Lücke: Zeile 40–61 sind fast ganz zerstört		

König Išmedagan von Isin (ca. 2092–2072 v. Chr.) regierte gegen Ende jener kunstgeschichtlichen Periode, die allgemein als Neusumerische Zeit (ca. 2325–2040 v. Chr.) bezeichnet wird. Aus der vorhergehenden Reichsakkadischen Zeit (ca. 2440–2327 v. Chr.) besitzen wir nun die Darstellung eines Göttergefährts (ABB. 192), das dem Wagen des Enlil nahe kommen könnte. Es handelt sich dabei um einen Einachser (g i g i r) vom Typ des ›Sattelwagens‹ (vergleiche dazu Salonen, Landfahrzeuge: Tf. XX, altelamischer Sattelwagen). Allerdings fährt der Enlil-Wagen nicht mit einer Drachenbespannung, wie es unsere ABB. 192 zeigt, sondern mit Pferden (Civil, JAOS 88: 5 Zeile 32 ^{anše}s í - s í, nicht »donkeys«, wie Seite 6 übersetzt wird; vergleiche dazu Bollweg, APA 24: 28 f.).

Das, was nun von der Wagenbeschreibung übrig blieb, hält offenbar eine bestimmte Reihenfolge ein: Die Schilderung bewegt sich von der ›Deichsel‹ nach hinten zum Wagenaufbau; dies Prinzip hilft uns auch bei den schwierigen Deutungen mancher Ausdrücke. Nach ›Deichsel‹, ›Joch‹ und ›Bremsbügel‹ folgt eine Lücke von 14 Zeilen. Hier könnte das ›Pferdegespann‹ und seine ›Schirrung‹ beschrieben worden sein. Die uns erhaltene Schilderung setzt erst wieder mit Zeile 29 ein, wo von der Vorderseite des Wagenaufbaues die Rede ist. Es geht hier um die Ausstattung des ›Sattelbugs‹, welcher an seinen beiden Seiten je ein ›Futteral‹ und obendrauf einen ›Doppelbügel‹ trägt. Die ›Futterale‹ enthielten Handwaffen sowie Peitsche (vergleiche ABB. 181, 190, 192) und Stachelstock. Hinzu kommt dann noch ein ›Bugschirm‹, ein bereits oben in der ›Synopsis‹ erwähnter Aufsatz mit Plakettenschmuck. Darauf folgt die Sitzpartie der ›Sattelkiste‹ nebst ›Achse‹ und ›Trittbrettern‹. Auf ABB. 192 sind nun der ›Bremsbügel‹, der ›Sattelbug‹ samt ›Doppelbügel‹ sowie die ›Sattelkiste‹ mit ›Trittbrettern‹ deutlich zu erkennen. Die anschließenden 22 zerstörten Zeilen sollten vom ›Sattelheck‹ und den beiden Scheibenrädern gehandelt haben

Gemäß der Beschreibung in unserer Enlil-Hymne besaß der einachsige Götterwagen neben der ›(Streck-)Deichsel‹ noch zusätzlich einen ›Bremsbügel‹, der in diesem Fall offenbar notwendig war.

Die Kultfahrt des Königs Šulgi

In der sogenannten Šulgi-Hymne ›A‹ heißt es in Zeile 75 bis 78 (Falkenstein, ZA 50: 68 ff.) in Falkensteins Übersetzung:

Z. 75 Wie Utu, der (am Abend) zu seinem Haus (zu eilen) bedacht ist,
Z. 76 durchmaß ich eine Wegstrecke von 15 Doppelstunden:
Z. 77 Meine heldenhaften Mannen schauten darob (staunend) auf mich.
Z. 78 An einem Tage feierte ich das ešeš-Fest in Ur und Nibru,...

König Šulgi von Ur (ca. 2232–2185 v. Chr.) regierte während der Ur III / Isin-Zeit (ca. 2277–2040 v. Chr.). Der Fürst rühmt sich also, an einem Tag von Ur nach Nippur gereist zu sein und zwar eine Wegstrecke von 15 Doppelstunden. Diese außergewöhnliche Leistung wird von seinen Untertanen staunend bewundert. Welche Strecke legte der Fürst nun zurück und wie war dies möglich?

Die beiden Städte Ur und Nippur liegen nach heutiger Berechnung zwischen 150 und 200 km auseinander, je nachdem wie geradlinig die Verbindung zwischen den damaligen Euphratmetropolen angelegt war.

W. von Soden in AHw: I 130 sub voce ›bī/ēru IV‹ gibt für die Doppelstunde, also die sumerische Meile, eine Strecke von 10.800 m an. Ein Fußgänger müßte demnach 1 km in ca. 11 Minuten zurücklegen, was einem normalen Marschtempo entspricht. (Potratz, Pferdetext: 181, gibt abweichend 10.692 m für die sumerische Meile an.) Šulgi setzt eine Strecke von 15 Doppelstunden an, das heißt also 10.800 m x 15 = ca. 162 km – ein Wert, der gut mit der modernen Schätzung übereinstimmt. Wenn man nun dem König nicht mehr als 14 Stunden Fahrzeit zumuten möchte, mußte er pro Stunde 162 : 14 = 11,57 km zurücklegen, also etwa 1 km in 5 Minuten. Diese Leistung ist auf dieser Strecke nur mit einem schnellen leichten Wagen zu erreichen; zudem sollte es entlang der Route Stationen zum Pferdewechsel gegeben haben. Diese Ansicht vertrat bereits Falkenstein (brieflich 2.6.53 bei Kammenhuber, Hippologia: 13 und Anm. 43). Der Fürst benutzte wohl einen Wagen vom Typ III »Frontschildeinachser mit Hinterbock auf Scheibenrädern«, wie er zu jener Zeit im Süden des Zweistromlandes Verwendung fand.

Die altorientalischen Streitwagentypen im System der Ein- und Zweiachser

***›Einachser‹* (englisch *cart, two-wheeler*):**
[›Schleifenwagen mit Gabeldeichsel‹:] Sulky (engl. *gig*)
[›Schleifenwagen mit Dreiecksdeichsel‹:] Dreieckswagen, Gabelwagen (englisch *A-frame cart*)
[Einachser mit Mitteldeichsel:] T-Wagen

***›T-Wagentyp‹*:**
Deichselbockwagen
Sattelwagen
→ (engl. *straddle car*)
Einachsiger Frontschildwagen:
Frontschildeinachser mit Seitenrandsitz (und Scheibenrädern)
Frontschildeinachser mit Stehfläche und Scheibenrädern
Frontschildeinachser mit Hinterbock und Scheibenrädern
Einachsiger Frontschildkasten (mit Scheibenrädern)
Frontschildeinachser mit Stehfläche und Speichenrädern
Frontschildeinachser mit Hinterbock und Speichenrädern
Kanzelwagen (mit Speichenrädern)
→ Klassischer Streitwagen (engl.*chariot*, franz. *char*)

***›Kanzelwagen‹*:**
Geländereinachser (Offene Kanzel)
Rundschirmeinachser (Schirmwandkanzel)
Rahmeneinachser (Offene Kanzel)
Kasteneinachser (Schirmwandkanzel)

***›Zweiachser‹* [engl. *wag(g)on, four-wheeler*]:**
[Zweiachser mit Mitteldeichsel:] Doppel-T-Wagen; sie gliedern sich in folgende Untertypen:
Zweiachsiger Frontschildwagen:
Frontschildzweiachser mit Seitenrandsitz (und Scheibenrädern)
Frontschildzweiachser mit Stehfläche (und Scheibenrädern)
Frontschildzweiachser mit Hinterbock und Scheibenrädern
Zweiachsiger Frontschildkasten (mit Scheibenrädern)
→ Frühdyn. Streitwagen
Frontschildzweiachser mit Hinterbock und Speichenrädern
Gatterwagen (mit Scheibenrädern)

LITERATUR- UND ZUGLEICH ABKÜRZUNGSVERZEICHNIS

AHw = S o d e n Wolfram von / M e i s s n e r Bruno:: Akkadisches Handwörterbuch – Unter Benutzung des lexikalischen Nachlasses von Bruno Meissner (1868–1947) bearbeitet (Wiesbaden 1965–1981)

Amiet, Corp cyl Ougarit II = A m i e t Pierre:: Sceaux-cylindres en hématite et pierres diverses: Corpus des cylindres de Ras Shamra-Ougarit – II: Ras Shamra-Ougarit – IX: Editions ›Recherche sur les civilisations‹ (Paris 1992)

Amiet, Palmieri dedicata = A m i e t Pierre:: Rayonnement mésopotamien et originalité syrienne – À propos de quelques sceaux-cylindres du Louvre: Marcella F r a n g i p a n e / Harald H a u p t m a n n / Mario L i v e r a n i / Paolo M a t t h i a e / Machteld M e l l i n k edit. Between the Rivers and over the Mountains – Archaeologica Anatolica et Mesopotamica Alba Palmieri dedicata (Roma 1993) 261–8

Amiet, Rouault edit. Eufrate Rimini = A m i e t Pierre:: N. 275 Modello di carro coperto: Olivier R o u a u l t / Maria-Grazia M a s e t t i - R o u a u l t edit. [Catalogo] L'Eufrate e il tempo – Le civiltà del medio Eufrate e della Gezira siriana – [Mostra] Rimini – Sala dell'Arengo e Palazzo del Podestà 28 marzo – 31 agosto 1993 (Milano 1993) 324, 456

Amiet, Ugaritica VI = A m i e t Pierre:: Quelques ancêtres du chasseur royal d'Ugarit: Ugaritica – VI: Mission de Ras Shamra – XVII: Bibliothèque archéologique et historique 81 (Paris 1969) 1–8

Andrae, Assur = A n d r a e Walter:: Das wiedererstandene Assur: Sendschriften der Deutschen Orient-Gesellschaft 9 (Leipzig 1938)

Andrae, Assur Arch Ischtar = A n d r a e Walter:: Die archaischen Ischtar-Tempel in Assur: Baudenkmäler aus assyrischer Zeit – IV: Ausgrabungen der Deutschen Orient-Gesellschaft in Assur – A: Wissenschaftliche Veröffentlichungen der Deutschen Orient-Gesellschaft 39 (Osnabrück [1922] 1970)

Andrae, MDOG 27 = A n d r a e Walter:: 3. Zusammenfassender Bericht über die Grabung in Assur vom 18. September 1903 bis Ende Februar 1905: Mitteilungen der Deutschen Orient-Gesellschaft zu Berlin 27 (1905) 4–32

Anonymus, Achse 1 = A n o n y m u s :: Impressum: Achse, Rad und Wagen 1 (1991) Titelblatt, 75

Anonymus, Gackstätter, Ant Kab I Frankf = A n o n y m u s:: Expertise – Liste Nr. 0652 – Terrakotta – Stier und Streitwagen: Bernd G a c k s t ä t t e r, Antiken-Kabinett – Kunst- und Ausgrabungsobjekte früher Epochen (Frankfurt am Main s.a.)

Baramki, Arch Mus Beirut = B a r a m k i Constantine Dimitri:: The Archaeological Museum of The American University of Beirut: The American University of Beirut – Centennial Publications (Beirut 1967)

Barrelet, Figurines I = B a r r e l e t Marie Thérèse:: Potiers, termes de métier, procédés de fabrication et production: Figurines et reliefs en terre cuite de la Mésopotamie antique – I: Bibliothèque archéologique et historique 85 (Paris 1968)

Boehmer, BaM 16 = B o e h m e r Rainer Michael:: Glyptik: Uruk-Warka XXXVII – Survey des Stadtgebietes von Uruk – IV: Baghdader Mitteilungen 16 (1985) 99–108

Bollweg, APA 24 = B o l l w e g Jutta / N a g e l Wolfram:: Equiden Vorderasiens in sumerisch-akkadischen Schriftquellen und aus Ausgrabungen: Acta Praehistorica et Archaeologica 24 (1992) 17–63
Borger, Ass-bab Zeichen = B o r g e r Rykle / E l l e r m e i e r Friedrich:: Assyrisch-babylonische Zeichenliste: Alter Orient und Altes Testament 33 / 33 A (Kevelaer/Neunkirchen-Vluyn 1988)
Bóna, ActaAHung 12 = B ó n a I.:: Clay Models of Bronze Age Wagons and Wheels in the Middle Danube Basin: Acta Archaeologica Academiae Scientiarum Hungaricae 12 (1960) 83–111
Braun-Holzinger, Mesop Weihgaben = B r a u n - H o l z i n g e r Eva Andrea:: Mesopotamische Weihgaben der frühdynastischen bis altbabylonischen Zeit: Heidelberger Studien zum Alten Orient 3 (Heidelberg (1991)
Buchanan, Iraq 33 = B u c h a n a n Briggs:: A Snake Goddess and her Companions – A Problem in the Iconography of the Early second Millennium B.C.: Iraq 33 (1971) 1–18
Buchanan, Seals Ash Mus I = B u c h a n a n Briggs:: Cylinder Seals: Catalogue of Ancient Near Eastern Seals in the Ashmolean Museum – I (Oxford 1966)
Buchanan, Seals Yale = B u c h a n a n Briggs:: Briggs B u c h a n a n / William W. H a l l o: Ulla K a s t e n edit. Early Near Eastern Seals in the Yale Babylonian Collection (New Haven/ London 1981) passim
Buhl, Nat Mus East Coll Copenh = B u h l Marie-Louise:: A Hundred Masterpieces from the Ancient Near East in the National Museum of Denmark and the History of its Ancient Near Eastern Collections (Copenhagen 1974)
Buisson, Berytus 2 = B u i s s o n Le Comte du Mesnil du:: Sourān et Tell Maṣin: Berytus 2 (1935) 121–34
Buren, Clay Figurines = B u r e n Elisabeth Douglas Van:: Clay Figurines of Babylonia and Assyria: Yale Oriental Series – Researches 16 (New Haven/ London 1930)
CAD = Gelb, Ignace, et al. edit. The Assyrian Dictionary of the Oriental Institute of the University of Chicago (Chicago 1958 ff.)
Calmeyer, Stud Moortgat = C a l m e y e r Peter:: Archaische Zügelringe: Kurt B i t t e l / Ernst H e i n r i c h / Barthel H r o u d a / Wolfram N a g e l edit. Vorderasiatische Archäologie – Studien und Aufsätze Anton M o o r t g a t zum fünfundsechzigsten Geburtstag gewidmet von Kollegen, Freunden und Schülern (Berlin 1964) 68–84
Childe, PPS 17 = C h i l d e Victor Gordon:: The First Wagons and Carts – From the Tigris to the Severn: Proceedings of the Prehistoric Society – New Series 17 (1951) 177–94
Cholidis, Cobet edit, Echt Antik Essen 20 ff. = C h o l i d i s Nadja:: Syrien: Justus C o b e t / Charlotte T r ü m p l e r edit. [Katalog] Echt – Antiken aus öffentlichem und privatem Besitz – Eine Ausstellung des Archäologischen Museums Altenessen im Ruhrlandmuseum der Stadt Essen 28. Mai bis 22. September 1993 (Oberhausen 1993) 20–3, 49
Cholidis, MDOG 121 = C h o l i d i s Nadja:: Tiere und tierförmige Gefässe auf Rädern – Gedanken zum Spielzeug im Alten Orient: Mitteilungen der Deutschen Orient-Gesellschaft zu Berlin 121 (1989) 197–220
Cholidis, Möbel = C h o l i d i s Nadja:: Möbel in Ton – Untersuchungen zur archäologischen und religionsgeschichtlichen Bedeutung der Terrakottamodelle

von Tischen, Stühlen und Betten aus dem Alten Orient: Altertumskunde des Vorderen Orients 1 (Münster 1992)

Christian, Altertum Zweistrom I Taf = C h r i s t i a n Viktor:: Altertumskunde des Zweistromlandes von der Vorzeit bis zum Ende der Achämenidenherrschaft – I Tafeln (Leipzig 1940)

Christian, Altertum Zweistrom I Text = C h r i s t i a n Viktor:: Altertumskunde des Zweistromlandes von der Vorzeit bis zum Ende der Achämenidenherrschaft – I Text (Leipzig 1940)

Civil, JAOS 88 = C i v i l Miguel:: Išme-Dagan and Enlil's Chariot: Journal of the American Oriental Society 88 (1968) 3–14

Civil, MSL XIV = C i v i l Miguel / G r e e n Margaret W. / L a m b e r t Wilfred G.:: Ea A = *nâqu*, Aa A = *nâqu* with their Forerunners and Related Texts: Materials for the Sumerian Lexicon – XIV (Roma 1979)

Clutton-Brock, Horse = C l u t t o n - B r o c k Juliet:: Horse Power – A History of the Horse and the Donkey in Human Societies (Cambridge [Massachusetts] 1992)

Collon, Cyl Seals = C o l l o n Dominique:: First Impressions – Cylinder Seals in the Ancient Near East : British Museum Publications (London 1987)

Crouwel, RepCypr 1985 = C r o u w e l Joost H.:: Carts in Iron Age Cyprus: Report of the Department of Antiquities Cyprus 1985 (Nicosia 1985) 203–21

CT s. Figulla

CT s. Gadd

CT s. Thompson

Decker, Treue edit. Achse = D e c k e r Wolfgang:: Der Wagen im Alten Ägypten: Wilhelm T r e u e edit. Achse, Rad und Wagen – Fünftausend Jahre Kultur- und Technikgeschichte (Göttingen 1986) 35–59, 394–400, 445

Delougaz, Pottery Diyala = D e l o u g a z Pinhas:: Pottery from the Diyala Region: University of Chicago – Oriental Institute – Publications 63 (Chicago 1952)

Falkenstein, Hymnen = F a l k e n s t e i n Adam / S o d e n Wolfram von:: Sumerische und akkadische Hymnen und Gebete – Eingeleitet und übertragen: Die Bibliothek der Alten Welt – Reihe Der Alte Orient (Zürich/Stuttgart 1953)

Falkenstein, LKU = F a l k e n s t e i n Adam:: Literarische Keilschrifttexte aus Uruk – Herausgegeben und bearbeitet (Berlin 1931)

Falkenstein, ZA 49 = F a l k e n s t e i n Adam:: Drei ›Hymnen‹ auf Urninurta von Isin: Sumerische religiöse Texte – Bearbeitet – 1: Zeitschrift für Assyriologie 49 (1950) 80–150

Falkenstein, ZA 50 = F a l k e n s t e i n Adam:: Ein Šulgi-Lied: Sumerische religiöse Texte – 2: Zeitschrift für Assyriologie 50 (1952) 61–91

Figulla, CT XLVII = F i g u l l a H. H.:: Old Babylonian nadītu Records: Cuneiform Texts from Babylonian Tablets in the British Museum – XLVII (London 1967)

Forrer, Préhistoire 1 = F o r r e r Robert:: Les chars cultuels préhistoriques et leurs survivances aux époques historiques: Préhistoire 1 (1932) 19–123

Frankfort, More Sculpture Diyala = F r a n k f o r t Henri:: More Sculpture from the Diyala Region: The University of Chicago – Oriental Institute – Publications 60 (Chicago 1943)

Frankfort, 4th Report Iraq = F r a n k f o r t Henri:: Oriental Institute Discoveries in Iraq 1933/34 – Fourth Preliminary Report of the Iraq Expedition: The Oriental

Institute of the University of Chicago – Oriental Institute – Communications 19 (Chicago 1935) passim

Frankfort, 5th Report Iraq = F r a n k f o r t Henri:: Progress of Work of the Oriental Institute in Iraq 1934/35 – Fifth Preliminary Report of the Iraq Expedition: The Oriental Institute of the University of Chicago – Oriental Institute – Communications 20 (Chicago 1936)

Fugmann, Hama II 1 = F u g m a n n Ejnar:: L'architecture des périodes pré-hellénistiques: Hama – Fouilles et recherches de la Fondation Carlsberg 1931–1938 – II 1 (København/Copenhague 1958)

Gadd, CT XL = G a d d C. J.:: Cuneiform Texts from Babylonian Tablets etc. in the British Museum – XL (London 1927)

Gasche, Der I = G a s c h e Hermann:: 1. Le Sondage A: II. Premières recherches archéologiques: Léon de M e y e r / Hermann G a s c h e / Roland P a e p e, Rapport préliminaire sur la première campagne – février 1970 = Voorlopig Verslag over de erste Campagne – Februari 1970: Tell-ed-Dēr – I: Publications du Comité belge de recherches historiques, épigraphiques et archéologiques en Mésopotamie = Publicaties van het Belgisch Comité voor Historisch, Epigrafisch en Archeologisch Onderzoek in Mesopotamië 2 (Leuven 1971) 29–46

Gasche, Der II = G a s c h e Hermann:: 3. Les objects de l'Ensemble I: Le Sondage A – L'Ensemble I: Léon de M e y e r edit. Progress Reports – First Series: Tell ed-Dēr II: Publications du Comité belge de recherches historiques, épigraphiques et archéologiques en Mésopotamie = Publicaties van het Belgisch Comité voor Historisch, Epigrafisch en Archeologisch Onderzoek in Mesopotamië 3 (Leuven 1978) 119–26

G e l b s. CAD

Genouillac, Kich I = G e n o u i l l a c Henri de:: Rapport sur les travaux et inventaires – Fac-similés, dessins, photographies et plans: Premières recherches archéologiques à Kich – Mission d'Henri de Genouillac 1911–1912 – I: Fouilles françaises d'El-ʾAkhymer (Paris 1924)

Genouillac, Kich II = G e n o u i l l a c Henri de:: Notes archéologiques et inventaires – Fac-similés, dessins et photographies: Premières recherches archéologiques à Kich – Mission d'Henri de Genouillac 1911–1912 – II: Fouilles françaises d'El-ʾAkhymer (Paris 1925)

Hachmann, Berytus 37 = H a c h m a n n Rolf:: Kāmid el-Lōz 1963–1981 – German Excavations in Lebanon – I: Berytus 37 (1989)

Hammade, Cyl Seals Aleppo I = H a m m a d e Hamido / H i t c h c o c k Louise:: Seals of Unknown Provenance: Cylinder Seals from the Collections of the Aleppo Museum – Syrian Arab Republic – I: British Archaeological Reports – International Series 132 (Oxford 1987)

Hansen, Orthmann, Orient PropKG 158 ff. = H a n s e n Donald P.:: Frühsumerische und frühdynastische Rundplastik: Winfried O r t h m a n n et al. Der Alte Orient: Propyläen Kunstgeschichte – XIV (Berlin 1975) 158–70

Häusler, Treue edit. Achse = H ä u s l e r Alexander:: Rad und Wagen zwischen Europa und Asien: Wilhelm T r e u e edit. Achse, Rad und Wagen – Fünftausend Jahre Kultur- und Technikgeschichte (Göttingen 1986) 139–52, 410, 446

Heinrich, Fara = H e i n r i c h Ernst:: Walter A n d r a e edit. Fara – Ergebnisse der Ausgrabungen der Deutschen Orient-Gesellschaft in Fara und Abu Hatab 1902/03 (Berlin 1931)

Heuzey, Origines orientales = H e u z e y Léon:: Les origines orientales de l'art – Recueil de mémoires archéologiques et de monuments figurés (Paris 1891–1915)

Huber, Dating Babylon = H u b e r Peter J. / S a c h s Abraham / S t o l Marten / W h i t i n g Robert M. / L e i c h t y Erle / W a l k e r Christopher B. G. / D r i e l G. van:: Astronomical Dating of Babylon I and Ur III: Occasional Papers 1:4: Monographic Journals of the Near East: Undena Publications (Malibu 1982)

Ingholt, Hama 1932–8 = I n g h o l t Harald:: Rapport préliminaire sur sept campagnes de fouilles à Hama en Syrie 1932–1938: Det Kongelige Danske Videnskabernes Selskab – Archaeologisk-kunsthistoriske Meddelelser – III 1 (København 1940)

Joundi, ᶜUsh, Cat Mus Damas = J o u n d i Adnan:: Département des antiquités syro-orientales: Abu-l-Faraj Al ᶜU s h / Adnan J o u n d i / Bachir Z o u h d i, Catalogue du Musée national de Damas – Publié à l'occasion de son cinquantenaire 1919–1969 (Damas 1969) 11–64

Kalter, Linden-Museum Islam = K a l t e r Johannes:: Johannes K a l t e r / Margareta P a v a l o i, Linden-Museum Stuttgart – Abteilungsführer Islamischer Orient (Stuttgart 1987) passim

Kammenhuber, Hippologia = K a m m e n h u b e r Annelies:: Hippologia Hethitica (Wiesbaden 1961)

Klengel, Syrie = K l e n g e l Horst:: Syria 3000 to 300 B. C. – A Handbook of Political History (Berlin 1992)

Klengel-Brandt, FuB 12 = K l e n g e l - B r a n d t Evelyn:: Wagenmodelle aus Assur: Forschungen und Berichte 12 (1970) 33–6

Klengel-Brandt, Jacob-Rost, VA Mus Berlin = Nr. 90 Modell eines zweirädrigen Wagens: Liane J a c o b - R o s t et al. Katalog Das Vorderasiatische Museum – Staatliche Museen zu Berlin (Mainz 1992) 148

Klengel-Brandt, Terra Assur VA Bln = K l e n g e l - B r a n d t Evelyn:: Die Terrakotten aus Assur im Vorderasiatischen Museum Berlin (Berlin 1978)

Kohlmeyer, Kohlmeyer edit. Baal Berlin = K o h l m e y e r Kay / S t r o m m e n g e r Eva:: Einleitung – Chronologische Übersicht: Kay K o h l m e y e r / Eva S t r o m m e n g e r edit, [Katalog] Land des Baal – Syrien – Forum der Völker und Kulturen – Museum für Vor- und Frühgeschichte. Berlin – Staatliche Museen Stiftung Preußischer Kulturbesitz – Ausstellung vom 4. März – 1. Juni 1982 (Mainz 1982) 12–5, 369–71

Kugler, Bannkreis Babels = K u g l e r Franz Xaver:: Im Bannkreis Babels – Panbabylonistische Konstruktionen und religionsgeschichtliche Tatsachen (Münster in Westfalen 1910)

Landsberger, JCS 8 = L a n d s b e r g e r Benno:: Assyrische Königsliste und »Dunkles Zeitalter«: Journal of Cuneiform Studies 8 (1954) 31–45, 47–73, 106–33

Landsberger, MSL II = L a n d s b e r g e r Benno:: Die Serie Ur - e - a = *nâqu* – Herausgegeben und bearbeitet: Materialien zum sumerischen Lexikon – II (Roma 1951)

Landsberger, MSL III 89 ff. = L a n d s b e r g e r Benno / S c h u s t e r H. S.:: Das Vokabular S^b – Nach einem Manuskript herausgegeben: Richard T. H a l l o c k et al. Das Syllabar A – Das Vokabular S^a – Das Vokabular S^b – Berichtigungen und Nachträge zu MSL II – Indices zu MSL II: Materialien zum sumerischen Lexikon – III (Roma 1955) 89–153

Landsberger, MSL V = L a n d s b e r g e r Benno:: The Series ḪAR - r a = *ḫubullu* – Tablets I–IV : Materialien zum sumerischen Lexikon – V (Roma 1957)

Landsberger, MSL VI = L a n d s b e r g e r Benno:: The Series ḪAR - r a = *ḫubullu* – Tablets V–VII: Materialien zum sumerischen Lexikon – VI (Roma 1958)

Landsberger, MSL IX = L a n d s b e r g e r Benno / C i v i l Miguel:: The Series ḪAR - r a = *ḫubullu* – Tablet XV and Related Texts – With Additions and Corrections to MSL II, III, V and VII: Materialien zum sumerischen Lexikon – IX (Roma 1967)

Langdon, Kish I = L a n g d o n Stephen:: Stephen L a n g d o n / L. H. D. B u x t o n, 1923–1924: Excavations at Kish – The Herbert Weld (for the University of Oxford) and Field Museum of Natural History (Chicago) Expedition to Mesopotamia – I (Paris 1924) passim

Legrain, Terra Nippur = L e g r a i n Leon:: Terra-cottas from Nippur: University of Pennsylvania – The University Museum – Publications of the Babylonian Section 16 (Philadelphia 1930)

Legrain, UE X = L e g r a i n Leon:: Seal Cylinders: Ur Excavations – Publications of the Joint Expedition of the British Museum and of the University Museum – University of Pennsylvania Philadelphia – to Mesopotamia – X (London 1951)

Lehmann, Eisenzeit = L e h m a n n Gunnar:: Untersuchungen zur späten Eisenzeit in Syrien und Libanon – Stratigraphie und Keramikformen zwischen ca. 720 bis 300 v. Chr.: Altertumskunde des Vorderen Orients 5 (Münster 1996)

Lehmann-Haupt, Armenien I = L e h m a n n - H a u p t C. F.:: Vom Kaukasus zum Tigris und nach Tigranokerta: Armenien – Einst und jetzt – I (Berlin 1910)

Lehmann-Haupt, Armenien II 1 = L e h m a n n - H a u p t C. F.:: Das türkische Ost-Armenien – In Nord-Assyrien: Auf chaldischer und griechischer Spur im türkischen Ostarmenien, in Nordassyrien und vom grossen Zab zum Schwarzen Meer – 1: Armenien – Einst und jetzt – II 1 (Berlin/Leipzig 1926) 1–450, 1*–19*

Lehmann-Haupt, Armenien II 2 = L e h m a n n - H a u p t C. F.:: Kultur, Herkunft und Verbleib der Chalder – Der Rückzug der zehntausend Griechen von der Ebene von Alaschgert zum Schwarzen Meer: Auf chaldischer und griechischer Spur im türkischen Ostarmenien, in Nordassyrien und vom grossen Zab zum Schwarzen Meer – 2: Armenien – Einst und jetzt – II 2 (Berlin/Leipzig 1931) 451–1067, 20*–50*

Lehmann-Haupt, Materialien Armeniens = L e h m a n n - H a u p t C. F. / B e r c h e m Max von:: Materialien zur älteren Geschichte Armeniens und Mesopotamiens – Mit einem Beitrage – Arabische Inschriften aus Armenien und Diyarbekr: Abhandlungen der Königlichen Gesellschaft der Wissenschaften zu Göttingen – Philologisch-historische Klasse – Neue Folge 9 No. 3 (Berlin 1907)

Lenzen, UVB XXI = L e n z e n Heinrich Jakob:: Die Gräber aus den Wohnhäusern des ersten Jahrtausends v. Chr.: Heinrich Jakob L e n z e n et al. Winter 1962/63: Vorläufige Berichte über die von dem Deutschen Archäologischen Institut und der Deutschen Orient-Gesellschaft aus Mitteln der Deutschen Forschungsgemeinschaft unternommenen Ausgrabungen in Uruk-Warka – XXI: Abhandlungen der Deutschen Orient-Gesellschaft 10 (Berlin 1965) passim

Lenzen, UVB XXIV 30 = L e n z e n Heinrich Jakob:: Terrakotten aus dem Gebiet der frühdynastischen Häuser in KL XII: IV. Terrakotten: Die Kleinfunde: Heinrich Jakob L e n z e n / Hans Jörg N i s s e n, Winter 1965/66: Vorläufige Berichte über die von dem Deutschen Archäologischen Institut und der Deutschen Orient-Gesellschaft aus Mitteln der Deutschen Forschungsgemeinschaft unternommenen Ausgrabungen in Uruk-Warka – XXIV: Abhandlungen der Deutschen Orient-Gesellschaft 13 (Berlin 1968) 30

Lenzen, UVB XXIV 31 f. = L e n z e n Heinrich Jakob:: V. Tongegenstände: Die Kleinfunde: Heinrich Jakob L e n z e n / Hans Jörg N i s s e n, Winter 1965/66: Vorläufige Berichte über die von dem Deutschen Archäologischen Institut und der Deutschen Orient-Gesellschaft aus Mitteln der Deutschen Forschungsgemeinschaft unternommenen Ausgrabungen in Uruk-Warka – XXIV: Abhandlungen der Deutschen Orient-Gesellschaft 13 (Berlin 1968) 31–2

Littauer, HdO Vehicles = L i t t a u e r Mary Aiken / C r o u w e l Joost H.:: Wheeled Vehicles and Ridden Animals in the Ancient Near East: Handbuch der Orientalistik – VII 1:2 B 1 (Leiden/Köln 1979)

Littauer, Iraq 33 = L i t t a u e r Mary Aiken:: The Figured Evidence for a Small Pony in the Ancient Near East: Iraq 33 (1971) 24–30

Littauer, Levant 5 = L i t t a u e r Mary Aiken / C r o u w e l Joost H.:: Early Metal Models of Wagons from the Levant: Levant 5 (1973) 102–26

Littauer, Levant 22 = L i t t a u e r Mary Aiken / C r o u w e l Joost H.:: A Terracotta Wagon Model from Syria in Oxford: Archaeological Notes 3: Levant 22 (1990) 160–2

Littauer, PPS 40 = L i t t a u e r Mary Aiken / C r o u w e l Joost H.:: Terracotta Models as Evidence for Vehicles with Tilts in the Ancient Near East: Proceedings of the Prehistoric Society – New Series 40 (1974) 20–36

Luschan, Sendschirli V = L u s c h a n Felix von:: Walter A n d r a e edit. Die Kleinfunde von Sendschirli: Ausgrabungen in Sendschirli – V: Staatliche Museen zu Berlin – Mitteilungen aus den orientalischen Sammlungen – XV (Berlin 1943)

Mackay, ›A‹ Kish II = M a c k a y Ernest:: Ernest M a c k a y et al. A Sumerian Palace and the ›A‹ Cemetery at Kish – Mesopotamia: [Mound] ›A‹ – Kish – II: Field Museum of Natural History – Anthropology – Memoirs 1 II (Chicago 1929) passim

Madhlum, Sumer 16 = M a d h l u m Tariq A.:: The Excavations at Tell al-Wilayah: Sumer 16 (1960) 62–92 (arabisch)

Mallowan, Iraq 9 = M a l l o w a n Max E. L.:: Excavations at Brak and Chagar Bazar: Iraq 9 (1947) 1–259

McCown, Nippur I = M c C o w n Donald E.:: The Objects: II. Private Houses in the Scribal Quarter: Donald E. M c C o w n et al. Temple of Enlil, Scribal Quarter and Soundings: Nippur – Excavations of the Joint Expedition to Nippur of The University Museum of Philadelphia and of The Oriental Institute of the University of Chicago – I: The University of Chicago – Oriental Institute – Publications 78 (Chicago 1967) 77–117

Mecquenem, MDP XXIX = M e c q u e n e m Roland de:: Fouilles de Suse 1933–1939: Roland de M e c q u e n e m et al. Archéologie susienne [– I] : Mémoires de la Mission archéologique en Iran – Mission de Susiane – XXIX (Paris 1943) 3–161

Merhav, Merhav, Ternbach, Jerusalem = M e r h a v Rivka:: No. 19 Model Chariot: Rivka M e r h a v / Aaron S h a f f e r, Mesopotamia: Rivka M e rh a v et al. The Israel Museum Jerusalem – A Glimpse into the Past – The Joseph Ternbach Collection – Catalogue (Jerusalem 1981) 18 (Colour Plates), 41

Meyer J., Orthmann edit. Halawa 1980/6 = M e y e r Jan-Waalke:: Die Grabungen im Planquadrat Q: Tell Halawa A: Winfried O r t h m a n n edit. et al. Halawa 1980–1986 – Vorläufiger Bericht über die 4.–9. Grabungskampagne: Saarbrücker Beiträge zur Altertumskunde 52 (Bonn 1989) 19–56

Miglus, MDOG 121 = M i g l u s Peter Andreas:: Untersuchungen zum Alten Palast in Assur: Mitteilungen der Deutschen Orient-Gesellschaft zu Berlin 121 (1989) 93–133

Miron A., Hachmann edit. Phöniker Bonn = M i r o n Andrei / M i r o n Renate:: Beschreibung der Ausstellungsobjekte: Rolf H a c h m a n n edit. [Katalog] Frühe Phöniker im Libanon – 20 Jahre deutsche Ausgrabungen in Kāmid el-Lōz – Ausstellung im Rheinischen Landesmuseum Bonn (Mainz 1983) 111–65

Miron R., Kamid Loz X = M i r o n Renate:: Das ›Schatzhaus‹ im Palastbereich – Die Funde: Kāmid el-Lōz – X: Saarbrücker Beiträge zur Altertumskunde 46 (Bonn 1990)

Moorey, Anc Iraq Ashm = M o o r e y Peter Roger Stuart:: Ancient Iraq – Assyria and Babylonia: University of Oxford – Ashmolean Museum (Oxford 1976)

Moorey, Kish = M o o r e y Peter Roger Stuart:: Kish Excavations 1923–1932 – With a Microfiche Catalogue of the Objects in Oxford – Excavated by the Oxford-Field Museum Chicago Expedition to Kish in Iraq 1923–1933 (Oxford 1979)

Moortgat, Chuera 1958 = M o o r t g a t Anton:: Tell Chuēra in Nordost-Syrien – Vorläufiger Bericht über die Grabung 1958: Wissenschaftliche Abhandlungen der Arbeitsgemeinschaft für Forschung des Landes Nordrhein-Westfalen 14 (Köln / Opladen 1960)

Moortgat, Chuera 1960 = M o o r t g a t Anton:: Tell Chuēra in Nordost-Syrien – Vorläufiger Bericht über die dritte Grabungskampagne 1960: Wissenschaftliche Abhandlungen der Arbeitsgemeinschaft für Forschung des Landes Nordrhein-Westfalen 24 (Köln / Opladen 1962)

Moortgat, Kunst Mesop = M o o r t g a t Anton:: Die Kunst des Alten Mesopotamien – Die klassische Kunst Vorderasiens (Köln 1967)

Moortgat, Rollsiegel = M o o r t g a t Anton:: Vorderasiatische Rollsiegel – Ein Beitrag zur Geschichte der Steinschneidekunst (Berlin [1940] 1966)

Moortgat-Correns, Rouault edit. Eufrate Rimini = M o o r t g a t - C o r r e n s Ursula:: N. 186 Modello di carro coperto: Olivier R o u a u l t / Maria-Grazia M a s e t t i - R o u a u l t edit. [Catalogo] L'Eufrate e il tempo – Le civiltà del medio Eufrate e della Gezira siriana – [Mostra] Rimini – Sala dell'Arengo e Palazzo del Podestà 28 marzo – 31 agosto 1993 (Milano 1993) 445 [Abb. S. 288 ist nicht das S. 445 beschriebene Stück]

Nagel, AMNWD 15 = N a g e l Wolfram:: Die Wagentypen des zentralvorderasiatischen Frühdynastikums und der Bremsbügel: Archäologische Mitteilungen aus Nordwestdeutschland 15 (1992) 167–78

Nagel, APA 16 = N a g e l Wolfram:: Zwei Kupfermodelle eines Kultwagens mit Rinderzweigespann vom zweiachsigen Gatterkanzeltyp aus der Alacahüyük-Kultur im Museum für Vor- und Frühgeschichte Berlin: Acta Praehistorica et Archaeologica 16/17 (1984/5) 143–51

Nagel, DaM 6 = N a g e l Wolfram / E d e r Christian:: Altsyrien und Ägypten: Damaszener Mitteilungen 6 (1992) 1–108

Nagel, Streitwagen = N a g e l Wolfram:: Der mesopotamische Streitwagen und seine Entwicklung im ostmediterranen Bereich: Berliner Beiträge zur Vor- und Frühgeschichte 10 (Berlin 1966)
Nagel, Treue edit. Achse = N a g e l Wolfram:: Die Entwicklung des Wagens im frühen Vorderasien: Wilhelm T r e u e edit. Achse, Rad und Wagen – Fünftausend Jahre Kultur- und Technikgeschichte (Göttingen 1986) 9–34, 393, 445
Ohlig, Gackstätter, Ant Kab I Frankf = O h l i g Stefanie F.:: Katalog-Ergänzung September 1992 – Nr. 211–328: Bernd G a c k s t ä t t e r et al. Antiken-Kabinett – Kunst- und Ausgrabungsobjekte früher Epochen – Katalog – I (Frankfurt am Main 1992)
Özgen, AnSt 36 = Ö z g e n Engin:: A Group of Terracotta Wagon Models from Southeastern Anatolia: Anatolian Studies 36 (1986) 165–71
Pallis, akîtu = P a l l i s Svend Aage:: The Babylonian akîtu-Festival: Det Kongelige Danske Videnskabernes Selskab – Historisk-filologiske Meddelelser 12:1 (København 1926)
Parrot, Mari II 3 = P a r r o t André:: André P a r r o t et al. Documents et monuments: Le palais – III: Mission archéologique de Mari – II 3: Bibliothèque archéologique et historique 70 (Paris 1959) passim
Parrot, Syria 28 = P a r r o t André:: Cylindre hittite nouvellement acquis – AO 20138: Syria 28 (1951) 180–90
Parrot, Tello = P a r r o t André:: Tello – Vingt campagnes de fouilles 1877–1933 (Paris 1948)
Pic, Rouault edit. Eufrate Rimini = P i c Marielle:: N. 292 Modello di carro coperto: Olivier R o u a u l t / Maria-Grazia M a s e t t i - R o u a u l t edit. [Catalogo] L'Eufrate e il tempo – Le civiltà del medio Eufrate e della Gezira siriana – [Mostra] Rimini – Sala dell'Arengo e Palazzo del Podestà 28 marzo – 31 agosto 1993 (Milano 1993) 333, 458
Piggott, PPS 34 = P i g g o t t Stuart:: The Earliest Wheeled Vehicles and the Caucasian Evidence: Proceedings of the Prehistoric Society – New Series 34 (1968) 266–318
Piggott, Wheeled Transport = P i g g o t t Stuart:: The Earliest Wheeled Transport from the Atlantic Coast to the Caspian Sea (s.l. [London] 1983)
Porada, Pierpont Morgan Seals Plates = P o r a d a Edith / B u c h a n a n Briggs / O p p e n h e i m A. Leo:: The Collection of the Pierpont Morgan Library – Plates: Corpus of Ancient Near Eastern Seals in North American Collections – I: The Bollingen Series – Pantheon Books 14 (Washington 1948)
Porada, Pierpont Morgan Seals Text = P o r a d a Edith / B u c h a n a n Briggs:: Edith P o r a d a et al. The Collection of the Pierpont Morgan Library – Text: Corpus of Ancient Near Eastern Seals in North American Collections – I: The Bollingen Series – Pantheon Books 14 (Washington 1948) passim
Potratz, Pferd = P o t r a t z Johann Albert:: Das Pferd in der Frühzeit (Rostock 1938)
Potratz, Pferdetext = P o t r a t z Johann Albert:: Der Pferdetext aus dem Keilschrift-Archiv von Bogazköy – Umschrift, Übersetzung und Erläuterungen (Rostock 1938)
Prag, Levant 2 = P r a g Kay:: The 1959 Deep Sounding at Harran in Turkey: Levant 2 (1970) 63–94
Rashid, Sumer 19 = R a s h i d Anwar Subhi:: Die Ausgrabung von Tell el-Wilayah und die Bedeutung ihrer Rollsiegel: Sumer 19 (1963) 82–106

Reade, Iraq 35 = R e a d e Julian E.:: Tell Taya 1972–73 – Summary Report: Iraq 35 (1973) 155–87

Reiner, Venus Tablet = R e i n e r Erica / P i n g r e e David:: *Enuma Anu Enlil* Tablet 63 – The Venus Tablet of Ammiṣaduqa: Babylonian Planetary Omens – I: Bibliotheca Mesopotamica 2 I: Undena Publications (Malibu 1975)

Rouault edit. Eufrate Rimini = R o u a u l t Olivier / M a s e t t i - R o u a u l t Maria-Grazia edit. [Catalogo] L'Eufrate e il tempo – Le civiltà del medio Eufrate e della Gezira siriana – [Mostra] Rimini – Sala dell'Arengo e Palazzo del Podestà 28 marzo – 31 agosto 1993 (Milano 1993)

Salonen, Agricultura = S a l o n e n Armas:: Agricultura Mesopotamica – Nach sumerisch-akkadischen Quellen – Eine lexikalische und kulturgeschichtliche Untersuchung: Suolmalaisen Tiedeakatemian Toimituksia – Sarja B = Annales Academiae Scientiarum Fennicae – Series B 149 (Heslinki 1968)

Salonen, Hippologica = S a l o n e n Armas:: Hippologica Accadica – Eine lexikalische und kulturgeschichtliche Untersuchung über die Zug-, Trag- und Reittiere, ihre Anschirrung, Aufzäumung, Besattelung, Bepanzerung und Pflege sowie über die Gespanne und Karawanen, die Besatzung und Mannschaften der Wagen, über die Reiterei, das Pflegepersonal undsoweiter bei den alten Mesopotamiern samt einem Verzeichnis der hippologischen Termini und Redewendungen: Suomalaisen Tiedeakatemian Toimituksia – Sarja B = Annales Academiae Scientiarum Fennicae – Series B 100 (Helsinki 1955/6)

Salonen, Landfahrzeuge = S a l o n e n Armas:: Die Landfahrzeuge des alten Mesopotamien nach sumerisch-akkadischen Quellen mit besonderer Berücksichtigung der 5. Tafel der Serie ḪAR-ra = *ḫubullu* – Eine lexikalische und kulturgeschichtliche Untersuchung: Suomalaisen Tiedeakatemian Toimituksia – Sarja B = Annales Academiae Scientiarum Fennicae – Series B 72:3 (Helsinki 1951)

Salonen, Nautica = S a l o n e n Armas:: Nautica Babylonica – Eine lexikalische und kulturgeschichtliche Untersuchung: Studia Orientalia 11:1 (Helsinki 1942)

Salonen, Prozessionswagen = S a l o n e n Armas:: Prozessionswagen der babylonischen Götter: Studia Orientalia 13:2 (Helsingforsiae 1946)

Salonen, Wasserfahrzeuge = S a l o n e n Armas:: Die Wasserfahrzeuge in Babylonien nach šumerisch-akkadischen Quellen – Mit besonderer Berücksichtigung der 4. Tafel der Serie Ḫ A R - r a = *ḫubullu* – Eine lexikalische und kulturgeschichtliche Untersuchung: Studia Orientalia 8:4 (Helsingforsiae 1939)

Sirkis edit. Bible Mus Jerusalem = S i r k i s Nurit edit. Bible Lands Museum Jerusalem – Guide to the Collection (Tel-Aviv 1992)

Sjöberg, ZA 54 = S j ö b e r g Å.:: Ein Selbstpreis des Königs Ḫammurabi von Babylon: Zeitschrift für Assyriologie 54 (1961) 51–70

S o d e n s. AHw

Soden, ZA 43 = S o d e n Wolfram von:: Die akkadische Synonymenliste »D«: Lexikalisches Archiv: Zeitschrift für Assyriologie 43 (1936) 233–50

Spanos, MDOG 122 = S p a n o s Peter Z.:: Ausgrabungen in Tall Ḥamad Āġa aṣ-Ṣaġīr 1988: Mitteilungen der Deutschen Orient-Gesellschaft zu Berlin 122 (1990) 89–123

Speiser, AfO 5 = S p e i s e r Ephraim A.:: Traces of the Oldest Cultures of Babylonia and Assyria: Archiv für Orientforschung 5 (1928–9) 162–4

Speiser, Gawra I = S p e i s e r Ephraim A.:: Ephraim A. S p e i s e r et al. Levels I–VIII: Excavations at Tepe Gawra – I: Publications of the American Schools of Oriental Research (Philiadelphia 1935) passim

Spycket, Isin III = S p y c k e t Agnès:: Les figurines de terre cuite – 7e–8e campagnes 1983–1984:4. Kleinfunde – 2: Barthel H r o u d a et al. Die Ergebnisse der Ausgrabungen 1983–1984: Isin – Išān Baḥrīyāt – III: Veröffentlichungen der Kommission zur Erschliessung von Keilschrifttexten – Serie C – 4: Bayerische Akademie der Wissenschaften – Philosophisch-historische Klasse – Abhandlungen – Neue Folge 94 (München 1987) 49–60

Spycket, Isin IV = S p y c k e t Agnès:: Les figurines de terre cuite 1986, 1988–89 – 9e–11e campagnes: 4. Funde – 2: Barthel H r o u d a et al. Die Ergebnisse der Ausgrabungen 1986–1989: Isin – Išān Baḥrīyāt – IV: Veröffentlichungen der Kommission zur Erschliessung von Keilschrifttexten – Serie C – 5: Bayerische Akademie der Wissenschaften – Philosophisch-historische Klasse – Abhandlungen – Neue Folge 105 (München 1992) 56–73

Starr, Nuzi II = S t a r r Richard F. S.:: Nuzi – Report on the Excavations at Yorgan Tepa near Kirkuk, Iraq conducted by Harvard University in Conjunction with the American Schools of Oriental Research and the University Museum of Philadelphia 1927–1931 – II (Cambridge [Massachusetts] 1937)

Stève, MDP XLVI = S t è v e M.-J. / G a s c h e H. / C a i s s o n A.:: Acropole de Suse – Nouvelles fouilles – Rapport préliminaire: Mémoires de la Délégation archéologique en Iran – Mission de Susiane – XLVI (Leiden/Paris 1971)

Streck, Assurbanipal I = S t r e c k Maximilian:: Einleitung – Das urkundliche Material, Chronologie und Geschichte: Assurbanipal und die letzten assyrischen Könige bis zum Untergange Niniveh's bearbeitet – I: Vorderasiatische Bibliothek – VII 1 (Leipzig 1916)

Streck, Assurbanipal II = S t r e c k Maximilian:: Texte – Die Inschriften Assurbanipals und der letzten assyrischen Könige: Assurbanipal und die letzten assyrischen Könige bis zum Untergange Niniveh's bearbeitet – II: Vorderasiatische Bibliothek – VII 2 (Leipzig 1916)

Streck, Assurbanipal III = S t r e c k Maximilian:: Register – Glossar, Verzeichnis der Eigennamen, Schlussnachträge und kleinere Berichtigungen: Assurbanipal und die letzten assyrischen Könige bis zum Untergange Niniveh's bearbeitet – III: Vorderasiatische Bibliothek – VII 3 (Leipzig 1916)

Strommenger, BaM 1 = S t r o m m e n g e r Eva:: Das Menschenbild in der altmesopotamischen Rundplastik von Mesilim bis Hammurapi: Baghdader Mitteilungen 1 (1960) 1–103

Strommenger, Bica I = S t r o m m e n g e r Eva / K o h l m e y e r Kay / M i f - t a h Muḥammad / S t ę p n i o w s k i Franciszek:: Die altorientalischen Bestattungen: Ausgrabungen in Tall Bica / Tuttul – I: Wissenschaftliche Veröffentlichungen der Deutschen Orient-Gesellschaft 96 (Saarbrücken 1998)

Strommenger, Eden Berlin = S t r o m m e n g e r Eva:: Eva S t r o m m e n g e r edit. [Katalog] Der Garten in Eden – 7 Jahrtausende Kunst und Kultur an Euphrat und Tigris – Museum für Vor- und Frühgeschichte Berlin – Staatliche Museen Stiftung Preußischer Kulturbesitz – Ausstellung vom 28. Oktober 1978 – 25. Februar 1979 (Mainz 1978) passim

Strommenger, MDOG 119 = S t r o m m e n g e r Eva et al.:: Ausgrabungen in Tall Bica 1985: Mitteilungen der Deutschen Orient-Gesellschaft zu Berlin 119 (1987) 7–49

Strommenger, MDOG 121 = S t r o m m e n g e r Eva et al.:: Ausgrabungen in Tall Bica 1987: Mitteilungen der Deutschen Orient-Gesellschaft zu Berlin 121 (1989) 5–63

Strommenger, Mesopotamien = S t r o m m e n g e r Eva:: Fünf Jahrtausende Mesopotamien – Die Kunst Mesopotamiens von den Anfängen um 5000 v. Chr. bis zu Alexander dem Grossen (München 1962)

Strommenger, Tribute Bounni = S t r o m m e n g e r Eva:: Planwagen aus dem mittleren Euphrattal: Paolo M a t t h i a e / Maurits van L o o n / Harvey W e i s s edit. Resurrecting the Past – A Joint Tribute to Adnan B o u n n i: Uitgaven van het Nederlands Historisch-archaeologisch Instituut te Istanbul 67 (Istanbul 1990) 297–306

Strommenger, UVB XIX = S t r o m m e n g e r Eva:: Kleinfunde aus dem Gebiet des Sînkāšid-Palastes: Heinrich Jakob L e n z e n et al. Winter 1960/61: Vorläufige Berichte über die von dem Deutschen Archäologischen Institut und der Deutschen Orient-Gesellschaft aus Mitteln der Deutschen Forschungsgemeinschaft unternommenen Ausgrabungen in Uruk-Warka – XIX: Abhandlungen der Deutschen Orient-Gesellschaft 8 (Berlin 1963) 37–44

Suleiman, Akkadica 40 = S u l e i m a n Antoine:: Excavations at Ansari-Aleppo for the Seasons 1973–1980 – Early and Middle Bronze Ages: Akkadica 40 (November / December 1984) 1–16

Suleiman, Syria 64 = S u l e i m a n Antoine / G r i t s e n k o Anna:: Landmarks of the Ancient City of Ansari – Yamhad: Syria 64 (1987) 231–43

Tarr, Karren = T a r r László:: Karren – Kutsche – Karosse – Eine Geschichte des Wagens (Berlin 1978)

Thompson, CT XII = T h o m p s o n Reginald Campbell:: Cuneiform Texts from Babylonian Tablets etc. in the British Museum – XII (London 1901)

Thompson, CT XX = T h o m p s o n Reginald Campbell:: Cuneiform Texts from Babylonian Tablets etc. in the British Museum – XX (London 1904)

Thureau-Dangin, RA 19 = T h u r e a u - D a n g i n François:: Les fêtes d'akitu – d'après un texte divinatoire: Revue d'assyriologie 19 (1922) 141–8

Thureau-Dangin, Rituels = T h u r e a u - D a n g i n François:: Rituels accadiens (Paris 1921)

Uzunoğlu, Edgü edit. Anadolu İstanbul I = U z u n o ğ l u Edibe / G ü n a y Duygu Arisan / B a y r ı Sema Baykan/ G i r g i n Çiğdem:: Tarih öncesi – Hitit birimi: Tarih öncesi – Hitit – İlk demir çağ: Ferit E d g ü edit. [Katalog] Anadolu – İstanbul 22 Mayıs – 30 Ekim 1983 – I (İstanbul 1983) 17–257

Uzunoğlu, Edgü edit. Anatol Civil Istanbul I = U z u n o ğ l u Edibe / G ü n a y Duygu Arisan / B a y r ı Sema Baykan/ G i r g i n Çiğdem:: Prehistoric – Hittite: Prehistoric – Hittite – Early Iron Age: Ferit E d g ü edit. [Catalogue] The Anatolian Civilisations – St. Irene Istanbul May 22—October 30 1983 – I: The Council of Europe – European Art Exhibitons 18 (s.l. s.a. [Istanbul 1983]) 17–257

Watelin, Kish IV = W a t e l i n Louis Charles / L a n g d o n Stephen:: Louis Charles W a t e l i n / Stephen L a n g d o n / T. K. P e n n i m a n, 1925–1930: Excavations at Kish – The Herbert Weld (for the University of Oxford) and Field Museum of Natural History (Chicago) Expedition to Mesopotamia – IV (Paris 1934) passim

Weidner, OLZ 16 = W e i d n e r E. F.:: Rezension zu »Kugler, Bannkreis Babels«: Orientalistische Literat(t)ur(-)zeitung 16 (1913) col. 20–6

Wiseman, Iraq 22 = W i s e m a n Donald J.:: The Goddess Lama at Ur: Iraq 22 (1960) 166–71

Woolley, UE II Plates = W o o l l e y C. Leonard / B u r r o w s E. R. / K e i t h Sir Arthur / L e g r a i n Leon / P l e n d e r l e i t h H. J. / P o c o c k R. I.:: The Royal Cemetery – A Report on the Predynastic and Sargonid Graves excavated between 1926 and 1931 – Plates: Ur Excavations – Publications of the Joint Expedition of the British Museum and of the Museum of the University of Pennsylvania to Mesopotamia – II (London 1934)

Woolley, UE II Text = W o o l l e y C. Leonard:: C. Leonard W o o l l e y et al. The Royal Cemetery – A Report on the Predynastic and Sargonid Graves excavated between 1926 and 1931 – Text: Ur Excavations – Publications of the Joint Expedition of the British Museum and of the Museum of the University of Pennsylvania to Mesopotamia – II (London 1934) passim

Woolley, UE VII = W o o l l e y C. Leonard:: C. Leonard W o o l l e y / Max E. L. M a l l o w a n : T. C. M i t c h e l l edit. The Old Babylonian Period: Ur Excavations – Publications of the Joint Expedition of the British Museum and of the Museum of the University of Pennsylvania to Mesopotamia – VII (London 1976) passim

Zahlhaas, Zahlhaas edit. Idole München 90 ff. = Z a h l h a a s Gisela:: Syrien – Nr. 37–45: Gisela Z a h l h a a s edit. Idole – Frühe Götterbilder und Opfergaben – Katalog der Ausstellung Museum für Vor- und Frühgeschichte – München 27. September – 15. Dezember 1985: Ausstellungskataloge der Prähistorischen Staatssammlung 12 (München 1985) 90–7

Ziegler Ch., UA VI = Z i e g l e r Charlotte:: Die Terrakotten von Warka : Ausgrabungen der Deutschen Forschungsgemeinschaft in Uruk-Warka – VI (Berlin 1962)

Katalog der Wagenmodelle

Beschreibungen und Abbildungen

Auf den Abbildungsseiten hinter den Beschreibungen tragen die einzelnen Objekte jeweils zwei Zahlenangaben: Die erste, fette Ziffernfolge bietet in verkürzter Form die laufend durchgezählte Abbildungsnumerierung, ist also »ABB. 1« undsoweiter zu lesen; die anschließende römisch-arabische Zahlenkombination zeigt die entsprechende Katalognummer des betreffenden Objektes an, ist also »Kat.-Nr. I 01« undsoweiter zu lesen. Am jeweiligen Seitenkopf finden sich diese beiden Informationen in summarischer Form wieder.

Konkordanz der Katalog- und Abbildungsnummern

Kat.-Nr.		ABB.	Kat.-Nr.		ABB.
I	01	1	(III b)	07	23
	02	3		08	31
	03	2		09	28
II	01	5		10	25
	02	4		11	32
	03	6		12	33
III a	01	7		13	30
	02	9		14	35
	03	8		15	36
	04	12		16	37
	05	13		17	34
	06	10		18	39
	07	11		19	38
	08	14		20	42
	09	15		21	40
	10	16		22	41
	11	18		23	43
	12	17		24	44
	13	20	III c	01	45
	14	19		02	46
III b	01	21		03	47
	02	22		04	48
	03	26		05	49
	04	27		06	50
	05	29		07	51
	06	24		08	53

Kat.-Nr.		ABB.
(III c)	09	52
	10	54
	11	55
	12	56
	13	57
	14	61
	15	60
	16	58
	17	63
	18	62
	19	59
	20	66
	21	64
	22	67
	23	65
	24	68
	25	70
	26	72
	27	71
	28	69
	29	76
	30	73
	31	77
	32	79
	33	74
	34	82
	35	75
	36	80
	37	81
	38	78
	39	83
IV	01	84
V	01	85
VI	01	87
	02	89
	03	86
	04	88
	05	90
	06	91

Kat.-Nr.		ABB.
(VI)	07	92
	08	93
VII	01	95
	02	94
	03	97
	04	96
	05	98
	06	99
VIII	01	101
	02	102
	03	100
	04	103
	05	104
IX	01	105
	02	106
	03	107
	04	108
	05	109
	06	111
	07	110
X a	01	113
	02	112
	03	114
	04	116
	05	115
	06	118
	07	117
X b	01	119
XI	01	120
	02	121
XII	01	122
	02	126
	03	123
	04	125
	05	124
	06	129
	07	127
	08	133
	09	130

Kat.-Nr.		ABB.
(XII)	10	128
	11	132
	12	131
	13	134
	14	135
	15	136
XIII	01	137
	02	138
	03	139
	04	143
	05	141
	06	150
	07	144
	08	142
	09	140
	10	145
	11	146
	12	147
	13	148
	14	149
	15	152
	16	151
	17	153
	18	155

Kat.-Nr.		ABB.
(XIII)	19	156
	20	161
	21	158
	22	164
	23	160
	24	157
	25	159
	26	154
	27	162
	28	163
	29	165
	30	167
	31	169
	32	168
	33	166
	34	170
	35	173
	36	171
	37	172
	38	174
XIV	01	175
	02	176
	03	177

TYP I: FRONTSCHILDEINACHSER MIT SEITENRANDSITZ

KATALOG-NR.: I 01 (ABB. 1)
TYP: I, Frontschildeinachser mit Seitenrandsitz

KULTURKREIS: Zentralvorderasiatisch
DENKMALSGESTALT: Fragmentarisches Modellteil, Trittbrett abgebrochen
MATERIAL: Terracotta
MASSE: Höhe 7,8 cm
HERKUNFT: Ausgrabung Tall Fārah (F 1900), Südmesopotamien
KULTURSTUFE: Meskalamdu- oder Ur I-Phase des Jüngeren Frühdynastikums
DATIERUNG: Ca. 2700–2640–2440 v. Chr.
DARSTELLUNG: Einachsiger Wagenaufsatz mit Frontschild, Seitenrändern und Seitenrandsitz nebst geschlossener Rückfront. Diese und der Sitz sind mit kreisförmigen Eindrücken verziert. Brillenförmiger, von einer Mittelkrampe gehaltener Doppelbügel auf der Oberkante des Frontschildes. Unter dem Doppelbügel sitzt außen und innen jeweils noch ein Querriegel. Unter dem Sitz ein Trittbrett. Deichselloch unter dem Frontschild. Auf mittelständiger Achsröhre mit beidseits überstehenden Endstutzen.

LITERATUR: Heinrich, Fara: 70, Tf. 34 a/b F 1900 (unsere ABB. links = a, rechts = b).
SEKUNDÄRLITERATUR: Littauer, HdO Vehicles: 22 Anm. 36;
Salonen, Landfahrzeuge: 161, Tf. X,2 oben.

KATALOG-NR.: I 02 (ABB. 3)
TYP: I, Frontschildeinachser mit Seitenrandsitz

KULTURKREIS: Zentralvorderasiatisch
DENKMALSGESTALT: Fragmentarisches Modellteil, Frontschild abgebrochen
MATERIAL: Terracotta
MASSE: Höhe 4,4 cm; Länge 6,2 cm; Breite 5,4 cm
HERKUNFT: Ausgrabung Tall Bi^{c}ah, 29/40, Ost-West-Schnitt, im Wadi zwischen Hügel B und E, unstratifiziert (29/40:7), Nordwestmesopotamien, am Euphrat und Balich
KULTURSTUFE: –
DATIERUNG: Fraglich
DARSTELLUNG: Einachsiger Wagenaufsatz mit Frontschild, Seitenrändern und Seitenrandsitz nebst geschlossener Rückfront. Unter dem Sitz in Verlängerung des Wagenbodens ein Trittbrett. Ritzungen auf dem Schild, dem Sitz und dem Trittbrett. Deichselloch unter dem Frontschild. Auf mittelständiger Achsröhre mit beidseits überstehenden Endstutzen.

LITERATUR: Unpubliziert (demnächst Tall Bi^{c}a / Tuttul – V).

KATALOG-NR.: I 03 (ABB. 2)
TYP: I, Frontschildeinachser mit Seitenrandsitz

KULTURKREIS: Zentralvorderasiatisch

DENKMALSGESTALT: Modellteil, Deichsel und Achse modern, antike Räder nicht zugehörig
MATERIAL: Terracotta
MASSE: Höhe 7,3 cm; Länge 6,4 cm; Breite 4,5 cm
HERKUNFT: Ausgrabung Kiš (Tall Inġarrah), Mound ›A‹, Oberfläche, Südmesopotamien; nach Langdon, Kish I: 67, aus dem Tempel E-mete-ursag an der Ziqqurrat von Tall al Uḥaymir
KULTURSTUFE: Vermutlich Ur I-Phase des Jüngeren Frühdynastikums oder Früh- bis Hochreichsakkadische Zeit
DATIERUNG: Vermutlich ca. 2640–2440–2405–2327 v. Chr.
DARSTELLUNG: Einachsiger Wagenaufsatz mit Frontschild, Seitenrändern und Seitenrandsitz nebst geschlossener Rückfront und Trittbrett. Brillenförmiger Doppelbügel auf der Oberkante des Frontschildes. Unter dem Doppelbügel sitzt innen noch ein Querriegel. Deichselloch unter dem Schild durchgestossen bis zur Rückseite unterhalb des Trittbrettes. Achse mittelständig.

LITERATUR: Langdon, Kish I: 67, Pl. VII 3;
Mackay, ›A‹ Kish II: 209–11, Pl. XLVI 6.
SEKUNDÄRLITERATUR: Christian, Altertum Zweistrom I Taf: Tf. 226,1;
Littauer, HdO Vehicles: 22 Anm. 36, Fig. 9 (unsere ABB.);
Moorey, Kish: 64, 74 f.;
Salonen, Landfahrzeuge: 161, Tf. X, 1;
Tarr, Karren: 34, Abb. 41.
STANDORT: Field Museum of Natural History, Chicago.

TYP II: FRONTSCHILDEINACHSER MIT STEHFLÄCHE AUF SCHEIBENRÄDERN

KATALOG-NR.: II 01 (ABB. 5)

TYP: II, Frontschildeinachser mit Stehfläche auf Scheibenrädern

KULTURKREIS: Fraglich
DENKMALSGESTALT: Fragmentarisches Modellteil, Oberhälfte des Frontschildes abgebrochen, Räder der Zeichnung ergänzt
MATERIAL: Terracotta
MASSE: Länge ca. 6 cm
HERKUNFT: Ausgrabung Ḥamah, Schicht J 6, Zentralsyrien
KULTURSTUFE: –
DATIERUNG: 2. Hälfte III. Jahrtausend v. Chr.
DARSTELLUNG: Einachsiger Wagenaufsatz mit Frontschild, Stehfläche und Bodenrahmen. Trittbrett in Verlängerung des Wagenbodens. Deichselloch unter dem Frontschild. Achse in mittelständiger Achsröhre mit beidseits überstehenden Endstutzen.

LITERATUR: Fugmann, Hama II 1: 62, fig. 64 3C608 (unsere ABB.); Ingholt, Hama 1932–8: 37, pl. XII 5.

KATALOG-NR.: II 02 (ABB. 4)

TYP: II, Frontschildeinachser mit Stehfläche auf Scheibenrädern

KULTURKREIS: Zentralvorderasiatisch
DENKMALSGESTALT: Fragmentarisches Modellteil, Frontschild bestossen
MATERIAL: Terracotta
MASSE: Höhe ca. 4,6 cm; Länge ca. 4,8 cm; Breite ca. 4 cm
HERKUNFT: Ausgrabung Ḥalawwah, Schicht 2 b, Fundnr. 85R010, Nordwestmesopotamien, am syrischen Euphrat
KULTURSTUFE: »Mittlere Bronzezeit I« (Ur III / Isin-Zeit bis Frühaltbabylonische Zeit)
DATIERUNG: Ca. 2200–2040–1900 v. Chr.
DARSTELLUNG: Einachsiger Wagenaufsatz mit Frontschild, Stehfläche und Bodenrahmen. Deichselloch unter dem Frontschild. Achse mittel- oder vorderständig.

LITERATUR: Meyer J., Orthmann edit., Halawa 1980/6: 32, Abb. 12,8.

KATALOG-NR.: II 03 (ABB. 6)

TYP: II, Frontschildeinachser mit Stehfläche auf Scheibenrädern

KULTURKREIS: Fraglich
DENKMALSGESTALT: Fragmentarisches Modellteil, Frontschild abgebrochen
MATERIAL: Terracotta
MASSE: Höhe 4,8 cm; Länge 9,2 cm; Breite 7,1 cm
HERKUNFT: Ausgrabung Ḥabubah Kabirah, »Tall«, N 15/16 (Y:143), Nordsyrien, am syrischen Euphrat
KULTURSTUFE: –
DATIERUNG: Vermutlich 2. Hälfte III. Jahrtausend v. Chr.
DARSTELLUNG: Einachsiger Wagenaufsatz mit Frontschild, Stehfläche und Bodenrahmen. Der Wagenboden steht vorne weit und hinten wenig über das Wagenviereck vor. Achse mittelständig.

LITERATUR: Unpubliziert.

TYP III a: FRONTSCHILDEINACHSER MIT HINTERBOCK AUF SCHEIBENRÄDERN – BODENRAHMEN VORHANDEN

KATALOG-NR.: III a 01 (ABB. 7)

TYP: III a, Frontschildeinachser mit Hinterbock auf Scheibenrädern – Bodenrahmen vorhanden

KULTURKREIS: Zentralvorderasiatisch
DENKMALSGESTALT: Modellteil, Räder und Zugtiere nicht zugehörig, Deichsel und Achse modern
MATERIAL: Terracotta
MASSE: Unbekannt
HERKUNFT: Ausgrabung Tall Ḥuwayrah (Ḫuwayrah), im Schutt des Nordtempels, Nordwestmesopotamien

KULTURSTUFE: Vermutlich Älteres Frühdynastikum
DATIERUNG: Vermutlich ca. 3100–2900 v. Chr.
DARSTELLUNG: Einachsiger Wagenaufsatz mit Frontschild, Hinterbock und Bodenrahmen nebst Trittbrett. Deichselloch unter dem Frontschild. Achse mittelständig.

LITERATUR: Moortgat, Chuera 1960: 11, Abb. 8 (unsere ABB.).
SEKUNDÄRLITERATUR: Littauer, HdO Vehicles: 21 Anm. 29.

KATALOG-NR.: III a 02 (ABB. 9)

TYP: III a, Frontschildeinachser mit Hinterbock auf Scheibenrädern – Bodenrahmen vorhanden

KULTURKREIS: Zentralvorderasiatisch
DENKMALSGESTALT: Modellteil
MATERIAL: Terracotta
MASSE: Breite 3,5 cm
HERKUNFT: Ausgrabung Tall Baraq (Braq), H. F. (B. 354 [S]), Nordostmesopotamien
KULTURSTUFE: Vermutlich Jüngeres Frühdynastikum
DATIERUNG: Vermutlich ca. 2900–2440 v. Chr.
DARSTELLUNG: Einachsiger Wagenaufsatz mit Frontschild, Hinterbock nebst Trittbrett und Bodenrahmen. Der Bock ist sehr groß geraten, mit hervorstehenden Ecken, die einen kissenartigen Eindruck hervorrufen. Die Oberseite des Frontschildes ist in der Mitte eingekerbt. Deichselloch unter dem Frontschild. Auf mittelständiger Achsröhre mit beidseits überstehenden Endstutzen.

LITERATUR: Mallowan, Iraq 9: 215 f., Pl. LIV 16.

KATALOG-NR.: III a 03 (ABB. 8)

TYP: III a, Frontschildeinachser mit Hinterbock auf Scheibenrädern – Bodenrahmen vorhanden

KULTURKREIS: Zentralvorderasiatisch
DENKMALSGESTALT: Modellteil, Räder nicht zugehörig, Deichsel und Achse modern
MATERIAL: Terracotta
MASSE: Höhe und Breite 10,8 cm
HERKUNFT: Ausgrabung Assur (Aš Šarqat / Qal^{c}at Šarqat), fD 5 III an der großen Brandgrube (Ass 19463), Mittelmesopotamien
KULTURSTUFE: –
DATIERUNG: Fraglich
DARSTELLUNG: Einachsiger Wagenaufsatz mit Frontschild, Hinterbock (?) und Bodenrahmen. Die Oberseite des Frontschildes ist in der Mitte eingekerbt. Deichselloch unter dem Frontschild. Achse in mittelständiger Achsröhre mit beidseits überstehenden Endstutzen.

LITERATUR: Klengel-Brandt, FuB 12: 33 f., Tf. 2,2 (unsere ABB.).
SEKUNDÄRLITERATUR: Klengel-Brandt: Terra Assur VA Bln: 113 Nr. 767, Tf. 24 Nr. 767 (fälschlich »768«).
STANDORT: Vorderasiatisches Museum, Berlin (VA 8137).

KATALOG-NR.: III a 04 (ABB. 12)

TYP: III a, Frontschildeinachser mit Hinterbock auf Scheibenrädern – Bodenrahmen vorhanden

KULTURKREIS: Zentralvorderasiatisch
DENKMALSGESTALT: Fragmentarisches Modellteil, Frontschild an der Oberkante bestossen
MATERIAL: Terracotta
MASSE: Unbekannt
HERKUNFT: Ausgrabung Assur (Aš Šarqat / Qal^{c}at Šarqat), Mittelmesopotamien
KULTURSTUFE: –
DATIERUNG: Fraglich
DARSTELLUNG: Einachsiger Wagenaufsatz mit Frontschild, Hinterbock nebst Trittbrett und Bodenrahmen. Der Schild ist außen mit zwei sich diagonal kreuzenden Linien versehen. Reste des Doppelbügels an der Oberkante des Frontschildes. Auf mittelständiger Achsröhre mit beidseits überstehenden Endstutzen.

LITERATUR: Andrae, MDOG 27: Abb. 1 Nr. 315.

KATALOG-NR.: III a 05 (ABB. 13)

TYP: III a, Frontschildeinachser mit Hinterbock auf Scheibenrädern – Bodenrahmen vorhanden

KULTURKREIS: Zentralvorderasiatisch
DENKMALSGESTALT: Modellteil, Doppelbügel auf dem Frontschild abgebrochen
MATERIAL: Terracotta
MASSE: Höhe 6,6 cm; Länge 5,1 cm; Breite 3,5 cm
HERKUNFT: Ausgrabung Tall Bi^{c}ah, 43/23 Ost, Oberfläche (43/23:1), Nordwestmesopotamien, am Euphrat und Balich
KULTURSTUFE: –
DATIERUNG: Fraglich
DARSTELLUNG: Einachsiger Wagenaufsatz mit Frontschild, Hinterbock und Bodenrahmen. Schild an der Außenfront mit gerahmter Diagonalkreuzung versehen. Reste des Doppelbügels auf der Oberkante des Schildes. Deichselloch unter dem Frontschild. Achse mittelständig.

LITERATUR: Unpubliziert (demnächst Tall Bi^{c}a / Tuttul – V).
STANDORT: Museum Raqqah (85 Bi 13).

KATALOG-NR.: III a 06 (ABB. 10)

TYP: III a, Frontschildeinachser mit Hinterbock auf Scheibenrädern – Bodenrahmen vorhanden

KULTURKREIS: Zentralvorderasiatisch
DENKMALSGESTALT: Modellteil, angesetzter Doppelbügel auf dem Frontschild abgebrochen ?
MATERIAL: Terracotta
MASSE: Höhe 8,8 cm, Breite 5,5 cm
HERKUNFT: Ausgrabung Tall Lawḥ (Tello) 1903, ohne Fundstellenangabe, Südmesopotamien

KULTURSTUFE: –
DATIERUNG: Fraglich
DARSTELLUNG: Einachsiger Wagenaufsatz mit Frontschild, Hinterbock nebst Trittbrett und Bodenrahmen. Schild an der Außenfront mit gerahmtem, mittig horizontal geteiltem Diagonalkreuz versehen. Reste des Doppelbügels auf der Oberkante des Schildes. Deichselloch unter dem Frontschild bis durch den Hinterbock geführt. Achse mittelständig.

LITERATUR: Barrelet, Figurines I: 176, 178, pl. XI 118.
STANDORT: Louvre, Paris (AO 4125).

KATALOG-NR.: III a 07 (ABB. 11)

TYP: III a, Frontschildeinachser mit Hinterbock auf Scheibenrädern – Bodenrahmen vorhanden

KULTURKREIS: Zentralvorderasiatisch
DENKMALSGESTALT: Fragmentarisches Modellteil, Frontschild und Hinterbock oben bestossen
MATERIAL: Terracotta
MASSE: Höhe 5,8 cm; Länge 6,1 cm; Breite 4,3 cm
HERKUNFT: Ausgrabung Tall Bi^{c}ah, Hügel F, Oberfläche (F:20), Nordwestmesopotamien, am Euphrat und Balich
KULTURSTUFE: –
DATIERUNG: Vermutlich 2. Hälfte III. Jahrtausend v. Chr.
DARSTELLUNG: Einachsiger Wagenaufsatz mit Frontschild, Hinterbock nebst Trittbrett und Bodenrahmen. Auf mittelständiger Achsröhre mit beidseits überstehenden Endstutzen.

LITERATUR: Unpubliziert (demnächst Tall Bi^{c}a / Tuttul – V).

KATALOG-NR.: III a 08 (ABB. 14)

TYP: III a, Frontschildeinachser mit Hinterbock auf Scheibenrädern – Bodenrahmen vorhanden

KULTURKREIS: Zentralvorderasiatisch
DENKMALSGESTALT: Fragmentarisches Modellteil, Frontschild und linker Achsröhrenstutzen abgebrochen, Seitenwände und Hinterbock beschädigt
MATERIAL: Terracotta
MASSE: Höhe 4,6 cm; Länge 6,4 cm; Breite 4,6 cm
HERKUNFT: Ausgrabung Tall Bi^{c}ah, 17/35 NW, aus gestörten Abfallniveaus der Wohnschichten I und II (17/35:11), Nordwestmesopotamien, am Euphrat und Balich
KULTURSTUFE: Ur I-Phase des Jüngeren Frühdynastikums bis Frühreichsakkadische Zeit
DATIERUNG: Ca. 2640–2440–2405 v. Chr.
DARSTELLUNG: Einachsiger Wagenaufsatz mit Frontschild, Hinterbock, Bodenrahmen und Trittbrett. Deichselloch unter dem Frontschild. Auf mittelständiger Achsröhre mit beidseits überstehenden Endstutzen.

LITERATUR: Unpubliziert (demnächst Tall Bi^{c}a / Tuttul – V).
STANDORT: Vorderasiatisches Museum, Berlin.

KATALOG-NR.: III a 09 (ABB. 15)

TYP: III a, Frontschildeinachser mit Hinterbock auf Scheibenrädern – Bodenrahmen vorhanden
KULTURKREIS: Zentralvorderasiatisch

DENKMALSGESTALT: Fragmentarisches Modellteil, Frontschild und linker Achsröhrenstutzen abgebrochen, Hinterbock beschädigt
MATERIAL: Terracotta
MASSE: Höhe 5,2 cm; Länge 6,6 cm; Breite 4,2 cm
HERKUNFT: Ausgrabung Tall Bi^{c}ah, Schnitt 15/34, Südteil, gestörter Oberflächenschutt in ca. 20 cm Tiefe (15/34:1), Nordwestmesopotamien, am Euphrat und Balich
KULTURSTUFE: Ur I-Phase des Jüngeren Frühdynastikums bis Reichsakkadische Zeit
DATIERUNG: Ca. 2640–2440–2327 v. Chr.
DARSTELLUNG: Einachsiger Wagenaufsatz mit Frontschild, Hinterbock und Bodenrahmen. Das Wagenviereck ist rundherum mit Ritzungen verziert, Achse in mittelständiger Achsröhre mit beidseits überstehenden Endstutzen.

LITERATUR: Unpubliziert (demnächst Tall Bi^{c}a / Tuttul – V).
STANDORT: Vorderasiatisches Museum, Berlin.

KATALOG-NR.: III a 10 (ABB. 16)

TYP: III a, Frontschildeinachser mit Hinterbock auf Scheibenrädern – Bodenrahmen vorhanden

KULTURKREIS: Zentralvorderasiatisch
DENKMALSGESTALT: Fragmentarisches Modellteil, Frontschild und Hinterbock oben bestossen
MATERIAL: Terracotta
MASSE: Höhe 6,0 cm; Länge 6,8 cm; Breite 4,4 cm
HERKUNFT: Ausgrabung Tall Bi^{c}ah, 15/35 O, 35 cm dicke graue Schicht unter der Unterkante der Schicht I, Schicht II, Haus 4, Freiraum V (15/35:49), Nordwestmesopotamien, am Euphrat und Balich
KULTURSTUFE: Ur I-Phase des Jüngeren Frühdynastikums
DATIERUNG: Ca. 2640–2440 v. Chr.
DARSTELLUNG: Einachsiger Wagenaufsatz mit Frontschild, Hinterbock, Trittbrett und Bodenrahmen. Reste eines Ritzmusters auf dem Frontschild. Deichselloch unter dem Frontschild. Auf mittelständiger Achsröhre mit beidseits überstehenden Endstutzen.

LITERATUR: Unpubliziert (demnächst Tall Bi^{c}a / Tuttul – V).

KATALOG-NR.: III a 11 (ABB. 18)

TYP: III a, Frontschildeinachser mit Hinterbock auf Scheibenrädern – Bodenrahmen vorhanden

KULTURKREIS: Zentralvorderasiatisch
DENKMALSGESTALT: Fragmentarisches Modellteil, Frontschild abgebrochen, Trittbrett bestossen, linker Achsröhrenstutzen abgebrochen
MATERIAL: Terracotta

MASSE: Höhe 6,9 cm; Länge 8,2 cm; Breite 4,3 cm
HERKUNFT: Ausgrabung Ḥabubah Kabirah, »Tall«, Q 15 NO, Silo, Bauschicht 11–12 (Q 15:230), Nordsyrien, am syrischen Euphrat
KULTURSTUFE: Reichsakkadische Zeit
DATIERUNG: Ca. 2440–2327 v. Chr.
DARSTELLUNG: Einachsiger Wagenaufsatz mit Frontschild, Hinterbock nebst Trittbrett und Bodenrahmen. Bock mit hervorstehenden Ecken. Reste eines Ritzmusters auf dem Frontschild. Deichselloch unter dem Schild. Auf mittelständiger Achsröhre mit beidseits überstehenden Endstutzen.

LITERATUR: Unpubliziert.

KATALOG-NR.: III a 12 (ABB. 17)

TYP: III a, Frontschildeinachser mit Hinterbock auf Scheibenrädern – Bodenrahmen vorhanden

KULTURKREIS: Zentralvorderasiatisch
DENKMALSGESTALT: Fragmentarisches Modellteil, Oberteil des Frontschildes abgebrochen
MATERIAL: Terracotta
MASSE: Höhe 4,9 cm; Länge 5,7 cm; Breite 4,1 cm
HERKUNFT: Ausgrabung Tall Bi^{c}ah, 16/33 Ost, Oberfläche (16/33:12), Nordwestmesopotamien, am Euphrat und Balich
KULTURSTUFE: Vermutlich Reichsakkadische Zeit
DATIERUNG: Vermutlich ca. 2440–2327 v. Chr.
DARSTELLUNG: Einachsiger Wagenaufsatz mit Frontschild, Hinterbock nebst Trittbrett und Bodenrahmen. Bock mit hochgezogenen Ecken. Ritzmuster auf dem Frontschild. Auf mittelständiger Achsröhre mit beidseits überstehenden Endstutzen.

LITERATUR: Unpubliziert (demnächst Tall Bi^{c}a / Tuttul – V).

KATALOG-NR.: III a 13 (ABB. 20)

TYP: III a, Frontschildeinachser mit Hinterbock auf Scheibenrädern – Bodenrahmen vorhanden

KULTURKREIS: Zentralvorderasiatisch
DENKMALSGESTALT: Fragmentarisches Modellteil, Frontschild und Hinterbock bestossen
MATERIAL: Terracotta
MASSE: Höhe 4,8 cm; Länge 5,9 cm; Breite 2,6 cm
HERKUNFT: Ausgrabung Tall Bi^{c}ah, Schnitt 38/18, SW-Ecke, unstratifiziert (38/18:13), Nordwestmesopotamien, am Euphrat und Balich
KULTURSTUFE: –
DATIERUNG: Vermutlich 2. Hälfte III. Jahrtausend v. Chr.
DARSTELLUNG: Einachsiger Wagenaufsatz mit Frontschild, Hinterbock nebst Trittbrett und Bodenrahmen. Die Deichselbohrung verläuft schräg von oben nach unten. Achse mittelständig.

LITERATUR: Unpubliziert (demnächst Tall Bi^{c}a / Tuttul – V).

KATALOG-NR.: III a 14 (ABB. 19)

TYP: III a, Frontschildeinachser mit Hinterbock auf Scheibenrädern – Bodenrahmen vorhanden

KULTURKREIS: Elamisch
DENKMALSGESTALT: Modellteil, Frontschild abgebrochen ?
MATERIAL: Terracotta
MASSE: Höhe ca. 4,2 cm; Länge ca. 5,7 cm
HERKUNFT: Ausgrabung Susa (Šuš), ohne Fundstellenangabe, Chuzistan
KULTURSTUFE: –
DATIERUNG: Fraglich
DARSTELLUNG: Einachsiger Wagenaufsatz mit Frontschild, Hinterbock und Bodenrahmen, Achse mittelständig.

LITERATUR: Mecquenem, MDP XXIX: 125 f., 160, fig. 91 b:11.

TYP III b: FRONTSCHILDEINACHSER MIT HINTERBOCK AUF SCHEIBENRÄDERN – BODENRAHMEN FEHLT

KATALOG-NR.: III b 01 (ABB. 21)

TYP: III b, Frontschildeinachser mit Hinterbock auf Scheibenrädern – Bodenrahmen fehlt

KULTURKREIS: Zentralvorderasiatisch
DENKMALSGESTALT: Fragmentarisches Modellteil, Frontschild und Hinterbock (?) oben bestoßen
MATERIAL: Terracotta
MASSE: Höhe ca. 5 cm
HERKUNFT: Ausgrabung Nuzi (Yurġ/qan Tappah), L 4 Pavillon VI (30–12–93), Ostobertigrisgebiet
KULTURSTUFE: Reichsakkadische Zeit
DATIERUNG: Ca. 2440–2327 v. Chr.
DARSTELLUNG: Einachsiger Wagenaufsatz mit Frontschild und Hinterbock, Bodenrahmen fehlt. Deichselloch unter dem Frontschild. Achse in hinterständiger Achsröhre mit beidseits überstehenden Endstutzen.

LITERATUR: Starr, Nuzi II: 11, Pl. 54 H (unsere ABB.).
SEKUNDÄRLITERATUR: Salonen, Landfahrzeuge: 161, Tf. XV.

KATALOG-NR.: III b 02 (ABB. 22)

TYP: III b, Frontschildeinachser mit Hinterbock auf Scheibenrädern – Bodenrahmen fehlt

KULTURKREIS: Elamisch
DENKMALSGESTALT: Fragmentarisches Modellteil, Frontschild und Fahrerfigur abgebrochen
MATERIAL: Terracotta
MASSE: Länge 10,8 cm
HERKUNFT: Ausgrabung Susa (Šuš), ohne Fundstellenangabe, Chuzistan

KULTURSTUFE: –
DATIERUNG: Fraglich
DARSTELLUNG: Einachsiger Wagenaufsatz mit Frontschild, Hinterbock nebst Trittbrett und Fahrerfigur, Bock mit hochgezogenen Ecken. Bodenrahmen fehlt. Achse mittelständig mit beidseits überstehenden Endstutzen.

LITERATUR: Mecquenem, MDP XXIX: 125 f., 160, fig. 91 b:9.

KATALOG-NR.: III b 03 (ABB. 26)

TYP: III b, Frontschildeinachser mit Hinterbock auf Scheibenrädern – Bodenrahmen fehlt

KULTURKREIS: Zentralvorderasiatisch
DENKMALSGESTALT: Fragmentarisches Modellteil, Frontschild und Fahrerfigur (?) abgebrochen
MATERIAL: Terracotta
MASSE: Höhe 2,7 cm; Länge 8,0 cm; Breite 4,9 cm
HERKUNFT: Ausgrabung Tall Bi^{c}ah, Hügel E, Oberfläche (E:56), Nordwestmesopotamien, am Euphrat und Balich
KULTURSTUFE: –
DATIERUNG: Vermutlich 2. Hälfte III. Jahrtausend v. Chr.
DARSTELLUNG: Einachsiger Wagenaufsatz mit Frontschild und Hinterbock (oder Fahrerfigur?) nebst Trittbrett, Bodenrahmen fehlt. Achse in hinterständiger Achsröhre mit beidseits überstehenden Endstutzen. Vorne ein Deichselloch.

LITERATUR: Unpubliziert (demnächst Tall Bi^{c}a / Tuttul – V).

KATALOG-NR.: III b 04 (ABB. 27)

TYP: III b, Frontschildeinachser mit Hinterbock auf Scheibenrädern – Bodenrahmen fehlt

KULTURKREIS: Zentralvorderasiatisch
DENKMALSGESTALT: Fragmentarisches Modellteil, Frontschild und Hinterbock (oder Fahrerfigur ?) abgebrochen
MATERIAL: Terracotta
MASSE: Höhe 3,6 cm; Länge 8,3 cm; Breite 6,7 cm
HERKUNFT: Ausgrabung Tall Bi^{c}ah, 39/24, in einem Tannur des Wohnhauses am Tempel (39/24:38), Nordwestmesopotamien, am Euphrat und Balich
KULTURSTUFE: –
DATIERUNG: Fraglich
DARSTELLUNG: Einachsiger Wagenaufsatz mit Frontschild und Hinterbock (oder Fahrerfigur?) nebst Trittbrett, Bodenrahmen fehlt. Deichselloch unter dem Frontschild. Achse in hinterständiger Achsröhre mit beidseits überstehenden Endstutzen.

LITERATUR: Unpubliziert (demnächst Tall Bi^{c}a / Tuttul – V).

KATALOG-NR.: III b 05 (ABB. 29)

TYP: III b, Frontschildeinachser mit Hinterbock auf Scheibenrädern – Bodenrahmen fehlt

KULTURKREIS: Elamisch
DENKMALSGESTALT: Fragmentarisches Modellteil, Frontschild am Deichselloch abgebrochen
MATERIAL: Terracotta
MASSE: Länge ca. 8,1 cm; Breite ca. 7,2 cm
HERKUNFT: Ausgrabung Susa (Šuš), ohne Fundstellenangabe, Chuzistan
KULTURSTUFE: –
DATIERUNG: Fraglich
DARSTELLUNG: Einachsiger Wagenaufsatz mit Frontschild und Hinterbock, Wagenboden kreuzweise schraffiert, Parallellinien auf den überstehenden Enden der Achsröhre, Bodenrahmen fehlt. Deichselloch unter dem Frontschild. Achse in hinterständiger Achsröhre mit beidseits überstehenden Endstutzen.

LITERATUR: Mecquenem, MDP XXIX: 125 f., 160, fig. 91 b:7.

KATALOG-NR.: III b 06 (ABB. 24)

TYP: III b, Frontschildeinachser mit Hinterbock auf Scheibenrädern – Bodenrahmen fehlt

KULTURKREIS: Elamisch
DENKMALSGESTALT: Fragmentarisches Modellteil, Frontschild abgebrochen
MATERIAL: Terracotta
MASSE: Höhe ca. 6 cm; Länge ca. 10,8 cm
HERKUNFT: Ausgrabung Susa (Šuš), ohne Fundstellenangabe, Chuzistan
KULTURSTUFE: –
DATIERUNG: Fraglich
DARSTELLUNG: Einachsiger Wagenaufsatz mit Frontschild und Hinterbock nebst Trittbrett, Bock anscheinend mit hochgezogenen Ecken. Bodenrahmen fehlt. Achse hinterständig. Achsröhre mit beidseitig überstehenden Endstutzen.

LITERATUR: Mecquenem, MDP XXIX: 125 f., 160, fig. 91 b:6.

KATALOG-NR.: III b 07 (ABB. 23)

TYP: III b, Frontschildeinachser mit Hinterbock auf Scheibenrädern – Bodenrahmen fehlt

KULTURKREIS: Zentralvorderasiatisch
DENKMALSGESTALT: Fragmentarisches Modellteil, Frontschild bestoßen, Deichsel ergänzt
MATERIAL: Terracotta
MASSE: Höhe ca. 8,75 cm
HERKUNFT: Ausgrabung Nuzi (Yurġ/qan Tappah), L 4 Pavillon IV–V (29–3–51), Ostobertigrisgebiet
KULTURSTUFE: Reichsakkadische Zeit
DATIERUNG: Ca. 2440–2327 v. Chr.
DARSTELLUNG: Einachsiger Wagenaufsatz mit Frontschild und Hinterbock sowie schmalem Trittbrett, Bodenrahmen fehlt. Deichselloch vom Frontschild teilweise im Wagenboden und durch den Bock verlaufend. Achse hinterständig.

LITERATUR: Starr, Nuzi II: 11, Pl. 54 I (unsere ABB.).
SEKUNDÄRLITERATUR: Salonen, Landfahrzeuge: 161, Tf. XV, I.

KATALOG-NR.: III b 08 (ABB. 31)
TYP: III b, Frontschildeinachser mit Hinterbock auf Scheibenrädern – Bodenrahmen fehlt

KULTURKREIS: Zentralvorderasiatisch
DENKMALSGESTALT: Modellteil
MATERIAL: Terracotta
MASSE: Höhe ca. 4,4 cm; Länge ca. 4,4 cm; Breite ca. 3,3 cm
HERKUNFT: Ausgrabung Ḥalawwah, Schicht 2b (85Q130), Nordwestmesopotamien, am syrischen Euphrat
KULTURSTUFE: »Mittlere Bronzezeit I« (Ur III / Isin-Zeit bis Frühaltbabylonische Zeit)
DATIERUNG: Ca. 2200–1900 v. Chr.
DARSTELLUNG: Einachsiger Wagenaufsatz mit Frontschild und Hinterbock. Der Schild ist außen, innen und an den Kanten mit einem Fischgrätenmuster verziert, Bodenrahmen fehlt. Deichselloch unter dem Frontschild. Auf mittelständiger Achsröhre mit beidseits überstehenden Endstutzen.

LITERATUR: Meyer J., Orthmann edit. Halawa 1980/6: Abb. 12,7.

KATALOG-NR.: III b 09 (ABB. 28)
TYP: III b, Frontschildeinachser mit Hinterbock auf Scheibenrädern – Bodenrahmen fehlt

KULTURKREIS: Zentralvorderasiatisch
DENKMALSGESTALT: Modellteil
MATERIAL: Terracotta
MASSE: Höhe ca. 8 cm; Länge ca. 10 cm
HERKUNFT: Ausgrabung Tall ad Dayr, Schicht Ia,3 (D 160), Südmesopotamien
KULTURSTUFE: »Altbabylonisch«
DATIERUNG: Ca. 2040–1700 v. Chr.
DARSTELLUNG: Einachsiger Wagenaufsatz mit Frontschild und Hinterbock nebst Trittbrett, Bodenrahmen fehlt. Der Frontschild ist unter der Oberkante zweimal durchbohrt. Deichselloch unter dem Frontschild setzt sich mit einem Loch im Hinterbock fort. Achse in mittelständiger Achsröhre mit beidseits überstehenden Endstutzen.

LITERATUR: Gasche, Der I: 44, Pl. 26:5.

KATALOG-NR.: III b 10 (ABB. 25)
TYP: III b, Frontschildeinachser mit Hinterbock auf Scheibenrädern – Bodenrahmen fehlt

KULTURKREIS: Mittanisch ?
DENKMALSGESTALT: Fragmentarisches Modellteil, Frontschild und Hinterbock abgebrochen?
MATERIAL: Terracotta
MASSE: Länge ca. 7,5 cm
HERKUNFT: Ausgrabung Nuzi (Yurġ/qan Tappah), S 112 (28–11–443), Ostobertigrisgebiet
KULTURSTUFE: »Hurritische Periode«?

DATIERUNG: Ca. 1450–1350 v. Chr. ?
DARSTELLUNG: Einachsiger Wagenaufsatz mit Frontschild und Hinterbock? Bodenrahmen fehlt. Deichselloch vom abgebrochenen Frontschild setzt sich im Hinterbock fort. Achsröhrenstutzen vorhanden.

LITERATUR: Starr, Nuzi II: 25, Pl. 99 K.

KATALOG-NR.: III b 11 (ABB. 32)

TYP: III b, Frontschildeinachser mit Hinterbock auf Scheibenrädern – Bodenrahmen fehlt

KULTURKREIS: Mittanisch ?
DENKMALSGESTALT: Fragmentarisches Modellteil, Räder und Frontschild in der Zeichnung ergänzt
MATERIAL: Terracotta
MASSE: Höhe ca. 6,25 cm; Länge ca. 12,5 cm
HERKUNFT: Ausgrabung Nuzi (Yurġ/qan Tappah), schichtlos (28–11–445), Ostobertigrisgebiet
KULTURSTUFE: »Hurritische Periode« laut Ausgräber
DATIERUNG: Fraglich
DARSTELLUNG: Einachsiger Wagenaufsatz mit Frontschild und Hinterbock, Bodenrahmen fehlt. Deichselloch vom abgebrochenen Frontschild setzt sich im Hinterbock fort. Achse hinterständig mit beidseits überstehenden Endstutzen.

LITERATUR: Starr, Nuzi II: 25, Pl. 99 J (unsere ABB.).
SEKUNDÄRLITERATUR: Salonen, Landfahrzeuge: 162, Tf. XVII.

KATALOG-NR.: III b 12 (ABB. 33)

TYP: III b, Frontschildeinachser mit Hinterbock auf Scheibenrädern – Bodenrahmen fehlt

KULTURKREIS: Zentralvorderasiatisch
DENKMALSGESTALT: Fragmentarisches Modellteil, Frontschild abgebrochen
MATERIAL: Terracotta
MASSE: Höhe ca. 6,8 cm; Länge ca. 9 cm
HERKUNFT: Ausgrabung Nippur (Tall Nuffar), TA 188 X4 Foundation, Südmesopotamien
KULTURSTUFE: »Altbabylonisch«
DATIERUNG: Ca. 2040–1700 v. Chr.
DARSTELLUNG: Einachsiger Wagenaufsatz mit Frontschild und Hinterbock nebst Trittbrett, Bodenrahmen fehlt. Deichselloch vom Frontschild bis durch den Hinterbock. Achse in hinterständiger sehr dicker Achsröhre mit beidseits überstehenden Endstutzen.

LITERATUR: McCown, Nippur I: 94, Pl. 149 no. 10.

KATALOG-NR.: III b 13 (ABB. 30)

TYP: III b, Frontschildeinachser mit Hinterbock auf Scheibenrädern – Bodenrahmen fehlt

KULTURKREIS: Zentralvorderasiatisch

DENKMALSGESTALT: Fragmentarisches Modellteil, Frontschild über dem Deichselloch abgebrochen
MATERIAL: Terracotta
MASSE: Länge ca. 8,4 cm
HERKUNFT: Ausgrabung Nippur (Tall Nuffar), TB 21 II 1, Südmesopotamien
KULTURSTUFE: »Isin-Larsa-Zeit«
DATIERUNG: Ca. 2150–2040 v. Chr.
DARSTELLUNG: Einachsiger Wagenaufsatz mit Frontschild, Hinterbock und kleinem dreieckigem Trittbrett, Bodenrahmen fehlt. Deichselloch unter dem Frontschild. Achse in hinterständiger Achsröhre mit beidseits überstehenden Endstutzen.

LITERATUR: McCown, Nippur I: 94, Pl. 144 no. 7.

KATALOG-NR.: III b 14 (ABB. 35)

TYP: III b, Frontschildeinachser mit Hinterbock auf Scheibenrädern – Bodenrahmen fehlt

KULTURKREIS: Syrisch ?
DENKMALSGESTALT: Modellteil, Zugehörigkeit der Räder fraglich, Achse modern
MATERIAL: Terracotta
MASSE: Höhe 10 cm; Breite 6 cm
HERKUNFT: Ausgrabung Murek (Grab), 30 km nördlich von Ḥamah (= »Hamah H«), Zentralsyrien
KULTURSTUFE: –
DATIERUNG: Ende III. Jahrtausend v. Chr.
DARSTELLUNG: Einachsiges Wagengestell mit schmalem Frontschild, dessen Oberteil als brillenförmiger großer Doppelbügel nebst Mittelkrampe ausgebildet ist, dazu Fahrerfigur und Scheibenräder. Schild und ›Bügel‹ sind mit aufgesetzten Tonkügelchen verziert. Bodenrahmen fehlt. Deichselloch unter dem Frontschild. Achse in Achsröhre mit beidseits überstehenden Endstutzen.

LITERATUR: Ingholt, Hama 1932–8: 57, pl. XVII 1.
SEKUNDÄRLITERATUR: Bóna, ActaAHung 12: 91, Pl. LXVIII 6;
Buhl, Nat Mus East Coll Copenh: 81, no. 68;
Littauer, HdO Vehicles: 50 Anm. 7, Fig. 26 (unsere ABB.).
STANDORT: Nationalmuseum, Kopenhagen.

KATALOG-NR.: III b 15 (ABB. 36)

TYP: III b, Frontschildeinachser mit Hinterbock auf Scheibenrädern – Bodenrahmen fehlt

KULTURKREIS: Syrisch ?
DENKMALSGESTALT: Fragmentarisches Modellteil, Rad nicht zugehörig, Fahrerfigur ergänzt
MATERIAL: Terracotta
MASSE: Unbekannt
HERKUNFT: Ausgrabung Ḥamah, Schicht H (5A602), Zentralsyrien
KULTURSTUFE: –

DATIERUNG: Ende III. Jahrtausend v. Chr.
DARSTELLUNG: Einachsiger Wagenaufsatz mit sehr schmalem Frontschild. Brillenförmiger großer Doppelbügel als Schildabschluß, Fahrerfigur (?), Trittbrett. Bodenrahmen fehlt. Deichselloch unter dem Frontschild. Achse in mittelständiger Achsröhre mit beidseits überstehenden Endstutzen.

LITERATUR: Fugmann, Hama II 1: 110, fig. 139 5A602 (unsere ABB.); Ingholt, Hama 1932–8: 57 und Anm. 5.

KATALOG-NR.: III b 16 (ABB. 37)

TYP: III b, Frontschildeinachser mit Hinterbock auf Scheibenrädern – Bodenrahmen fehlt

KULTURKREIS: Syrisch
DENKMALSGESTALT: Fragmentarisches Modellteil, Frontschild und Hinterbock oder Fahrerfigur im oberen Teil abgebrochen, Räder nicht zugehörig
MATERIAL: Terracotta
MASSE: Länge ca. 5 cm; Breite ca. 4 cm
HERKUNFT: Ausgrabung Ḥamah, Schicht H, aus den Silos (3A214), Zentralsyrien
KULTURSTUFE: –
DATIERUNG: Ende III. Jahrtausend v. Chr.
DARSTELLUNG: Einachsiger Wagenaufsatz mit Frontschild und Hinterbock oder Fahrerfigur, Bodenrahmen fehlt. Schräg von oben nach unten verlaufendes Deichselloch unter dem Frontschild. Achse in mittelständiger Achsröhre mit beidseits überstehenden Endstutzen.

LITERATUR: Fugmann, Hama II 1: 92, fig. 110 S. 90.

KATALOG-NR.: III b 17 (ABB. 34)

TYP: III b, Frontschildeinachser mit Hinterbock auf Scheibenrädern – Bodenrahmen fehlt

KULTURKREIS: Syrisch ?
DENKMALSGESTALT: Fragmentarisches Modellteil, Frontschild und Hinterbock (oder Fahrerfigur ?) abgebrochen
MATERIAL: Terracotta
MASSE: Länge ca. 6,5 cm
HERKUNFT: Ausgrabung Ḥamah, Schicht H, O–12 (5A475), Zentralsyrien
KULTURSTUFE: –
DATIERUNG: Ende III. Jahrtausend v. Chr.
DARSTELLUNG: Einachsiger Wagenaufsatz mit Frontschild und Hinterbock oder Fahrerfigur nebst kleinem Trittbrett. Bodenrahmen fehlt. Schräg von oben nach unten verlaufendes Deichselloch unter dem Frontschild. Achse in mittelständiger Achsröhre mit überstehenden Endstutzen.

LITERATUR: Fugmann, Hama II 1: 106, fig. 132 B S. 108.

KATALOG-NR.: III b 18 (ABB. 39)

TYP: III b, Frontschildeinachser mit Hinterbock auf Scheibenrädern – Bodenrahmen fehlt

KULTURKREIS: Syrisch ?
DENKMALSGESTALT: Fragmentarisches Modellteil, Fahrerfigur bestossen, Zugehörigkeit der Räder fraglich
MATERIAL: Terracotta
MASSE: Höhe ca. 11,5 cm
HERKUNFT: Aleppo (Ḥalab), Al Anṣārī, Oberfläche, Nordsyrien
KULTURSTUFE: Fraglich
DATIERUNG: Vermutlich Ende III. Jahrtausend v. Chr.
DARSTELLUNG: Einachsiges Wagengestell mit Frontschild und Fahrerfigur nebst Scheibenrädern, Bodenrahmen fehlt. Der zunächst schmale Schild erweitert sich nach oben zu angedeuteter Doppelbügelform und ist dort mit aufgesetzten Tonkügelchen verziert. Deichselloch unter dem Frontschild. Achse in mittelständiger Achsröhre mit beidseits überstehenden Endstutzen.

LITERATUR: Suleiman, Akkadica 40: 1, Pl. V 54 (unsere ABB.).
SEKUNDÄRLITERATUR: Suleiman, Syria 64: pl. I 57.

KATALOG-NR.: III b 19 (ABB. 38) Fragwürdig

TYP: III b, Frontschildeinachser mit Hinterbock auf Scheibenrädern – Bodenrahmen fehlt

KULTURKREIS: Syrisch ?
DENKMALSGESTALT: Modellteil, Zugehörigkeit der Räder fraglich
MATERIAL: Terracotta
MASSE: Unbekannt
HERKUNFT: Kunsthandel? aus ›Syrien‹
KULTURSTUFE: Fraglich
DATIERUNG: Vermutlich Ende III. Jahrtausend v. Chr.
DARSTELLUNG: Einachsiges Wagengestell mit schmalem Frontschild, dessen Kopf ein brillenförmiger großer Doppelbügel bildet. Zweierbesatzung mit gemeinsamem Standfuß. Bodenrahmen fehlt. Deichselloch unter dem Frontschild. Achse mittelständig, mit Scheibenrädern.

LITERATUR: Sirkis edit. Bibl Mus Jerusalem: 42.
STANDORT: Bible Lands Museum, Jerusalem.

KATALOG-NR.: III b 20 (ABB. 42)

TYP: III b, Frontschildeinachser mit Hinterbock auf Scheibenrädern – Bodenrahmen fehlt

KULTURKREIS: Elamisch
DENKMALSGESTALT: Modellteil, Deichsel modern, Zugehörigkeit der Räder fraglich
MATERIAL: Terracotta
MASSE: Unbekannt
HERKUNFT: Ausgrabung Susa (Šuš) 1897, ohne Fundstellenangabe, Chuzistan
KULTURSTUFE: –
DATIERUNG: Fraglich

DARSTELLUNG: Einachsiges/r Wagengestell oder -aufsatz mit Frontschild und Hinterbock nebst angedeutetem Trittbrett und Scheibenrädern. Bodenrahmen fehlt. Deichselloch unter dem Frontschild. Achse vorderständig.

LITERATUR: Forrer, Préhistoire 1: fig. 7,2.
SEKUNDÄRLITERATUR: Tarr, Karren: 47, Abb. 61 (unsere ABB.).
STANDORT: Louvre, Sammlung Morgan, Paris.

KATALOG-NR.: III b 21 (ABB. 40)

TYP: III b, Frontschildeinachser mit Hinterbock auf Scheibenrädern – Bodenrahmen fehlt

KULTURKREIS: Kappadokisch
DENKMALSGESTALT: Modellteil, Zugehörigkeit der Räder fraglich
MATERIAL: Terracotta
MASSE: Höhe 7,1 cm; Länge 5,4 cm; Breite 4,1 cm
HERKUNFT: Kunsthandel, angeblich aus der Umgebung von Gaziantep (Aintab), Südzentralanatolien
KULTURSTUFE: –
DATIERUNG: Ca. 2120–1880 v. Chr.
DARSTELLUNG: Einachsiges Wagengestell mit Frontschild, Hinterbock nebst Trittbrett und Scheibenrädern. Bodenrahmen fehlt. Der Schild ist außen mit zwei sich kreuzenden Diagonallinien verziert. Deichselloch unter dem Frontschild. Achse mittelständig.

LITERATUR: Uzunoğlu, Edgü edit., Anatol Civil Istanbul I: S. 177 Nr. A.463 und Farbtf. 5 nach S. 36 oben links A.463 (fälschlich »A.462«).
STANDORT: Museum Gaziantep.

KATALOG-NR.: III b 22 (ABB. 41)

TYP: III b, Frontschildeinachser mit Hinterbock auf Scheibenrädern – Bodenrahmen fehlt

KULTURKREIS: Zentralvorderasiatisch
DENKMALSGESTALT: Modellteil, Deichsel und Achse modern, Räder nicht zugehörig
MATERIAL: Terracotta
MASSE: Höhe und Breite 13,2 cm
HERKUNFT: Ausgrabung Assur (Aš Šarqat / Qal^{c}at Šarqat), Archaischer Ištar-Tempel E (Ass 7498), Mittelmesopotamien
KULTURSTUFE: Neusumerische Zeit
DATIERUNG: Ca. 2327–2040 v. Chr.
DARSTELLUNG: Einachsiger Wagenaufsatz mit Hinterbock und Frontschild nebst Trittbrett. Der Frontschild ist oben brillenförmig geschwungen und zweimal durchbohrt. Bodenrahmen fehlt. Bock mit hochgezogenen Ecken. Achse in vorderständiger Achsröhre mit beidseits überstehenden Endstutzen. Schräg von oben nach unten verlaufendes Deichselloch unter dem Frontschild.

LITERATUR: Andrae, Assur Arch Ischtar: 105, Tf. 61 c–e.
SEKUNDÄRLITERATUR: Andrae, Assur: 80, Tf. 38 b;
Christian, Altertum Zweistrom I Taf.: Tf. 444,7;

Klengel-Brandt, FuB 12: 33, Tf. 2,1 (unsere ABB. von der rechten Seite);
Klengel-Brandt, Terra Assur VA Bln: 113, Tf. 24 Nr. 766 (keine Schichtangabe);
Klengel-Brandt, Jakob-Rost, VA Mus Berlin: 148 Nr. 90;
Littauer, HdO Vehicles: 40 Anm. 11, Fig. 20 (unsere ABB. von hinten);
Tarr, Karren: 47, Abb. 59.

STANDORT: Vorderasiatisches Museum, Berlin (VA 7899).

KATALOG-NR.: III b 23 (ABB. 43)

TYP: III b, Frontschildeinachser mit Hinterbock auf Scheibenrädern – Bodenrahmen fehlt

KULTURKREIS: Zentralvorderasiatisch
DENKMALSGESTALT: Modellteil
MATERIAL: Terracotta
MASSE: Länge ca. 7 cm
HERKUNFT: Ausgrabung Tall Tāyā (Ṭāyā), Schicht III »Workshop« (TA 2325a), Nordostmesopotamien
KULTURSTUFE: »Altbabylonisch«, Zeit des Šamšiadad I. von Assur
DATIERUNG: Um 1900 v. Chr.
DARSTELLUNG: Einachsiger Wagenaufsatz mit Frontschild und Hinterbock nebst Trittbrett. Bodenrahmen fehlt. Achse hinterständig. Achsröhre mit beidseits überstehenden Endstutzen.

LITERATUR: Reade, Iraq 35: 171, Pl. 70 d rechts.

KATALOG-NR.: III b 24 (ABB. 44)

TYP: III b, Frontschildeinachser mit Hinterbock auf Scheibenrädern – Bodenrahmen fehlt

KULTURKREIS: Fraglich
DENKMALSGESTALT: Fragmentarisches Modellteil, Hinterbock abgebrochen, Zugehörigkeit der Räder fraglich
MATERIAL: Terracotta
MASSE: Höhe 9,1 cm
HERKUNFT: Kunsthandel, angeblich aus ›Syrien‹
KULTURSTUFE: –
DATIERUNG: Fraglich
DARSTELLUNG: Einachsiges Wagengestell mit Frontschild und Hinterbock, Bodenrahmen fehlt. Hinten am Wagenboden angesetztes Trittbrett. Achse vorderständig, auf Scheibenrädern.

LITERATUR: Ohlig, Gackstätter, Ant Kab I Frankf: Nr. 211.

TYP III c: FRONTSCHILDEINACHSER MIT HINTERBOCK AUF SCHEIBENRÄDERN – BODENRAHMEN FEHLT – FRONTSCHILDRELIEF

KATALOG-NR.: III c 01 (ABB. 45)

TYP: III c, Frontschildeinachser mit Hinterbock auf Scheibenrädern – Bodenrahmen fehlt – Frontschildrelief

KULTURKREIS: Zentralvorderasiatisch
DENKMALSGESTALT: Fragmentarisches Modellteil, Frontschild oben links bestoßen, Zugehörigkeit der Räder fraglich
MATERIAL: Terracotta
MASSE: Höhe 10,5 cm; Länge 8,8 cm
HERKUNFT: Ausgrabung Mari (Maeri / Ma'ri / Tall Ḥarīrī; M.1499), Mittelmesopotamien
KULTURSTUFE: Neusumerische Zeit
DATIERUNG: Ca. 2327–2160 v. Chr.
DARSTELLUNG: Einachsiges Wagengestell mit Frontschild und Hinterbock nebst Trittbrett, Bodenrahmen fehlt. Der Schild ist auf der Innenseite mit einem Relief aus konzentrischen Rechtecken bedeckt und war unter der Oberkante sicher zweimal durchbohrt. Deichselloch unter dem Frontschild und damit korrespondierend ein Loch durch den Hinterbock. Achse in hinterständiger Achsröhe mit beidseits überstehenden Endstutzen, auf Scheibenrädern.

LITERATUR: Parrot, Mari II 3: 79, fig. 62 (unsere ABB.), pl. XXXI 1499.
STANDORT: Nationalmuseum, Aleppo.

KATALOG-NR.: III c 02 (ABB. 46)

TYP: III c, Frontschildeinachser mit Hinterbock auf Scheibenrädern – Bodenrahmen fehlt – Frontschildrelief

KULTURKREIS: Zentralvorderasiatisch
DENKMALSGESTALT: Modellteil, Zugehörigkeit der Räder fraglich
MATERIAL: Terracotta
MASSE: Unbekannt
HERKUNFT: Ausgrabung Tall Lawḥ (Tello), ohne Fundstellenangabe, Südmesopotamien
KULTURSTUFE: Neusumerische Zeit
DATIERUNG: Ca. 2327–2040 v. Chr.
DARSTELLUNG: Einachsiges Wagengestell mit Frontschild, Hinterbock nebst Trittbrett, Bodenrahmen fehlt. Auf der Innenseite des Schildes ein Relief: Mondsichel und Sonnenscheibe auf Ständern, Symbole für Sîn und Šamaš. Darunter ein gerahmtes Feld mit kleinen Kreisen. Deichselloch unter dem Frontschild und damit korrespondierend ein Loch durch den Hinterbock. Achse in hinterständiger Achsröhre mit beidseits überstehenden Endstutzen, auf Scheibenrädern.

LITERATUR: Parrot, Tello: 264, fig. 53 f.

KATALOG-NR.: III c 03 (ABB. 47)

TYP: III c, Frontschildeinachser mit Hinterbock auf Scheibenrädern – Bodenrahmen fehlt – Frontschildrelief

KULTURKREIS: Zentralvorderasiatisch
DENKMALSGESTALT: Fragmentarisches Modellteil, nur etwa 2/3 des Frontschildes erhalten
MATERIAL: Terracotta
MASSE: Höhe 9,5; Breite 8 cm
HERKUNFT: Ausgrabung Tall Lawḥ (Tello) 1932, ohne Fundstellenangabe, Südmesopotamien
KULTURSTUFE: Vermutlich Neusumerische Zeit bis Frühaltbabylonische Zeit
DATIERUNG: Vermutlich ca. 2327–2040–1870 v. Chr.
DARSTELLUNG: Frontschild eines (vermutlich einachsigen) Wagengestells: unter der Oberkante zweimal durchbohrt, auf der Innenseite ein Relief: Mondsichel und Sonnenscheibe auf Ständern, dazwischen ein Stern und eine Rosette aus kleinen Kreisen, darunter ein gerahmtes Feld mit kleinen Kreisen.

LITERATUR: Barrelet, Figurines I: 176, 178, pl. XI 117.
STANDORT: Louvre, Paris (AO 16765).

KATALOG-NR.: III c 04 (ABB. 48)

TYP: III c, Frontschildeinachser mit Hinterbock auf Scheibenrädern – Bodenrahmen fehlt – Frontschildrelief

KULTURKREIS: Zentralvorderasiatisch
DENKMALSGESTALT: Fragmentarisches Modellteil, nur Frontschild erhalten, oben und unten bestoßen
MATERIAL: Terracotta
MASSE: Höhe 6,7 cm; Breite 6 cm
HERKUNFT: Ausgrabung Larsa (Sunqarah) 1933, Sondages 4–12, Südmesopotamien
KULTURSTUFE: Vermutlich Neusumerische Zeit bis Frühaltbabylonische Zeit
DATIERUNG: Vermutlich ca. 2327–2040–1870 v. Chr.
DARSTELLUNG: Frontschild eines (vermutlich einachsigen) Wagengestells, auf der Innenseite Oberteil eines Reliefs erhalten: Mondsichel und Sonnenscheibe, Punkte.

LITERATUR: Barrelet, Figurines I: 306 f., pl. LII 552.
STANDORT: Louvre, Paris (AO 20195).

KATALOG-NR.: III c 05 (ABB. 49)

TYP: III c, Frontschildeinachser mit Hinterbock auf Scheibenrädern – Bodenrahmen fehlt – Frontschildrelief

KULTURKREIS: Zentralvorderasiatisch
DENKMALSGESTALT: Fragmentarisches Modellteil, nur Frontschild etwa zur Hälfte erhalten
MATERIAL: Terracotta
MASSE: Höhe 7,1 cm; Breite 7,7 cm

HERKUNFT: Ausgrabung Larsa (Sunqarah) 1933, Sondages 4–12, Südmesopotamien
KULTURSTUFE: Vermutlich Neusumerische Zeit bis Frühaltbabylonische Zeit
DATIERUNG: Vermutlich ca. 2327–2040–1870 v. Chr.
DARSTELLUNG: Frontschild eines (vermutlich einachsigen) Wagengestells, an der Innenseite Oberteil eines Reliefs erhalten: Mondsichel und Sonnenscheibe auf Ständern, Punkte. Schild unter der Oberkante zweimal durchbohrt.

LITERATUR: Barrelet, Figurines I: 306 f., pl. LII 551.
STANDORT: Louvre, Paris (AO 20196).

KATALOG-NR.: III c 06 (ABB. 50)

TYP: III c, Frontschildeinachser mit Hinterbock auf Scheibenrädern – Bodenrahmen fehlt – Frontschildrelief

KULTURKREIS: Zentralvorderasiatisch
DENKMALSGESTALT: Fragmentarisches Modellteil, nur Frontschild erhalten, seine Oberkante bestoßen
MATERIAL: Terracotta
MASSE: Höhe 11 cm; Breite 6,2 cm
HERKUNFT: Ausgrabung Larsa (Sunqarah) 1933, Sondages 4–12, Südmesopotamien
KULTURSTUFE: Vermutlich Neusumerische Zeit bis Frühaltbabylonische Zeit
DATIERUNG: Vermutlich ca. 2327–2040–1870 v. Chr.
DARSTELLUNG: Frontschild eines (vermutlich einachsigen) Wagengestells, an der Innenseite ein Relief: zwei Sonnenscheiben, darunter eine Mondsichel jeweils auf einem Ständer. Deichselloch unter dem Frontschild. Ansatz einer Achsröhre mit beidseits überstehenden Endstutzen.

LITERATUR: Barrelet, Figurines I: 306 f., pl. LII 550.
STANDORT: Louvre, Paris (AO 16962).

KATALOG-NR.: III c 07 (ABB. 51)

TYP: III c, Frontschildeinachser mit Hinterbock auf Scheibenrädern – Bodenrahmen fehlt – Frontschildrelief

KULTURKREIS: Zentralvorderasiatisch
DENKMALSGESTALT: Modellteil
MATERIAL: Terracotta
MASSE: Höhe 17 cm; Länge 14 cm
HERKUNFT: Ausgrabung Kiš (Tall al Uḥaymir), Tempel E-mete-ursag, Südmesopotamien
KULTURSTUFE: Frühaltbabylonische Zeit
DATIERUNG: Ca. 2040–1870 v. Chr.
DARSTELLUNG: Einachsiger Wagenaufsatz mit Frontschild und Hinterbock, Bodenrahmen fehlt. Auf der Innenseite des Schildes ein Relief: die Göttin Istar, die in der erhobenen linken Hand eine Kombinationswaffe aus zwei Krummbeilen mit Löwenköpfen und einer Keule hält, in der gesenkten rechten ein Krummbeil. Rosette aus acht Punkten. Der Schild ist unter der Oberkante zweimal durchbohrt. Deichselloch unter dem Frontschild und damit korrespondierend

ein Loch durch den Hinterbock. Achse in hinterständiger Achsröhre. Achsröhre mit beidseits überstehenden Endstutzen.

LITERATUR: Langdon, Kish I: 67, Pl. VII 2 (unsere ABB.).
SEKUNDÄRLITERATUR: Strommenger, Eden Berlin: 150, Nr. 114.
STANDORT: Iraq Museum, Baġdād (IM 1776).

KATALOG-NR.: III c 08 (ABB. 53)

TYP: III c, Frontschildeinachser mit Hinterbock auf Scheibenrädern – Bodenrahmen fehlt – Frontschildrelief

KULTURKREIS: Zentralvorderasiatisch
DENKMALSGESTALT: Fragmentarisches Modellteil, nur Oberteil des Frontschildes erhalten
MATERIAL: Terracotta
MASSE: Unbekannt
HERKUNFT: Ausgrabung Kiš (Tall al Uḥaymir + Tall Inġarrah) 1912, ohne Fundstellenangabe, Südmesopotamien
KULTURSTUFE: Vermutlich Neusumerische Zeit bis Frühaltbabylonische Zeit
DATIERUNG: Vermutlich ca. 2327–2040–1870 v. Chr.
DARSTELLUNG: Frontschild eines (vermutlich einachsigen) Wagengestells, unter der Oberkante zweimal durchbohrt. Auf der Innenseite Oberteil eines Reliefs erhalten: Kopf vermutlich der Göttin Ištar entsprechend ABB. 51, Rosette aus Punkten.

LITERATUR: Barrelet, Figurines I: 332, pl. LIX 624 (unsere ABB.);
Genouillac, Kich II: 21 P. 86 [pl. VII 6 bildet etwas anderes ab !].
SEKUNDÄRLITERATUR: Buren, Clay Figurines: 1273 (dort ohne Abb.).
STANDORT: Louvre, Paris (AO 10480).

KATALOG-NR.: III c 09 (ABB. 52)

TYP: III c, Frontschildeinachser mit Hinterbock auf Scheibenrädern – Bodenrahmen fehlt – Frontschildrelief

KULTURKREIS: Zentralvorderasiatisch
DENKMALSGESTALT: Fragmentarisches Modellteil, nur Oberteil des Frontschildes erhalten
MATERIAL: Terracotta
MASSE: Höhe 6,7 cm; Breite 7,6 cm
HERKUNFT: Ausgrabung Kiš (Tall al Uḥaymir + Tall Inġarrah) 1912, ohne Fundstellenangabe, Südmesopotamien
KULTURSTUFE: Vermutlich Neusumerische Zeit bis Frühaltbabylonische Zeit
DATIERUNG: Vermutlich ca. 2327–2040–1870 v. Chr.
DARSTELLUNG: Frontschild eines (vermutlich einachsigen) Wagengestells, unter der Oberkante sicher zweimal durchbohrt. Auf der Innenseite Oberteil eines Reliefs erhalten: Kopf vermutlich der Göttin Ištar entsprechend ABB. 51, Rosette aus Punkten.

LITERATUR: Barrelet, Figurines I: 332, pl. LIX 625 (unsere ABB.);
Genouillac, Kich II: 21 P. 83, pl. V 2.
SEKUNDÄRLITERATUR: Buren, Clay Figurines: 1273 (dort ohne Abb.).

STANDORT: Louvre, Paris (AO 10477).

KATALOG-NR.: III c 10 (ABB. 54)

TYP: III c, Frontschildeinachser mit Hinterbock auf Scheibenrädern – Bodenrahmen fehlt – Frontschildrelief

KULTURKREIS: Zentralvorderasiatisch
DENKMALSGESTALT: Fragmentarisches Modellteil, Frontschild oben links bestoßen, Zugehörigkeit der Räder fraglich
MATERIAL: Terracotta
MASSE: Höhe 18 cm; Länge 7,5 cm
HERKUNFT: Kunsthandel, vermutlich aus Uruk (Warka')
KULTURSTUFE: Vermutlich Frühaltbabylonische Zeit
DATIERUNG: Vermutlich ca. 2040–1870 v. Chr.
DARSTELLUNG: Einachsiges Wagengestell mit Frontschild und durchbohrtem Hinterbock nebst Trittbrett auf Scheibenrädern. Bodenrahmen fehlt. Auf der Innenseite des Schildes ein Relief: stehender Gott im Schlitzrock stützt das vorgesetzte Bein auf einen Sockel und hält in der vorgestreckten Hand eine Kombinationswaffe aus zwei Krummbeilen mit Löwenköpfen und einer Keule; darüber Mondsichel und zwei Sonnenscheiben. Der Schild ist unter der Oberkante zweimal durchbohrt. Deichselloch unter dem Frontschild und damit korrespondierend ein Loch durch den Hinterbock. Achse in hinterständiger Achsröhre mit beidseits überstehenden Endstutzen.

LITERATUR: Barrelet, Figurines I: 381, pl. LXXI 741.
STANDORT: Louvre, Paris (AO 6687).

KATALOG-NR.: III c 11 (ABB. 55)

TYP: III c, Frontschildeinachser mit Hinterbock auf Scheibenrädern – Bodenrahmen fehlt – Frontschildrelief

KULTURKREIS: Zentralvorderasiatisch
DENKMALSGESTALT: Fragmentarisches Modellteil, Hinterbock abgebrochen
MATERIAL: Terracotta
MASSE: Unbekannt
HERKUNFT: Kunsthandel ?
KULTURSTUFE: Vermutlich »Altbabylonisch«
DATIERUNG: Vermutlich ca. 2040–1700 v. Chr.
DARSTELLUNG: Einachsiger Wagenaufsatz mit Frontschild und Hinterbock. Auf der Innenseite des Schildes ein Relief: stehender Gott im Schlitzrock stützt das vorgesetzte Bein auf einen Sockel und hält in der vorstreckten Hand eine Waffe(?); darüber Mondsichel und Sonnenscheibe. Der Schild ist unter der Oberkante zweimal durchbohrt. Deichselloch unter dem Frontschild.

LITERATUR: Heuzey, Origines orientales: 379, fig. A, pl. XVI,1.

KATALOG-NR.: III c 12 (ABB. 56)

TYP: III c, Frontschildeinachser mit Hinterbock auf Scheibenrädern – Bodenrahmen fehlt – Frontschildrelief

KULTURKREIS: Zentralvorderasiatisch
DENKMALSGESTALT: Fragmentarisches Modellteil, nur Oberteil des Frontschildes erhalten
MATERIAL: Terracotta
MASSE: Höhe 8 cm
HERKUNFT: Ausgrabung Ur (Tall Muqayyar), Fundnr. U.16987, Südmesopotamien
KULTURSTUFE: »Larsazeit« (Frühaltbabylonische Zeit)
DATIERUNG: Ca. 2040–1870 v. Chr.
DARSTELLUNG: Frontschild eines (vermutlich einachsigen) Wagengestells, auf der Innenseite ein Relief: stehender Gott im Schlitzrock mit einer Waffe in der erhobenen Hand, davor Mondsichel auf Ständer. Der Schild ist unter der Oberkante zweimal durchbohrt.

LITERATUR: Woolley, UE VII: 171 f., 181, Pl. 89:219.

KATALOG-NR.: III c 13 (ABB. 57)

TYP: III c, Frontschildeinachser mit Hinterbock auf Scheibenrädern – Bodenrahmen fehlt – Frontschildrelief

KULTURKREIS: Zentralvorderasiatisch
DENKMALSGESTALT: Fragmentarisches Modellteil, nur Frontschild erhalten
MATERIAL: Terracotta
MASSE: Höhe 14,1 cm
HERKUNFT: Ausgrabung Nippur (Tall Nuffar), TA 153 X 2, Cat.-no. 3N174, Südmesopotamien
KULTURSTUFE: »Altbabylonisch«
DATIERUNG: Ca. 2040–1700 v. Chr.
DARSTELLUNG: Frontschild eines (vermutlich einachsigen) Wagengestells, auf der Innenseite ein Relief: stehende Person mit Hörnerkrone (?). Deichselloch unter dem Frontschild.

LITERATUR: McCown, Nippur I: Pl. 135:3.

KATALOG-NR.: III c 14 (ABB. 61)

TYP: III c, Frontschildeinachser mit Hinterbock auf Scheibenrädern – Bodenrahmen fehlt – Frontschildrelief

KULTURKREIS: Zentralvorderasiatisch
DENKMALSGESTALT: Fragmentarisches Modellteil, nur Mittelteil des Frontschildes erhalten
MATERIAL: Terracotta
MASSE: Höhe 9 cm; Breite 5,2 cm
HERKUNFT: Ausgrabung Larsa (Sunqarah) 1933, Sondages 4–12, Südmesopotamien
KULTURSTUFE: Vermutlich Neusumerische Zeit bis Frühaltbabylonische Zeit
DATIERUNG: Vermutlich ca. 2327–2040–1870 v. Chr.
DARSTELLUNG: Frontschild eines (vermutlich einachsigen) Wagengestells, auf der Innenseite ein Relief: stehende Gottheit im Schlitzrock, das vorgesetzte Bein auf einen Sockel gestützt, darüber zwei Mondsicheln und eine Sonnenscheibe.

LITERATUR: Barrelet, Figurines I: 305 f., pl. LII 549.
STANDORT: Louvre, Paris (AO 16960).

KATALOG-NR.: III c 15 (ABB. 60)

TYP: III c, Frontschildeinachser mit Hinterbock auf Scheibenrädern – Bodenrahmen fehlt – Frontschildrelief

KULTURKREIS: Zentralvorderasiatisch
DENKMALSGESTALT: Fragmentarisches Modellteil, nur Oberteil des Frontschildes erhalten
MATERIAL: Terracotta
MASSE: Höhe 6,2 cm; Breite 8,1 cm
HERKUNFT: Ausgrabung Kiš (Tall al Uḥaymir + Tall Inġarrah) 1912, ohne Fundstellenangabe, Südmesopotamien
KULTURSTUFE: Vermutlich Neusumerische Zeit bis Frühaltbabylonische Zeit
DATIERUNG: Vermutlich ca. 2327–2040–1870 v. Chr.
DARSTELLUNG: Frontschild eines (vermutlich einachsigen) Wagengestells, auf der Innenseite Oberteil eines Reliefs erhalten: Kopf eines Gottes mit spitzer Kappe und Keule in der erhobenen Hand. Der Schild ist unter der Oberkante zweimal durchbohrt.

LITERATUR: Barrelet, Figurines I: 329, pl. LVIII 615 (unsere ABB.);
Genouillac, Kich II: 21 P. 92, pl. III 4.
SEKUNDÄRLITERATUR: Buren, Clay Figurines: 1255, Fig. 305.
STANDORT: Louvre, Paris (AO 10486).

KATALOG-NR.: III c 16 (ABB. 58)

TYP: III c, Frontschildeinachser mit Hinterbock auf Scheibenrädern – Bodenrahmen fehlt – Frontschildrelief

KULTURKREIS: Zentralvorderasiatisch
DENKMALSGESTALT: Fragmentarisches Modellteil, nur Mittelteil des Frontschildes erhalten
MATERIAL: Terracotta
MASSE: Höhe 11,3 cm; Breite 6,8 cm
HERKUNFT: Ausgrabung Kiš (Tall al Uḥaymir + Tall Inġarrah) 1912, ohne Fundstellenangabe, Südmesopotamien
KULTURSTUFE: Vermutlich Neusumerische Zeit bis Frühaltbabylonische Zeit
DATIERUNG: Vermutlich ca. 2327–2040–1870 v. Chr.
DARSTELLUNG: Frontschild eines (vermutlich einachsigen) Wagengestells, auf der Innenseite ein Relief: stehende Göttin Ištar entsprechend ABB. 51.

LITERATUR: Barrelet, Figurines I: 332, pl. LIX 625 bis;
Genouillac, Kich II: 21 P. 84, pl. IX 2 (unsere ABB.).
SEKUNDÄRLITERATUR: Buren, Clay Figurines: 1274, Fig. 313.
STANDORT: Louvre, Paris (AO 10478).

KATALOG-NR.: III c 17 (ABB. 63)

TYP: III c, Frontschildeinachser mit Hinterbock auf Scheibenrädern – Bodenrahmen fehlt – Frontschildrelief

KULTURKREIS: Fraglich (Zentralvorderasiatisch ?)
DENKMALSGESTALT: Fragmentarisches Modellteil, Frontschild links oben bestoßen, Zugehörigkeit der Räder fraglich
MATERIAL: Terracotta
MASSE: Höhe 16 cm; Länge 7,5 cm
HERKUNFT: Kunsthandel, aus Baġdād
KULTURSTUFE: Vermutlich Frühaltbabylonische Zeit
DATIERUNG: Vermutlich ca. 2040–1870 v. Chr.
DARSTELLUNG: Einachsiges Wagengestell oder -aufsatz mit Frontschild und Hinterbock nebst Trittbrett, Bodenrahmen fehlt. Auf der Innenseite des Schildes ein Relief: ein sitzender Gott, vor ihm eine Sonnenscheibe (?), darüber zwei Mondsicheln, alle auf Ständern. Der Schild ist unter der Oberkante zweimal durchbohrt. Deichselloch unter dem Frontschild und damit korrespondierend ein Loch durch den Hinterbock. Achse in hinterständiger Achsröhre mit beidseits überstehenden Endstutzen. Darauf auf jeder Seite zwei Linien. Auf Scheibenrädern.

LITERATUR: Barrelet, Figurines I: 176, 380 f., pl. LXXI 740 (unsere ABB. mit Rädern);
Heuzey, Origines orientales: 384 f., pl. XVI, 3 (unsere ABB. ohne Räder).
SEKUNDÄRLITERATUR: Buren, Clay Figurines: 1259 (dort ohne Abb., falsche AO-Nummer);
Tarr, Karren: 51, Abb. 70.
STANDORT: Louvre, Paris (AO 4502).

KATALOG-NR.: III c 18 (ABB. 62)

TYP: III c, Frontschildeinachser mit Hinterbock auf Scheibenrädern – Bodenrahmen fehlt – Frontschildrelief

KULTURKREIS: Zentralvorderasiatisch
DENKMALSGESTALT: Modellteil
MATERIAL: Terracotta
MASSE: Höhe 16,5 cm
HERKUNFT: Ausgrabung Ur (Tall Muqayyar), Ḫendur-sag-Tempel, Fundnr. U.16938, Südmesopotamien
KULTURSTUFE: »Altbabylonisch«
DATIERUNG: Ca. 2040–1700 v. Chr.
DARSTELLUNG: Einachsiger Wagenaufsatz mit Frontschild und Hinterbock, Bodenrahmen fehlt. Auf der Innenseite des Schildes ein Relief: ein Stiermensch mit Hörnerkrone vor einem Pfosten; darüber Mondsichel und Sonnenscheibe auf Ständern. Der Schild ist unter der Oberkante zweimal durchbohrt. Deichselloch unter dem Frontschild und damit korrespondierend ein Loch durch den Hinterbock. Achse in hinterständiger Achsröhre mit beidseits überstehenden Endstutzen. Darauf auf jeder Seite zwei Linien.

LITERATUR: Woolley, UE VII: 181, Pl. 89, 220 (unsere ABB.).
SEKUNDÄRLITERATUR: Wiseman, Iraq 22: 170, Pl. 24 e.

KATALOG-NR.: III c 19 (ABB. 59)

TYP: III c, Frontschildeinachser mit Hinterbock auf Scheibenrädern – Bodenrahmen fehlt – Frontschildrelief

KULTURKREIS: Zentralvorderasiatisch
DENKMALSGESTALT: Fragmentarisches Modellteil, nur Frontschild erhalten
MATERIAL: Terracotta
MASSE: Höhe 13,2 cm; Breite 8,8 cm
HERKUNFT: Ausgrabung Kiš (Tall al Uḥaymir + Tall Inġarrah) 1912, ohne Fundstellenangabe, Südmesopotamien
KULTURSTUFE: Vermutlich Neusumerische Zeit bis Frühaltbabylonische Zeit
DATIERUNG: Vermutlich ca. 2327–2040–1870 v. Chr.
DARSTELLUNG: Frontschild eines (vermutlich einachsigen) Wagengestells, auf der Innenseite ein Relief: auf einem Löwen stehende Göttin Ištar, in der erhobenen Hand einen Bogen, in der nach unten gehaltenen ein Krummbeil, hinter ihr eine Sonnenscheibe. Der Schild ist unter der Oberkante zweimal durchbohrt. Deichselloch unter dem Frontschild.

LITERATUR: Barrelet, Figurines I: 332, pl. LIX 623;
Genouillac, Kich II: 21 P. 85, pl. VIII 1 (unsere ABB.).
SEKUNDÄRLITERATUR: Buren, Clay Figurines: 1272 Fig. 312.
STANDORT: Louvre, Paris (AO 10479).

KATALOG-NR.: III c 20 (ABB. 66)

TYP: III c, Frontschildeinachser mit Hinterbock auf Scheibenrädern – Bodenrahmen fehlt – Frontschildrelief

KULTURKREIS: Zentralvorderasiatisch
DENKMALSGESTALT: Fragmentarisches Modellteil, nur untere Hälfte des Frontschildes erhalten
MATERIAL: Terracotta
MASSE: Höhe 8,5 cm; Breite 6,7 cm
HERKUNFT: Ausgrabung Kiš (Tall al Uḥaymir + Tall Inġarrah) 1912, ohne Fundstellenangabe, Südmesopotamien
KULTURSTUFE: Vermutlich Neusumerische Zeit bis Frühaltbabylonische Zeit
DATIERUNG: Vermutlich ca. 2327–2040–1870 v. Chr.
DARSTELLUNG: Frontschild eines (vermutlich einachsigen) Wagengestells, auf der Innenseite Unterteil eines Reliefs erhalten: Beine einer stehenden Person. Ein Bein auf einen liegenden Unterworfenen gestützt. Deichselloch unter dem Frontschild.

LITERATUR: Barrelet, Figurines I: 333, pl. LIX 627;
Genouillac, Kich II: 21 P. 87, pl. IX 5 (unsere ABB.).
SEKUNDÄRLITERATUR: Buren, Clay Figurines: 1252 (dort ohne Abb.).
STANDORT: Louvre, Paris (AO 10481).

KATALOG-NR.: III c 21 (ABB. 64)

TYP: III c, Frontschildeinachser mit Hinterbock auf Scheibenrädern – Bodenrahmen fehlt – Frontschildrelief

KULTURKREIS: Zentralvorderasiatisch

DENKMALSGESTALT: Fragmentarisches Modellteil, nur Frontschild erhalten
MATERIAL: Terracotta
MASSE: Höhe 14,4 cm; Breite 7,2 cm
HERKUNFT: Ausgrabung Kiš (Tall al Uḫaymir + Tall Inġarrah) 1912, ohne Fundstellenangabe, Südmesopotamien
KULTURSTUFE: Vermutlich Frühaltbabylonische Zeit
DATIERUNG: Vermutlich ca. 2040–1870 v. Chr.
DARSTELLUNG: Frontschild eines (vermutlich einachsigen) Wagengestells, Relief auf der Innenseite: stehender Mann im »Narāmsîn-Schal«, der mit dem angewinkelten linken Arm eine Keule (?) hält (»Gottkönig als Krieger«), vor ihm eine Sonnenscheibe. Der Schild ist unter der Oberkante zweimal durchbohrt. Deichselloch unter dem Frontschild.

LITERATUR: Barrelet, Figurines I: 329, pl. LVIII 614;
Genouillac, Kich II: 21 P. 93, pl. XI 3 (unsere ABB.).
SEKUNDÄRLITERATUR: Buren, Clay Figurines: 1253, Fig. 304.
STANDORT: Louvre, Paris (AO 10487).

KATALOG-NR.: III c 22 (ABB. 67)

TYP: III c, Frontschildeinachser mit Hinterbock auf Scheibenrädern – Bodenrahmen fehlt – Frontschildrelief

KULTURKREIS: Zentralvorderasiatisch
DENKMALSGESTALT: Fragmentarisches Modellteil, nur Frontschild erhalten
MATERIAL: Terracotta
MASSE: Höhe 7,1 cm; Breite 5,9 cm
HERKUNFT: Ausgrabung Kiš (Tall al Uḫaymir + Tall Inġarrah), ohne Fundstellenangabe, Südmesopotamien
KULTURSTUFE: Vermutlich Frühaltbabylonische Zeit
DATIERUNG: Vermutlich ca. 2040–1870 v. Chr.
DARSTELLUNG: Frontschild eines (vermutlich einachsigen) Wagengestells, Relief auf der Innenseite: »Gottkönig als Krieger« wie auf ABB. 64.

LITERATUR: Genouillac, Kich I: 47 no. 44, pl. IV 5.

KATALOG-NR.: III c 23 (ABB. 65)

TYP: III c, Frontschildeinachser mit Hinterbock auf Scheibenrädern – Bodenrahmen fehlt – Frontschildrelief

KULTURKREIS: Zentralvorderasiatisch
DENKMALSGESTALT: Fragmentarisches Modellteil, nur Frontschild erhalten
MATERIAL: Terracotta
MASSE: Höhe 8,7 cm; Breite 5,5 cm
HERKUNFT: Ausgrabung Kiš (Tall al Uḫaymir + Tall Inġarrah) 1912, ohne Fundstellenangabe, Südmesopotamien
KULTURSTUFE: Vermutlich Neusumerische Zeit bis Frühaltbabylonische Zeit
DATIERUNG: Vermutlich ca. 2327–2040–1870 v. Chr.
DARSTELLUNG: Frontschild eines (vermutlich einachsigen) Wagengestells, Relief auf der Innenseite: Mann mit einem Gegenstand in der rechten Hand. Der Schild ist unter der Oberkante zweimal durchbohrt. Deichselloch unter dem Frontschild.

LITERATUR: Barrelet, Figurines I: 329, pl. LVIII 616;
Genouillac, Kich II: 21 P. 91, pl. XI 2 (unsere ABB.).
SEKUNDÄRLITERATUR: Buren, Clay Figurines: 1254 (dort ohne Abb.).
STANDORT: Louvre, Paris (AO 10485).

KATALOG-NR.: III c 24 (ABB. 68)

TYP: III c, Frontschildeinachser mit Hinterbock auf Scheibenrädern – Bodenrahmen fehlt – Frontschildrelief

KULTURKREIS: Zentralvorderasiatisch
DENKMALSGESTALT: Model für Tonausdruck mit vertieftem Relief
MATERIAL: Terracotta
MASSE: Höhe 17 cm; Breite 8,6 cm
HERKUNFT: Kunsthandel, aus Baġdād
KULTURSTUFE: Vermutlich Ur III / Isin-Zeit bis Frühaltbabylonische Zeit
DATIERUNG: Vermutlich ca. 2277–2040–1870 v. Chr.
DARSTELLUNG: Model für die Innenseite(?) des Frontschildes eines (vermutlich einachsigen) Wagengestells. Dreifriesiges Relief: im untersten Register ein Mann, der einen Tisch oder Hocker trägt, im mittleren ein Beter vor einem Gott, im obersten zwei Rosetten, zwischen ihnen ein Stern in einem Kreis.

LITERATUR: Barrelet, Figurines I: no. 742 Seite 381 f., pl. LXXI (unsere rechte ABB. mit verlorener Frontschildoberkante);
Heuzey, Origines orientales: 381 ff., pl. XVI,2 (unsere linke ABB. mit erhaltener Frontschildoberkante).
SEKUNDÄRLITERATUR: Buren, Clay Figurines: no. 1256 (dort ohne Abb., falsche AO-Nummer).
STANDORT: Louvre, Paris (AO 3150).

KATALOG-NR.: III c 25 (ABB. 70)

TYP: III c, Frontschildeinachser mit Hinterbock auf Scheibenrädern – Bodenrahmen fehlt – Frontschildrelief

KULTURKREIS: Zentralvorderasiatisch
DENKMALSGESTALT: Fragmentarisches Modellteil, Oberteil des Frontschildes abgebrochen
MATERIAL: Terracotta
MASSE: Höhe 6,7 cm; Breite 6,3 cm
HERKUNFT: Ausgrabung Kiš (Tall al Uḥaymir + Tall Inġarrah) 1912, ohne Fundstellenangabe, Südmesopotamien
KULTURSTUFE: Vermutlich Neusumerische Zeit bis Frühaltbabylonische Zeit
DATIERUNG: Vermutlich 2327–2040–1870 v. Chr.
DARSTELLUNG: Einachsiges Wagengestell mit Frontschild und Hinterbock, Bodenrahmen fehlt. Unterteil eines mindestens zweifriesigen Reliefs auf der Innenseite des Frontschildes erhalten: Oben: Beine von zwei einander zugewandter Personen. Unten: zwei Männer mit nacktem Oberkörper, die ein Gefäß tragen. Deichselloch unter dem Frontschild.

LITERATUR: Barrelet, Figurines I: 333, pl. LIX 626;
Genouillac, Kich II: 22 P. 98, pl. XI 4 (unsere ABB.).

SEKUNDÄRLITERATUR: Buren, Clay Figurines: 1263, Fig. 308.
STANDORT: Louvre, Paris (AO 10492).

KATALOG-NR.: III c 26 (ABB. 72)

TYP: III c, Frontschildeinachser mit Hinterbock auf Scheibenrädern – Bodenrahmen fehlt – Frontschildrelief

KULTURKREIS: Zentralvorderasiatisch
DENKMALSGESTALT: Fragmentarisches Modellteil, nur Frontschild erhalten, obere linke Ecke abgebrochen
MATERIAL: Terracotta
MASSE: Höhe 12,7 cm; Breite 7 cm
HERKUNFT: Ausgrabung Tall Lawḥ (Tello) 1930, ohne Fundstellenangabe, Südmesopotamien
KULTURSTUFE: Vermutlich Neusumerische Zeit bis Frühaltbabylonische Zeit
DATIERUNG: Vermutlich ca. 2327–2040–1870 v. Chr.
DARSTELLUNG: Frontschild eines (vermutlich einachsigen) Wagengestells, zweifriesiges Relief auf der Innenseite. Oben: Beter vor Gott. Unten: Figur mit erhobenen Armen. Der Schild trägt an der Oberkante hornartige Verbreiterungen.

LITERATUR: Barrelet, Figurines I: 176 f., pl. XI 115.
STANDORT: Louvre, Paris (AO 15201 [Belfort]).

KATALOG-NR.: III c 27 (ABB. 71)

TYP: III c, Frontschildeinachser mit Hinterbock auf Scheibenrädern – Bodenrahmen fehlt – Frontschildrelief

KULTURKREIS: Zentralvorderasiatisch
DENKMALSGESTALT: Fragmentarisches Modellteil, nur unteres Drittel des Frontschildes mit Achslagerung erhalten, Hinterbock bestoßen
MATERIAL: Terracotta
MASSE: Höhe 9,2 cm; Breite 10 cm
HERKUNFT: Ausgrabung Isin (Išān Baḥrīyyāt) 816N–266E, Nordost-Abschnitt IV in 0,5 m Tiefe (IB 1594), Südmesopotamien
KULTURSTUFE: Neusumerische Zeit bis Frühaltbabylonische Zeit
DATIERUNG: Ca. 2327–2040–1870 v. Chr.
DARSTELLUNG: Einachsiges Wagengestell mit Frontschild und Hinterbock, Bodenrahmen fehlt. Unterteil eines Reliefs auf der Innenseite des Frontschildes erhalten: Beine einer stehenden Person. Deichselloch unter dem Frontschild und damit korrespondierend ein Loch durch den Hinterbock. Achse in hinterständiger, eingebauter Achsröhre, mit beidseits überstehenden Endstutzen.

LITERATUR: Spycket, Isin III: 59, Tf. 19.

KATALOG-NR.: III c 28 (ABB. 69)

TYP: III c, Frontschildeinachser mit Hinterbock auf Scheibenrädern – Bodenrahmen fehlt – Frontschildrelief

KULTURKREIS: Zentralvorderasiatisch

DENKMALSGESTALT: Fragmentarisches Modellteil, nur Oberteil des Frontschildes erhalten
MATERIAL: Terracotta
MASSE: Höhe 6,6 cm; Breite 7,6 cm
HERKUNFT: Ausgrabung Isin (Išān Baḥrīyyāt), 300S–390W, Oberfläche (IB 1919), Südmesopotamien
KULTURSTUFE: Frühaltbabylonische Zeit
DATIERUNG: Ca. 2040–1870 v. Chr.
DARSTELLUNG: Frontschild eines (vermutlich einachsigen) Wagengestells, oberer Fries eines mehrfriesigen Reliefs auf der Innenseite erhalten: zwei Sonnenscheiben auf Ständern, dazwischen zwei Mondsicheln übereinander, die untere auf einem Ständer. Der Schild ist unter der Oberkante zweimal durchbohrt.

LITERATUR: Spycket, Isin IV: Tf. 47 und S. 73.

KATALOG-NR.: III c 29 (ABB. 76)

TYP: III c, Frontschildeinachser mit Hinterbock auf Scheibenrädern – Bodenrahmen fehlt – Frontschildrelief

KULTURKREIS: Zentralvorderasiatisch
DENKMALSGESTALT: Fragmentarisches Modellteil, nur Oberteil des Frontschildes erhalten
MATERIAL: Terracotta
MASSE: Höhe 10,5 cm; Breite 11,1 cm
HERKUNFT: Ausgrabung Kiš (Tall al Uḥaymir + Tall Inġarrah) 1912, ohne Fundstellenangabe, Südmesopotamien
KULTURSTUFE: Vermutlich Neusumerische Zeit bis Frühaltbabylonische Zeit
DATIERUNG: Vermutlich ca. 2327–2040–1870 v. Chr.
DARSTELLUNG: Frontschild eines (vermutlich einachsigen) Wagengestells, Oberteil eines Reliefs auf der Innenseite erhalten: Bogenschütze?

LITERATUR: Barrelet, Figurines I: 330, pl. LVIII 619 a (im Text falsch als b; unsere ABB.);
Genouillac, Kich II: 21 P. 89 [pl. V 5 bildet etwas anderes ab !].
SEKUNDÄRLITERATUR: Buren, Clay Figurines: 1267 (dort ohne Abb.).
STANDORT: Louvre, Paris (AO 10483).

KATALOG-NR.: III c 30 (ABB. 73)

TYP: III c, Frontschildeinachser mit Hinterbock auf Scheibenrädern – Bodenrahmen fehlt – Frontschildrelief

KULTURKREIS: Zentralvorderasiatisch
DENKMALSGESTALT: Fragmentarisches Modellteil, nur Frontschild erhalten
MATERIAL: Terracotta
MASSE: Höhe 12 cm; Breite 6,5 cm
HERKUNFT: Ausgrabung Kiš (Tall al Uḥaymir + Tall Inġarrah) 1912, ohne Fundstellenangabe, Südmesopotamien
KULTURSTUFE: Vermutlich Neusumerische Zeit bis Frühaltbabylonische Zeit
DATIERUNG: Vermutlich ca. 2327–2040–1870 v. Chr.

DARSTELLUNG: Frontschild eines (vermutlich einachsigen) Wagengestells, Relief auf der Innenseite: Bogenschütze. Der Schild ist unter der Oberkante zweimal durchbohrt. Deichselloch unter dem Frontschild.

LITERATUR: Barrelet, Figurines I: 330, pl. LVIII 617 (unsere ABB.); Genouillac, Kich II: 21 P. 90, pl. XI 1.
SEKUNDÄRLITERATUR: Buren, Clay Figurines: 1267 (dort ohne Abb.).
STANDORT: Louvre, Paris (AO 10484).

KATALOG-NR.: III c 31 (ABB. 77)

TYP: III c, Frontschildeinachser mit Hinterbock auf Scheibenrädern – Bodenrahmen fehlt – Frontschildrelief

KULTURKREIS: Zentralvorderasiatisch
DENKMALSGESTALT: Fragmentarisches Modellteil, nur obere Hälfte des Frontschildes erhalten
MATERIAL: Terracotta
MASSE: Höhe 5,8 cm; Breite 5 cm
HERKUNFT: Ausgrabung Kiš (Tall al Uḫaymir + Tall Inġarrah) 1912, ohne Fundstellenangabe, Südmesopotamien
KULTURSTUFE: Vermutlich Neusumerische Zeit bis Frühaltbabylonische Zeit
DATIERUNG: Vermutlich ca. 2327–2040–1870 v. Chr.
DARSTELLUNG: Frontschild eines (vermutlich einachsigen) Wagengestells, auf der Innenseite Oberteil eines Reliefs erhalten: Bogenschütze. Der Schild ist unter der Oberkante zweimal durchbohrt.

LITERATUR: Barrelet, Figurines I: 330, pl. LVIII 618 (unsere ABB.); Genouillac, Kich II: 21 P. 88, pl. XI 7.
SEKUNDÄRLITERATUR: Buren, Clay Figurines: 1267 (dort ohne Abb.).
STANDORT: Louvre, Paris (AO 10482).

KATALOG-NR.: III c 32 (ABB. 79)

TYP: III c, Frontschildeinachser mit Hinterbock auf Scheibenrädern – Bodenrahmen fehlt – Frontschildrelief

KULTURKREIS: Zentralvorderasiatisch
DENKMALSGESTALT: Fragmentarisches Modellteil, obere Hälfte des Frontschildes abgebrochen
MATERIAL: Terracotta
MASSE: Höhe 7,5 cm; Länge 7,5 cm; Breite 7,5 cm
HERKUNFT: Ausgrabung Uruk (Warka'), Eana, OB XV 4 Schutt unter neubabylonischem Wohnhaus (W 21699), Südmesopotamien
KULTURSTUFE: »Altbabylonisch«
DATIERUNG: Ca. 2040–1700 v. Chr.
DARSTELLUNG: Einachsiger Wagenaufsatz mit Frontschild, Hinterbock und Trittbrett, Bodenrahmen fehlt. Auf der Innenseite des Schildes Unterteil eines Reliefs erhalten: ein Beinpaar auf einem Sockel vor einem Pfosten. Deichselloch unter dem Frontschild und damit korrespondierend ein Loch durch den Hinterbock. Achse hinterständig.

LITERATUR: Lenzen, UVB XXIV: 31, Tf. 23 b.

STANDORT: Iraq Museum, Baġdād.

KATALOG-NR.: III c 33 (ABB. 74)

TYP: III c, Frontschildeinachser mit Hinterbock auf Scheibenrädern – Bodenrahmen fehlt – Frontschildrelief

KULTURKREIS: Zentralvorderasiatisch
DENKMALSGESTALT: Fragmentarisches Modellteil, obere Hälfte des Frontschildes abgebrochen
MATERIAL: Terracotta
MASSE: Höhe 9,2 cm; Breite 8,1 cm
HERKUNFT: Ausgrabung Kiš (Tall al Uḥaymir + Tall Inġarrah), ohne Fundstellenangabe, Südmesopotamien
KULTURSTUFE: Vermutlich Neusumerische Zeit bis Frühaltbabylonische Zeit
DATIERUNG: Vermutlich ca. 2327–2040–1870 v. Chr.
DARSTELLUNG: Einachsiger Wagenaufsatz mit Frontschild und Hinterbock nebst Trittbrett, Bodenrahmen fehlt. Auf der Innenseite des Schildes Unterteil eines Reliefs erhalten: Beine einer nach rechts gewandten Person. Deichselloch unter dem Frontschild und damit korrespondierend ein Loch durch den Hinterbock. Achse in hinterständiger Achsröhre mit beidseits überstehenden Endstutzen.

LITERATUR: Barrelet, Figurines I: 330, pl. LIX 620;
Genouillac, Kich II: 21 P. 94, pl. XI 5 (unsere ABB.).
SEKUNDÄRLITERATUR: Buren, Clay Figurines: 1254 (dort ohne Abb.).
STANDORT: Louvre, Paris (AO 10488).

KATALOG-NR.: III c 34 (ABB. 82)

TYP: III c, Frontschildeinachser mit Hinterbock auf Scheibenrädern – Bodenrahmen fehlt – Frontschildrelief

KULTURKREIS: Zentralvorderasiatisch
DENKMALSGESTALT: Fragmentarisches Modellteil, obere Hälfte des Frontschildes und Hinterbock abgebrochen, Achsröhre teilweise erhalten
MATERIAL: Terracotta
MASSE: Höhe 7,5 cm; Breite 8 cm
HERKUNFT: Ausgrabung Kiš (Tall al Uḥaymir + Tall Inġarrah) 1912, ohne Fundstellenangabe, Südmesopotamien
KULTURSTUFE: Vermutlich Neusumerische Zeit bis Frühaltbabylonische Zeit
DATIERUNG: Vermutlich ca. 2327–2040–1870 v. Chr.
DARSTELLUNG: Einachsiger Wagenaufsatz mit Frontschild und Hinterbock nebst Trittbrett, Bodenrahmen fehlt. Auf der Innenseite Unterteil eines Reliefs erhalten: Beine einer nach rechts gewandten Person. Deichselloch unter dem Frontschild und damit korrespondierend ein Loch durch den Hinterbock. Achse in hinterständiger Achsröhre mit beidseits überstehenden Endstutzen.

LITERATUR: Barrelet, Figurines I: 330 f., pl. LIX 621;
Genouillac, Kich II: 21 P. 95, pl. XI 6 (unsere ABB.).
SEKUNDÄRLITERATUR: Buren, Clay Figurines: No. 1254 (dort ohne Abb.).
STANDORT: Louvre, Paris (AO 10489).

KATALOG-NR.: III c 35 (ABB. 75)

TYP: III c, Frontschildeinachser mit Hinterbock auf Scheibenrädern – Bodenrahmen fehlt – Frontschildrelief

KULTURKREIS: Zentralvorderasiatisch
DENKMALSGESTALT: Fragmentarisches Modellteil, nur Mittelteil des Frontschildes erhalten
MATERIAL: Terracotta
MASSE: Höhe 7,5 cm; Breite 6,7 cm
HERKUNFT: Ausgrabung Kiš (Tall al Uḫaymir + Tall Inġarrah), ohne Fundstellenangabe, Südmesopotamien
KULTURSTUFE: Vermutlich Ur III / Isin-Zeit bis Frühaltbabylonische Zeit
DATIERUNG: Vermutlich ca. 2277–2040–1870 v. Chr.
DARSTELLUNG: Frontschild eines (vermutlich einachsigen) Wagengestells, auf der Innenseite Unterteil eines Reliefs erhalten: Unterteil einer nach rechts gewandten Person im Togagewand. Seitlich gerahmt von jeweils einer Punktreihe. Deichselloch unter dem Frontschild.

LITERATUR: Genouillac, Kich I: 46 no. 28, pl. IV 3.

KATALOG-NR.: III c 36 (ABB. 80)

TYP: III c, Frontschildeinachser mit Hinterbock auf Scheibenrädern – Bodenrahmen fehlt – Frontschildrelief

KULTURKREIS: Zentralvorderasiatisch
DENKMALSGESTALT: Fragmentarisches Modellteil, obere Hälfte des Frontschildes und Achsröhrenstutzen rechts abgebrochen
MATERIAL: Terracotta
MASSE: Höhe 8,7 cm; Breite 7,6 cm
HERKUNFT: Ausgrabung Kiš (Tall al Uḫaymir + Tall Inġarrah) 1912, ohne Fundstellenangabe, Südmesopotamien
KULTURSTUFE: Vermutlich Neusumerische Zeit bis Frühaltbabylonische Zeit
DATIERUNG: Vermutlich ca. 2327–2040–1870 v. Chr.
DARSTELLUNG: Einachsiger Wagenaufsatz mit Frontschild und Hinterbock, Bodenrahmen fehlt. Auf der Innenseite des Frontschildes Unterteil eines Reliefs erhalten: Beine einer nach rechts gewandten Person. Deichselloch unter dem Frontschild und damit korrespondierend ein Loch durch den Hinterbock. Achse in hinterständiger Achsröhre mit beidseits überstehenden Endstutzen.

LITERATUR: Barrelet, Figurines I: 331, pl. LIX 622;
Genouillac, Kich II: 21 P. 96 (dort ohne Abb.).
STANDORT: Louvre, Paris (AO 10490).

KATALOG-NR.: III c 37 (ABB. 81)

TYP: III c, Frontschildeinachser mit Hinterbock auf Scheibenrädern – Bodenrahmen fehlt – Frontschildrelief

KULTURKREIS: Zentralvorderasiatisch
DENKMALSGESTALT: Fragmentarisches Modellteil, nur Frontschild erhalten
MATERIAL: Terracotta
MASSE: Höhe 9,8 cm; Breite 6 cm

HERKUNFT: Ausgrabung Nippur (Tall Nuffar), nicht schichtbestimmt, CBS 15397, Südmesopotamien
KULTURSTUFE: Vermutlich Neusumerische Zeit bis Frühaltbabylonische Zeit
DATIERUNG: Vermutlich ca. 2327–2040–1870 v. Chr.
DARSTELLUNG: Frontschild eines (vermutlich einachsigen) Wagengestells; auf der Innenseite ein Relief: drei Standarten, die beiden seitlichen mit Bügel und Dreiecksaufsatz, in der Mitte eine Kombinationswaffe bestehend aus einer Keule und zwei Krummbeilen mit Löwenköpfen. Der Schild ist unter der Oberkante zweimal durchbohrt. Deichselloch unter dem Frontschild.

LITERATUR: Legrain, Terra Nippur: 30 f., Pl. XLVII 243 (unsere ABB).
SEKUNDÄRLITERATUR: Buren, Clay Figurines: 1275, Fig. 314.

KATALOG-NR.: III c 38 (ABB. 78)

TYP: III c, Frontschildeinachser mit Hinterbock auf Scheibenrädern – Bodenrahmen fehlt – Frontschildrelief

KULTURKREIS: Zentralvorderasiatisch
DENKMALSGESTALT: Fragmentarisches Modellteil, nur Unterteil des Frontschildes erhalten
MATERIAL: Terracotta
MASSE: Höhe 7,1 cm; Breite 6 cm
HERKUNFT: Ausgrabung Larsa (Sunqarah) 1933, Sondages 4–12, Südmesopotamien
KULTURSTUFE: Vermutlich Neusumerische Zeit bis Frühaltbabylonische Zeit
DATIERUNG: Vermutlich ca. 2327–2040–1870 v. Chr.
DARSTELLUNG: Frontschild eines (vermutlich einachsigen) Wagengestells mit Relief: zwei Vögel, Pflanzen, drei Mondsichel-Standarten mit Sonnen. Das Motiv ist ungewöhnlich (vergleiche Barrelet, Figurines I: pl. 116, 119, 120, und Cholidis, Möbel: 58, 62, 69, 108, Tf. 8 Nr. 3: Möbelmodell). Deichselloch unter dem Frontschild.

LITERATUR: Barrelet, Figurines I: 306 f., pl. LII 553.
STANDORT: Louvre, Paris (AO 16959).

KATALOG-NR.: III c 39 (ABB. 83)

TYP: III c, Frontschildeinachser mit Hinterbock auf Scheibenrädern – Bodenrahmen fehlt – Frontschildrelief

KULTURKREIS: Zentralvorderasiatisch
DENKMALSGESTALT: Fragmentarisches Modellteil, nur Unterteil des Frontschildes erhalten
MATERIAL: Terracotta
MASSE: Höhe 9,1 cm; Breite 7,5 cm
HERKUNFT: Ausgrabung Uruk (Warka'; W 3497), Südmesopotamien
KULTURSTUFE: Frühaltbabylonische Zeit
DATIERUNG: Ca. 2040–1870 v. Chr.
DARSTELLUNG: Frontschild eines (vermutlich einachsigen) Wagengestells. Auf der Innenseite linke untere Seite eines Reliefs erhalten: vierspeichiger Rahmen-

einachser mit Fahrer, Bremsbügel und Pferdegespann. Schuppenartige Ritzungen als Bildhintergrund.

LITERATUR: Ziegler, UA VI: 47, Tf. 8 Abb. 137.
SEKUNDÄRLITERATUR: Littauer, Iraq 33: 24, Pl. VI b (unsere ABB.).
STANDORT: Vorderasiatisches Museum, Berlin (VA 11576).

TYP IV: EINACHSIGER FRONTSCHILDKASTEN

KATALOG-NR.: IV 01 (ABB. 84)

TYP: IV, Einachsiger Frontschildkasten

KULTURKREIS: Zentralvorderasiatisch
DENKMALSGESTALT: Modell, Zugehörigkeit der Räder (und der Zugtiere) fraglich
MATERIAL: Terracotta
MASSE: Länge 5,5 cm
HERKUNFT: Kunsthandel, angeblich aus ›Syrien‹
KULTURSTUFE: Meskalamdu- bis Ur I-Phase des Jüngeren Frühdynastikums
DATIERUNG: Ca. 2700–2640–2440 v. Chr.
DARSTELLUNG: Einachsiges/r Wagengestell oder -aufsatz mit Seitenwänden und Scheibenrädern. Auf dem Foto ist nicht erkennbar, ob die Rückfront, wie zu vermuten, offen ist. Achse mittelständig. Deichselloch unter dem Frontschild.

LITERATUR: Anonymus, Gackstätter, Ant Kab I Frankf (unsere ABB. Ausschnitt).

TYP V: KANZELWAGEN

KATALOG-NR.: V 01 (ABB. 85)

TYP: V, Kanzelwagen

KULTURKREIS: Syrisch
DENKMALSGESTALT: Fragmentarisches Modell mit Ergänzungen an den Rädern, Wagenkanzel, Pferdekopf und -schweif sowie an den Armen der Fahrerfigur
MATERIAL: Terracotta
MASSE: Länge der Rekonstruktion 27,5 cm
HERKUNFT: Ausgrabung Tall Kāmid al Lawz, Schatzhaus (früher: »Königlicher Pavillon«), Raum I (KL 78:508), Südsyrien
KULTURSTUFE: Mittelsyrische Zeit
DATIERUNG: Um 1400 v. Chr. laut Publikation
DARSTELLUNG: Einachser vom ›Rundschirmtyp‹ mit Pferdezweigespann auf Speichenrädern (als Scheiben gegeben). Der Fahrer ist nach vorn gewendet dargestellt. Zu seiner Rechten steht ein Beifahrer (Kopf abgebrochen), der sich mit beiden Händen an der Seitenwand festhält. Achse des Wagens hinterständig. Deichselloch unter dem Frontschild. Das Pferdezweigespann ist auf einer separaten vierrädrigen Platte montiert.

LITERATUR: Miron A., Hachmann edit. Phöniker Bonn: 50–8, 60, 145 f., 187, Nr. 69;
Hachmann, Berytus 37: 157 f., Tf. 18 (seitenverkehrt);
Miron R., Kamid Loz X: Abb. 35 und 55, Tf. 55 (unsere ABB.).

TYP VI: SATTELWAGEN

KATALOG-NR.: VI 01 (ABB. 87)

TYP: VI, Sattelwagen

KULTURKREIS: Zentralvorderasiatisch
DENKMALSGESTALT: Modellteil
MATERIAL: Terracotta
MASSE: Höhe 5 cm
HERKUNFT: Ausgrabung Tall Fārah (F 1753), Südmesopotamien
KULTURSTUFE: Frühdynastische Zeit
DATIERUNG: Ca. 3300–2440 v. Chr.
DARSTELLUNG: Sattelwagenaufsatz auf Achsröhre. Der »Sattel« ist mit zwei sich diagonal kreuzenden Linien im oberen Bereich einer zentralen Senkrechten und einer Schraffur am Rand verziert.

LITERATUR: Heinrich, Fara: 70, Tf. 34 f (fälschlich d) F 1753 (unsere ABB.).
SEKUNDÄRLITERATUR: Salonen, Landfahrzeuge: 161, Tf. X,2 unten rechts.

KATALOG-NR.: VI 02 (ABB. 89)

TYP: VI, Sattelwagen

KULTURKREIS: Zentralvorderasiatisch
DENKMALSGESTALT: Modellteil
MATERIAL: Terracotta
MASSE: Länge 5,7 cm
HERKUNFT: Ausgrabung Tall Fārah (F 517), Südmesopotamien
KULTURSTUFE: Frühdynastische Zeit
DATIERUNG: Ca. 3300–2440 v. Chr.
DARSTELLUNG: Sattelwagenaufsatz auf Achsröhre. Die Achsröhre wird durch zwei Krampen unter dem Wagenboden festgehalten.

LITERATUR: Heinrich, Fara: 70, Tf. 34 c F 517 (unsere ABB.).
SEKUNDÄRLITERATUR: Salonen, Landfahrzeuge: 161, Tf. X,2 unten links.

KATALOG-NR.: VI 03 (ABB. 86)

TYP: VI, Sattelwagen

KULTURKREIS: Zentralvorderasiatisch
DENKMALSGESTALT: Fragmentarisches Modellteil, »Bug« des Sattels bestoßen, Deichsel modern, Zugehörigkeit der Räder fraglich
MATERIAL: Terracotta
MASSE: Höhe 10 cm; Länge 12 cm

HERKUNFT: Ausgrabung Uruk (Warka'), Eana, LA XII 5 Schnittsteg 2, Sickerschacht 4 (W 21764), Südmesopotamien
KULTURSTUFE: »Frühdynastisch«
DATIERUNG: Ca. 3300–2440 v. Chr.
DARSTELLUNG: Sattelwagengestell oder -aufsatz auf Achsröhre (nebst Scheibenrädern?). Wagengestell rundherum mit Ritzungen verziert. Deichselloch in der Frontseite.

LITERATUR: Lenzen, UVB XXIV: 30, Tf. 23 a.
STANDORT: Iraq Museum, Baġdād.

KATALOG-NR.: VI 04 (ABB. 88)
TYP: VI, Sattelwagen

KULTURKREIS: Zentralvorderasiatisch
DENKMALSGESTALT: Modellteil
MATERIAL: Terracotta
MASSE: Unbekannt
HERKUNFT: Ausgrabung Kiš (Tall Inġarrah), Mound ›A‹, nicht schichtbestimmt, Südmesopotamien
KULTURSTUFE: Vermutlich Frühdynastische Zeit
DATIERUNG: Vermutlich ca. 3300–2440 v. Chr.
DARSTELLUNG: Sattelwagenaufsatz auf Achsröhre mit beidseits überstehenden Endstutzen.

LITERATUR: Mackay, ›A‹ Kish II: 210 ff., Pl. XLVI Fig. 4 no. 1412.
STANDORT: Field Museum of Natural History, Chicago.

KATALOG-NR.: VI 05 (ABB. 90)
TYP: VI, Sattelwagen

KULTURKREIS: Zentralvorderasiatisch
DENKMALSGESTALT: Modellteil
MATERIAL: Terracotta
MASSE: Höhe 8 cm; Breite 5,1 cm
HERKUNFT: Ausgrabung Tappah Gawra, Schicht IV, aus M6 (5043), Ostobertigrisgebiet
KULTURSTUFE: Neusumerische Zeit
DATIERUNG: Ca. 2327–2040 v. Chr.
DARSTELLUNG: Sattelwagenaufsatz auf Achsröhre mit beidseits überstehenden Endstutzen. Der Sattelbug ist als Frontschild mit zweifach gewellter Oberkante ausgebildet. Deichselloch unter dem Frontschild.
LITERATUR: Speiser, Gawra I: 73 ff., 207, Pl. LXXVIII 1 und Pl. XXXIV c,2.
SEKUNDÄRLITERATUR: Christian, Altertum Zweistrom I Taf: Tf. 444:9; Salonen, Landfahrzeuge: 162, Tf. XVIII 2 (unsere ABB. von vorn und hinten); Tarr, Karren: 34, Abb. 44 (unsere ABB. von der rechten Seite).
STANDORT: Iraq Museum, Baġdād

KATALOG-NR.: VI 06 (ABB. 91)
TYP: VI, Sattelwagen

KULTURKREIS: Zentralvorderasiatisch
DENKMALSGESTALT: Fragmentarisches Modellteil, antike Räder nicht zugehörig, Deichsel und Achse modern, Front rekonstruiert
MATERIAL: Terracotta
MASSE: Höhe 3,5; Breite 4,3 cm
HERKUNFT: Ausgrabung Nippur (Tall Nuffar), CBS 15495, Südmesopotamien
KULTURSTUFE: –
DATIERUNG: Fraglich
DARSTELLUNG: Sattelwagenaufsatz auf Achsröhre. Deichselloch in der Frontseite.

LITERATUR: Legrain, Terra Nippur: 30, Pl. XLV 239.

KATALOG-NR.: VI 07 (ABB. 92)

TYP: VI, Sattelwagen

KULTURKREIS: Mittanisch ?
DENKMALSGESTALT: Modellteil, Räder und Deichsel ergänzt
MATERIAL: Terracotta
MASSE: Länge ca. 8 cm
HERKUNFT: Ausgrabung Nuzi (Yurġ/qan Tappah), X 173 (29–1–279), Ostobertigrisgebiet
KULTURSTUFE: »Hurritische Periode«?
DATIERUNG: Ca. 1450–1350 v. Chr.?
DARSTELLUNG: Sattelwagenaufsatz auf Achsröhre (?). Deichselloch in der Frontseite.

LITERATUR: Starr, Nuzi II: 25, Pl. 99 E (unsere ABB.).
SEKUNDÄRLITERATUR: Salonen, Landfahrzeuge: 162, Tf. XVII E.

KATALOG-NR.: VI 08 (ABB. 93)

TYP: VI, Sattelwagen

KULTURKREIS: Zentralvorderasiatisch
DENKMALSGESTALT: Modellteil; die sieben Equidenfiguren auf dem zitierten Photo bei Watelin sind für dieses arrangiert und nicht als zugehörig gesichert, Zugehörigkeit der Räder fraglich
MATERIAL: Terracotta
MASSE: Unbekannt
HERKUNFT: Ausgrabung Kiš (Tall Inġarrah), Y Area Earliest / First Buildings, Südmesopotamien
KULTURSTUFE: Urdynastikum
DATIERUNG: Ca. 3300–3100 v. Chr.
DARSTELLUNG: Sattelwagen auf Scheibenrädern mit Fahrerfigur.

LITERATUR: Watelin, Kish IV: 10 f., 32 f., Pl. XIV 1,2.
SEKUNDÄRLITERATUR: Christian, Altertum Zweistrom I Taf : Tf. 226:4;
Salonen, Landfahrzeuge: 161, Tf. X,3;
Tarr, Karren: 49, Abb. 67 (unsere ABB.).

TYP VII: EINACHSIGER PLANWAGEN

KATALOG-NR.: VII 01 (ABB. 95)
TYP: VII, Einachsiger Planwagen

KULTURKREIS: Fraglich (Syrisch?)
DENKMALSGESTALT: Modellteil
MATERIAL: Terracotta
MASSE: Höhe 11,5 cm; Breite 5,3 cm
HERKUNFT: Kunsthandel, angeblich aus der Umgebung von Ḥu/imṣ, Zentralsyrien
KULTURSTUFE: –
DATIERUNG: Fraglich
DARSTELLUNG: Einachsiger Wagenaufsatz mit Plane, Rückfront offen, vorne eine niedrige Brüstung und vermutlich eine Öse zur Befestigung einer Zugvorrichtung; Deichselhalterung fraglich. Auf mittelständiger Achsröhre mit beidseits überstehenden Endstutzen.

LITERATUR: Forrer, Préhistoire 1: fig. 7,6.
SEKUNDÄRLITERATUR: Littauer, PPS 40: 22 f., 29 ff., Fig. 4 (unsere ABB.).

KATALOG-NR.: VII 02 (ABB. 94)
TYP: VII, Einachsiger Planwagen

KULTURKREIS: Syrisch
DENKMALSGESTALT: Fragmentarisches Modellteil, Plane weggebrochen
MATERIAL: Terracotta
MASSE: Länge ca. 8 cm; Breite ca. 7 cm
HERKUNFT: Ausgrabung Tall Maṣin bei Ḥamah, Zentralsyrien
KULTURSTUFE: Altsyrische bis Mittelsyrische Zeit
DATIERUNG: Ca. 2080–1700–1200 v. Chr.
DARSTELLUNG: Einachsiger Wagenaufsatz mit Plane, Vorder- und Rückfront offen, nebst Fahrerfigur (?), waagerechte Öse vorn am Wagenboden; Deichselhalterung fraglich. Achse in mittelständiger Achsröhre mit beidseits überstehenden Endstutzen.

LITERATUR: Forrer, Préhistoire 1: fig. 7,5;
Buisson, Berytus 2: 183, fig. 4 (unsere ABB.).
SEKUNDÄRLITERATUR: Littauer, PPS 40: 23 f., 29 ff., Fig. 6.

KATALOG-NR.: VII 03 (ABB. 97) Fragwürdig
TYP: VII, Einachsiger Planwagen

KULTURKREIS: Fraglich
DENKMALSGESTALT: Modellteil
MATERIAL: Terracotta
MASSE: Höhe 12,5 cm
HERKUNFT: Unklar
KULTURSTUFE: –
DATIERUNG: Fraglich

DARSTELLUNG: Einachsiges Wagengestell mit Plane und Fahrer; Frontschild vermutlich mit Deichselloch sowie Scheibenrädern. Achse in Achsröhre mit beidseits überstehenden Endstutzen.

LITERATUR: Baramki, Arch Mus Beirut: 23, Pl. II.
SEKUNDÄRLITERATUR: Littauer, PPS 40: 23, 29 ff., 33 Addendum, Fig. 5 (unsere ABB.).
STANDORT: University Museum, Bayrut.

KATALOG-NR.: VII 04 (ABB. 96)

TYP: VII, Einachsiger Planwagen

KULTURKREIS: –
DENKMALSGESTALT: Fragmentarisches Modellteil, linke Achsenhalterung abgebrochen
MATERIAL: Terracotta
MASSE: Höhe ca. 9,5 cm; Länge ca. 10 cm; Breite ca. 5,5 cm
HERKUNFT: Kunsthandel?, angeblich aus Kypros
KULTURSTUFE: –
DATIERUNG: Fraglich
DARSTELLUNG: Einachsiger Wagenaufsatz mit Plane, Reste von Bemalung auf dem Verdeck. Der Aufsatz ruht auf zwei durchbohrten Stützen, die als mittelständige Achsenhalterung dienten. Vorne am Wagenboden ein Röhrenstutzen zur Aufnahme der Deichselwurzel.

LITERATUR: Littauer, PPS 40: 26, Pl. I unten (unsere ABB. von der rechten Seite).
SEKUNDÄRLITERATUR: Crouwel, RepCypr 1985: 204, 206, 218: TM 36, Pl. XXXIII 6 (unsere ABB. von der linken Seite).
STANDORT: Ashmolean Museum (früher Rugby School), Oxford (1050.18).

KATALOG-NR.: VII 05 (ABB. 98)

TYP: VII, Einachsiger Planwagen

KULTURKREIS: –
DENKMALSGESTALT: Modellteil
MATERIAL: Terracotta
MASSE: Unbekannt
HERKUNFT: Ausgrabung Tamassos (Chomazoudia), Grab II, Kypros
KULTURSTUFE: –
DATIERUNG: 6.–5. Jahrhundert v. Chr.
DARSTELLUNG: Einachsiges Wagengestell mit Plane, gitterartiger Bemalung des Verdecks und mittelständigen Rundscheiben, deren Bemalung wohl Speichen wiedergeben soll. Vorne am Wagenboden ein Röhrenstutzen zur Aufnahme der Deichselwurzel.

LITERATUR: Crouwel, RepCypr 1985: 204, 206, 209, 212, 217: M 18, Pl. XXXII 4.
STANDORT: Cyprus Museum, Nikosia (C. 36).

KATALOG-NR.: VII 06 (ABB. 99)
TYP: VII, Einachsiger Planwagen

KULTURKREIS: –
DENKMALSGESTALT: Modell
MATERIAL: Terracotta
MASSE: Unbekannt
HERKUNFT: Kunsthandel?, angeblich aus Kypros
KULTURSTUFE: –
DATIERUNG: Fraglich
DARSTELLUNG: Einachsiger Planwagen mit mittelständigen Strebenrädern und einem Pferd als Zugtier.

LITERATUR: Crouwel, RepCypr 1985: 205 Fig. 1, 206, 208, 210f., 217: TM 19.

TYP VIII: FRONTSCHILDZWEIACHSER MIT SEITENRANDSITZ

KATALOG-NR.: VIII 01 (ABB. 101)
TYP: VIII, Frontschildzweiachser mit Seitenrandsitz

KULTURKREIS: Zentralvorderasiatisch
DENKMALSGESTALT: Fragmentarisches Modellteil, obere Hälfte des Frontschildes abgebrochen, Zugehörigkeit der Räder fraglich, Deichsel und Achsen modern
MATERIAL: Terracotta
MASSE: Unbekannt
HERKUNFT: Ausgrabung Tall Ḫuwayrah (Ḫuwayrah), SO-Bezirk, Nordwestmesopotamien
KULTURSTUFE: Vermutlich Älteres Frühdynastikum
DATIERUNG: Vermutlich ca. 3100–2900 v. Chr.
DARSTELLUNG: Zweiachsiges Wagengestell mit Frontschild, Seitenrändern, Seitenrandsitz und Scheibenrädern. Die Rückfront unter dem Sitz ist geschlossen. Die Außenseite des Wagens und die Sitzplatte sind mit eingeritzten Linien geschmückt. Deichselloch unter dem Frontschild.

LITERATUR: Moortgat, Chuera 1958: 43 f., Abb. 44 (unsere ABB.).
SEKUNDÄRLITERATUR: Joundi, ᶜUsh, Cat Mus Damas: fig. 10;
Littauer, HdO Vehicles: 16 Anm. 7;
Moortgat-Correns, Rouault edit. Eufrate Rimini: 445 cat. n. 186 (der S. 288 unter cat. n. »186« abgebildete Wagen ist nicht der im Katalogteil besprochene).
STANDORT: Nationalmuseum, Damaskus.

KATALOG-NR.: VIII 02 (ABB. 102) Fragwürdig
TYP: VIII, Frontschildzweiachser mit Seitenrandsitz

KULTURKREIS: Fraglich
DENKMALSGESTALT: Modellteil
MATERIAL: Terracotta
MASSE: Höhe 13,5 cm; Länge 11 cm; Breite Wagenkasten 9 cm
HERKUNFT: Unbekannt

KULTURSTUFE: Vermutlich Jüngeres Frühdynastikum
DATIERUNG: Vermutlich ca. 2900–2440 v. Chr.
DARSTELLUNG: Zweiachsiger Wagenaufsatz mit Frontschild, Seitenrändern und Seitenrandsitz. Die Rückfront unter dem Sitz ist geschlossen. Brillenförmiger Doppelbügel auf der Oberkante des Schildes. Auf Achsröhren mit beidseits überstehenden Endstutzen, deren hintere unter dem über die Rückfront hinaus zu einem Trittbrett verlängerten Wagenboden sitzt.

LITERATUR: Littauer, Levant 5: 109, Pl. XLIV B nach S. 102.
STANDORT: Sammlung J. Bomford, England.

KATALOG-NR.: VIII 03 (ABB. 100)

TYP: VIII, Frontschildzweiachser mit Seitenrandsitz

KULTURKREIS: Zentralvorderasiatisch
DENKMALSGESTALT: Fragmentarisches Modellteil, Doppelbügel wohl verloren, Deichsel modern, Räder nicht zugehörig
MATERIAL: Terracotta
MASSE: Höhe 9 cm; Länge 7,5 cm; Breite Wagenkasten 5 cm
HERKUNFT: Ausgrabung Kiš (Tall Inġarrah), Mound ›A‹, Oberfläche, Südmesopotamien
KULTURSTUFE: Vermutlich Ur I-Phase des Jüngeren Frühdynastikums oder Früh- bis Hochreichsakkadische Zeit
DATIERUNG: Vermutlich ca. 2640–2440–2405–2327 v. Chr.
DARSTELLUNG: Zweiachsiger Wagenaufsatz mit Frontschild, Seitenrändern und Seitenrandsitz. Die Rückfront unter dem Sitz ist geschlossen. Die oberste Partie des schräg nach vorne geneigten, oben abgebrochenen Frontschildes ist von einer Leiste eingefaßt, die zugleich ein Doppelfutteral für Peitsche und Stachelstock an der linken Schildkante festhält. Der übliche Doppelbügel ist wohl am oberen Rand des abgebrochenen Schildes zu ergänzen. Reste von Bemalung auf dem Sitz und dem rückwärtigen Trittbrett. Achsen in Achsröhren mit beidseits überstehenden Endstutzen. Deichselloch unter dem Frontschild.

LITERATUR: Mackay, ›A‹ Kish II: 209–11, Pl. XLVI 8–9 no. 2015 (9 = unsere ABB. von oben).
SEKUNDÄRLITERATUR: Bóna, ActaAHung 12: 91, Fig. 6:3;
Buren, Clay Figurines: 1239 (dort ohne Abb.);
Christian, Altertum Zweistrom I Taf: Tf. 226:3;
Littauer, HdO Vehicles: 16 Anm. 17, 21 Anm. 29, Fig. 4 (unsere ABB. von der linken Seite);
Littauer, Levant 5: 108, Pl. XLIV D nach S. 102;
Moorey, Anc Iraq Ashm: Pl. X;
Moorey, Kish: 64, 74 f., Microfiche 1 no. 1925.291;
Salonen, Landfahrzeuge: 157, Tf. IV 3;
Tarr, Karren: 34, Abb. 42.
STANDORT: Ashmolean Museum, Oxford.

KATALOG-NR.: VIII 04 (ABB. 103)

TYP: VIII, Frontschildzweiachser mit Seitenrandsitz ?

KULTURKREIS: Zentralvorderasiatisch
DENKMALSGESTALT: Modellteil, Zugehörigkeit der Räder fraglich
MATERIAL: Terracotta
MASSE: Höhe Schild 14,5 cm; Länge Wagenkasten 14 cm
HERKUNFT: Kunsthandel, angeblich nahe Sürüç (Serug), Südostanatolien
KULTURSTUFE: Vermutlich Jüngeres Frühdynastikum
DATIERUNG: Vermutlich ca. 2900–2440 v. Chr.
DARSTELLUNG: Zweiachsiges Wagengestell mit Frontschild, Seitenrändern, Seitenrandsitz und Trittbrett. Rückfront unter dem Sitz geschlossen. Auf Sitz und an Rückwand aufgelegtes quergerieftes Band. Brillenförmiger, von einer Mittelkrampe gehaltener Doppelbügel an der Oberkante des mit Ritzungen versehenen Schildes. Offenbar leicht kufenartige Vorsprünge am unteren Frontschild. Deichselloch unter dem Schild. Auf Scheibenrädern.

LITERATUR: Özgen, AnSt 36: 170, Fig. 3 S. 169.
STANDORT: Regionalmuseum Adana, Vitrine 8.

KATALOG-NR.: VIII 05 (ABB. 104)
TYP: VIII, Frontschildzweiachser mit Seitenrandsitz ?
KULTURKREIS: Zentralvorderasiatisch

DENKMALSGESTALT: Modellteil, drei Räder modern, ein Rad antik, jedoch nicht sicher zugehörig
MATERIAL: Terracotta
MASSE: Höhe Schild 13,6 cm; Länge Wagenkasten 12 cm
HERKUNFT: Kunsthandel, angeblich nahe Sürüç (Serug), Südostanatolien
KULTURSTUFE: Vermutlich Jüngeres Frühdynastikum
DATIERUNG: Vermutlich ca. 2900–2440 v. Chr.
DARSTELLUNG: Zweiachsiges Wagengestell mit Frontschild, Seitenrändern, Seitenrandsitz und Trittbrett. Die Rückfront unter dem Sitz ist seitlich durchbrochen. Brillenförmiger, von einer Mittelkrampe gehaltener Doppelbügel an der Oberkante des mit Ritzungen versehenen Schildes. Die Seitenränder sind im unteren Bereich über den Frontschild hinaus leicht kufenartig nach vorne gezogen. Auf Scheibenrädern.

LITERATUR: Özgen, AnSt 36: 167, Fig. 1 S. 166 (Ansicht seitenverkehrt; unsere ABB.).
SEKUNDÄRLITERATUR: Uzunoğlu, Edgü edit., Anatol Civil Istanbul I: S. 177 Nr. A.464 und Farbtf. 5 nach S. 36 oben Mitte.
STANDORT: Museum Gaziantep (119–57–74).

TYP IX: FRONTSCHILDZWEIACHSER MIT STEHFLÄCHE

KATALOG-NR.: IX 01 (ABB. 105)
TYP: IX, Frontschildzweiachser mit Stehfläche

KULTURKREIS: Zentralvorderasiatisch
DENKMALSGESTALT: Fragmentarisches Modellteil, obere Hälfte des Frontschildes abgebrochen

MATERIAL: Terracotta
MASSE: Höhe 8,5 cm; Länge 14,0 cm; Breite 6,5 cm
HERKUNFT: Ausgrabung Tall Bi^{c}ah, 16/34 W, Wohnschutt der Schicht II, Haus 2, Hof I, am Fuß der eingebauten NNO-SSW-Mauer (16/34:49), Nordwestmesopotamien, am Euphrat und Balich
KULTURSTUFE: Ur I-Phase des Jüngeren Frühdynastikums
DATIERUNG: Ca. 2640–2440 v. Chr.
DARSTELLUNG: Zweiachsiger Wagenaufsatz mit Frontschild, Stehfläche, Bodenrahmen und Trittbrett. Der Frontschild ist an der Außenseite mit Ritzungen bedeckt. Der Bodenrahmen ist im unteren Bereich beidseitig über den Schild hinaus leicht kufenartig nach vorne gezogen. Deichselloch unter dem Frontschild.

LITERATUR: Strommenger, MDOG 121: 55, Abb. 34 S. 56 (unser ABB.-Foto).
STANDORT: Museum Raqqah (82 Bi 69).

KATALOG-NR.: IX 02 (ABB. 106)

TYP: IX, Frontschildzweiachser mit Stehfläche

KULTURKREIS: Zentralvorderasiatisch
DENKMALSGESTALT: Modellteil, Zugehörigkeit der Räder fraglich
MATERIAL: Terracotta
MASSE: Höhe Schild 13 cm; Länge des Wagenvierecks 12,7 cm
HERKUNFT: Kunsthandel, angeblich nahe Sürüç (Serug), Südostanatolien
KULTURSTUFE: Vermutlich Meskalamdu- bis Ur I-Phase des Jüngeren Frühdynastikums
DATIERUNG: Vermutlich ca. 2700–2640–2440 v. Chr.
DARSTELLUNG: Zweiachsiges Wagengestell mit Frontschild, Stehfläche, Bodenrahmen und Trittbrett. Brillenförmiger, von einer Mittelkrampe gehaltener Doppelbügel an der Oberkante des mit Ritzungen versehenen Schildes. Der Bodenrahmen ist im unteren Bereich beidseitig kufenartig nach vorne gezogen und enthält die Löcher für die Achslagerung, so daß die Vorderachse vor dem Schild verläuft. Deichselloch unter dem Frontschild. Auf Scheibenrädern.

LITERATUR: Özgen, AnSt 36: 167, Fig. 2 S. 168.
STANDORT: Museum Gaziantep, Vitrine 8 oben.

KATALOG-NR.: IX 03 (ABB. 107)

TYP: IX, Frontschildzweiachser mit Stehfläche

KULTURKREIS: Zentralvorderasiatisch
DENKMALSGESTALT: Fragmentarisches Modellteil, Oberseite des Frontschildes weggebrochen
MATERIAL: Terracotta
MASSE: Höhe 5,8 cm; Länge 13, 4 cm; Breite 7,0 cm
HERKUNFT: Ausgrabung Tall Bi^{c}ah, Oberfläche (B: 76), Nordwestmesopotamien, am Euphrat und Balich
KULTURSTUFE: –
DATIERUNG: Vermutlich 2. Hälfte III. Jahrtausend v. Chr.
DARSTELLUNG: Zweiachsiger Wagenaufsatz mit Frontschild, Stehfläche, Bodenrahmen und Trittbrett. Der Frontschild ist außen mit Ritzungen verziert, der

Bodenrahmen ist beidseitig über den Frontschild hinaus kufenartig nach vorne gezogen und enthält die Löcher für die Achslagerung, so daß die Vorderachse vor dem Schild verläuft. Deichselloch unter dem Frontschild.

LITERATUR: Unpubliziert (demnächst Tall Bi^{c}a / Tuttul – V).
STANDORT: Museum Raqqah (83 Bi 6).

KATALOG-NR.: IX 04 (ABB. 108)

TYP: IX, Frontschildzweiachser mit Stehfläche

KULTURKREIS: Zentralvorderasiatisch
DENKMALSGESTALT: Fragmentarisches Modellteil, nur Vorderteil des Wagenaufsatzes und Unterteil des Frontschildes erhalten
MATERIAL: Terracotta
MASSE: Höhe 8,2 cm; Länge 7,2 cm; Breite 7,2 cm
HERKUNFT: Ausgrabung Harran, »Deep Sounding«, Phase 3 in 20,93 m Tiefe, Nordwestmesopotamien
KULTURSTUFE: Neusumerische Zeit
DATIERUNG: Spätes III. Jahrtausend v. Chr. laut Ausgräber
DARSTELLUNG: Zweiachsiger Wagenaufsatz mit Frontschild und Bodenrahmen. Reste von Ritzungen auf dem Schild; auf dessen oberer Kante noch die eingelassenen Reste des Doppelbügels. Der Bodenrahmen war im unteren Bereich beidseitig über den Frontschild hinaus kufenartig nach vorne gezogen und enthielt die Löcher für die Achslagerung, so daß die Vorderachse vor dem Schild verläuft. Deichselloch unter dem Frontschild.

LITERATUR: Prag, Levant 2: 89 f., Fig. 10:80.

KATALOG-NR.: IX 05 (ABB. 109)

TYP: IX, Frontschildzweiachser mit Stehfläche

KULTURKREIS: Zentralvorderasiatisch
DENKMALSGESTALT: Fragmentarisches Modellteil, nur vordere Hälfte des Wagenaufsatzes erhalten, Frontschild oben weggebrochen
MATERIAL: Terracotta
MASSE: Höhe 6,6 cm; Länge 7,4 cm; Breite 5,8 cm
HERKUNFT: Ausgrabung Tall Bi^{c}ah, Aschenschicht unter jüngerer Stadtmauer (31/16:33), Nordwestmesopotamien, am Euphrat und Balich
KULTURSTUFE: –
DATIERUNG: Vermutlich 2. Hälfte III. Jahrtausend v. Chr.
DARSTELLUNG: Zweiachsiger Wagenaufsatz mit Frontschild und Bodenrahmen. Der Schild ist mit Ritzungen verziert, der Bodenrahmen ist im unteren Bereich beidseitig über den Frontschild hinaus kufenartig nach vorne gezogen.

LITERATUR: Unpubliziert (demnächst Tall Bi^{c}a / Tuttul – V).

KATALOG-NR.: IX 06 (ABB. 111)

TYP: IX, Frontschildzweiachser mit Stehfläche

KULTURKREIS: Zentralvorderasiatisch

DENKMALSGESTALT: Fragmentarisches Modellteil, nur vordere Hälfte des Wagenaufsatzes erhalten, Frontschild oben weggebrochen
MATERIAL: Terracotta
MASSE: Höhe 6,6 cm; Länge 7,8 cm; Breite 5,4 cm
HERKUNFT: Ausgrabung Tall Bi^{c}ah, 43/24, Wohnhausschutt (Hof?) (43/24:43), Nordwestmesopotamien, am Euphrat und Balich
KULTURSTUFE: –
DATIERUNG: Vermutlich 2. Hälfte III. Jahrtausend v. Chr.
DARSTELLUNG: Zweiachsiger Wagenaufsatz mit Frontschild und Bodenrahmen. Der Frontschild ist mit Ritzungen verziert, der Bodenrahmen ist im unteren Bereich beidseitig über den Schild hinaus kufenartig nach vorne gezogen, so daß die Vorderachse vor dem Frontschild verläuft. Deichselloch unter dem Schild.

LITERATUR: Unpubliziert (demnächst Tall Bi^{c}a / Tuttul – V).

KATALOG-NR.: IX 07 (ABB. 110)

TYP: IX, Frontschildzweiachser mit Stehfläche

KULTURKREIS: Zentralvorderasiatisch
DENKMALSGESTALT: Fragmentarisches Modellteil, nur Frontschild mit Ansätzen weggebrochener Kufen erhalten
MATERIAL: Terracotta
MASSE: Höhe 12 cm; Breite 8,3 cm
HERKUNFT: Ausgrabung Harran, ohne Schichtangabe, Nordwestmesopotamien
KULTURSTUFE: –
DATIERUNG: Fraglich
DARSTELLUNG: Frontschild eines zweiachsigen Wagengestells mit Reliefapplikationen an der Außenseite: zwei sich gegenüber stehende Personen? Bodenrahmen, der über der Frontschild hinaus beidseitig kufenartig nach vorne gezogen ist. An der Oberkante des Schildes erkennt man die Herstellung aus zwei Platten von denen die Enden der beiden Bügel umfaßt werden. Deichselloch unter dem Frontschild.

LITERATUR: Prag, Levant 2: 89, Fig 10:79 S. 90 (unsere ABB.), Pl. XXXV B links.

TYP X a: FRONTSCHILDZWEIACHSER MIT HINTERBOCK – BODENRAHMEN VORHANDEN

KATALOG-NR.: X a 01 (ABB. 113)

TYP: X a, Frontschildzweiachser mit Hinterbock – Bodenrahmen vorhanden

KULTURKREIS: Zentralvorderasiatisch
DENKMALSGESTALT: Modellteil, Zugehörigkeit der Räder fraglich, Deichsel und Achsen modern
MATERIAL: Terracotta
MASSE: Höhe 4,5 cm; Länge 5 cm

HERKUNFT: Ausgrabung Tall Ḫuwayrah (Ḫuwayrah) (T.CH. 57/1959), Nordwestmesopotamien
KULTURSTUFE: Älteres Frühdynastikum
DATIERUNG: Ca. 3100–2900 v. Chr.
DARSTELLUNG: Zweiachsiges Wagengestell mit Frontschild, Hinterbock nebst Trittbrett und Bodenrahmen. Deichselloch unter dem Frontschild. Achsröhren mit beidseits überstehenden Endstutzen. Auf Scheibenrädern.

LITERATUR: Littauer, Levant 5: 108, Pl. XLIV C nach S. 102 (unsere ABB.).
SEKUNDÄRLITERATUR: Littauer, HdO Vehicles: 16 Anm. 7.

KATALOG-NR.: X a 02 (ABB. 112)

TYP: X a, Frontschildzweiachser mit Hinterbock – Bodenrahmen vorhanden

KULTURKREIS: Elamisch
DENKMALSGESTALT: Fragmentarisches Modellteil, Frontschild bestoßen
MATERIAL: Terracotta
MASSE: Höhe ca. 4,1 cm; Länge ca. 8,1 cm
HERKUNFT: Ausgrabung Susa (Šuš), ohne Fundstellenangabe, Chuzistan
KULTURSTUFE: –
DATIERUNG: Fraglich
DARSTELLUNG: Zweiachsiger Wagenaufsatz mit Frontschild, Hinterbock und Bodenrahmen. Auf Achsröhren mit beidseits überstehenden Endstutzen.

LITERATUR: Mecquenem, MDP XXIX: 125 f., 160, fig. 91 b:8.

KATALOG-NR.: X a 03 (ABB. 114)

TYP: X a, Frontschildzweiachser mit Hinterbock – Bodenrahmen vorhanden

KULTURKREIS: Zentralvorderasiatisch
DENKMALSGESTALT: Fragmentarisches Modellteil, Doppelbügel an der Oberkante des Frontschildes abgebrochen
MATERIAL: Terracotta
MASSE: Höhe 6,6 cm; Länge 5,9 cm; Breite 4,1 cm
HERKUNFT: Ausgrabung Assur (Aš Šarqat / Qal^{c}at Šarqat), eA 6II, (Ass 6573b), Mittelmesopotamien
KULTURSTUFE: Jüngeres Frühdynastikum
DATIERUNG: Ca. 2900–2440 v. Chr.
DARSTELLUNG: Zweiachsiger Wagenaufsatz mit Frontschild, Hinterbock nebst Trittbrett und Bodenrahmen. Der Schild ist außen mit aufgesetzten Tonkügelchen und Ritzungen versehen. Der Bodenrahmen, der Hinterbock sowie die Innenseite des Schildes sind mit Ritzungen verziert. Zwei Ritzlinien auf jedem der Endstutzen der Achsröhren. Brillenförmiger Doppelbügel an der Oberkante des Schildes. Auf Achsröhren mit beidseits überstehenden Endstutzen. Deichselloch unter dem Frontschild.

LITERATUR: Klengel-Brandt, FuB 12: 34, Tf. 3:2,3 (unsere ABB. links = 2, rechts = 3).
SEKUNDÄRLITERATUR: Klengel-Brandt, Terra Assur VA Bln: 113, Nr. 761, Tf. 24.
STANDORT: Vorderasiatisches Museum, Berlin (VA 8138).

KATALOG-NR.: X a 04 (ABB. 116)
TYP: X a, Frontschildzweiachser mit Hinterbock – Bodenrahmen vorhanden

KULTURKREIS: Zentralvorderasiatisch
DENKMALSGESTALT: Fragmentarisches(?) Modellteil, Frontschild bestoßen?
MATERIAL: Terracotta
MASSE: Höhe 3,7 cm; Länge 7,2 cm; Breite 3,2 cm
HERKUNFT: Ausgrabung Tappah Gawra, Schicht VIII, aus O5, Fundnr. 5615, Ostobertigrisgebiet
KULTURSTUFE: Älteres Frühdynastikum
DATIERUNG: Ca. 3100–2900 v. Chr.
DARSTELLUNG: Zweiachsiger Wagenaufsatz mit Frontschild, Hinterbock und Bodenrahmen. Auf Achsröhren mit beidseits überstehenden Endstutzen.

LITERATUR: Speiser, Gawra I: 74 f., 207, Pl. XXXIVc 3, Pl. LXXVIII 3 (unsere ABB. von der linken Seite).
SEKUNDÄRLITERATUR: Christian, Altertum Zweistrom I Taf: Tf. 326:6;
Salonen, Landfahrzeuge: 158, Tf. VII, 1 oben;
Tarr, Karren: 32, Abb. 37 (unsere ABB. im Schnitt).
STANDORT: Iraq Museum, Baġdād.

KATALOG-NR.: X a 05 (ABB. 115)
TYP: X a, Frontschildzweiachser mit Hinterbock – Bodenrahmen vorhanden

KULTURKREIS: Zentralvorderasiatisch
DENKMALSGESTALT: Modellteil
MATERIAL: Terracotta
MASSE: Höhe 5,2 cm; Länge 7,3 cm; Breite 3 cm
HERKUNFT: Ausgrabung Assur (Aš Šarqat / Qal^{c}at Šarqat), Stadtgebiet (Ass 19757), Mittelmesopotamien
KULTURSTUFE: –
DATIERUNG: Fraglich
DARSTELLUNG: Zweiachsiger Wagenaufsatz mit Frontschild, Hinterbock und Bodenrahmen.

LITERATUR: Klengel-Brandt, FuB 12: 34, Tf. 3,1 (unsere ABB.).
SEKUNDÄRLITERATUR: Klengel-Brandt, Terra Assur VA Bln: 113, Nr. 762.
STANDORT: Vorderasiatisches Museum, Berlin (VA 8093).

KATALOG-NR.: X a 06 (ABB. 118)
TYP: X a, Frontschildzweiachser mit Hinterbock – Bodenrahmen vorhanden

KULTURKREIS: Zentralvorderasiatisch
DENKMALSGESTALT: Fragmentarisches Modellteil, nur Hinterteil des Wagenaufsatzes erhalten
MATERIAL: Terracotta
MASSE: Unbekannt
HERKUNFT: Ausgrabung Tappah Gawra, Schicht VIII, aus J8 (5780), Ostobertigrisgebiet
KULTURSTUFE: Älteres Frühdynastikum
DATIERUNG: Ca. 3100–2900 v. Chr.

DARSTELLUNG: Wahrscheinlich Hinterteil eines zweiachsigen Wagenaufsatzes mit Frontschild, Hinterbock nebst Trittbrett und Bodenrahmen. Vorn Reste des Deichselloches. Achse(n) in Achsröhre(n) mit beidseits überstehenden Endstutzen.

LITERATUR: Speiser, Gawra I: 74, 207, Pl. XXXIV c 1, Pl. LXXVIII 2 (Zeichnung steht kopf; unsere ABB.).
SEKUNDÄRLITERATUR: Tarr, Karren: 32, Abb. 36.
STANDORT: University Museum, Philadelphia.

KATALOG-NR.: X a 07 (ABB. 117)
TYP: X a, Frontschildzweiachser mit Hinterbock – Bodenrahmen vorhanden

KULTURKREIS: Mittanisch ?
DENKMALSGESTALT: Fragmentarisches Modellteil, vordere Hälfte des Wagenaufsatzes abgebrochen
MATERIAL: Terracotta
MASSE: Länge ca. 6,25 cm
HERKUNFT: Ausgrabung Nuzi (Yurġ/qan Tappah), D 14, Ostobertigrisgebiet
KULTURSTUFE: »Hurritische Periode«?
DATIERUNG: Ca. 1450–1350 v. Chr. ?
DARSTELLUNG: Zweiachsiger Wagenaufsatz mit Hinterbock, spornartigem Trittbrett und Bodenrahmen. Achse(n) in Achsröhre(n) mit beidseits überstehenden Endstutzen.

LITERATUR: Starr, Nuzi II: 25, Pl. 99 H (unsere ABB).
SEKUNDÄRLITERATUR: Salonen, Landfahrzeuge: 162, Tf. XVII.

TYP X b: FRONTSCHILDZWEIACHSER MIT HINTERBOCK – BODENRAHMEN FEHLT

KATALOG-NR.: X b 01 (ABB. 119)
TYP: X b, Frontschildzweiachser mit Hinterbock – Bodenrahmen fehlt

KULTURKREIS: Zentralvorderasiatisch
DENKMALSGESTALT: Modellteil
MATERIAL: Terracotta
MASSE: Höhe 15,0 cm; Länge 21,6 cm; Breite 7,0 cm
HERKUNFT: Ausgrabung Tall Bi^{c}ah, Gelände H, westlich des Grabungshauses, möglicherweise Grab (H 33,1), Nordwestmesopotamien, am Euphrat und Balich
KULTURSTUFE: Ur I-Phase des Jüngeren Frühdynastikums bis Reichsakkadische Zeit
DATIERUNG: Ca. 2640–2440–2327 v. Chr.
DARSTELLUNG: Zweiachsiger Wagenaufsatz mit Frontschild und Hinterbock, Bodenrahmen fehlt, diagonale Wulstapplikationen auf dem Schild. Unten am Frontschild eine Tonapplikation als Öse zur Befestigung des Zugstranges.

LITERATUR: Unpubliziert (demnächst Tall Bi^{c}a / Tuttul – V).
STANDORT: Museum Raqqah (87 Bi 65).

TYP XI: ZWEIACHSIGER FRONTSCHILDKASTEN

KATALOG-NR.: XI 01 (ABB. 120)
TYP: XI, Zweiachsiger Frontschildkasten

KULTURKREIS: Zentralvorderasiatisch
DENKMALSGESTALT: Fragmentarisches Modellteil, Doppelbügel nur rechts und drei zugehörige Räder erhalten
MATERIAL: Ungebrannter Ton
MASSE: Höhe 8,4 cm; Länge 11,9 cm; Breite 5,7 cm
HERKUNFT: Ausgrabung Tall Bi^{c}ah, Friedhof U, Grab U:41, Bestattung der Grabgruppe 2 (U:277, 1), Nordwestmesopotamien, am Euphrat und Balich
KULTURSTUFE: Jüngeres Frühdynastikum
DATIERUNG: Ca. 2900–2440 v. Chr.
DARSTELLUNG: Wagenaufsatz mit Frontschild und Seitenwänden. Brillenförmiger Doppelbügel an der Oberkante des Frontschildes. Die Seitenwände sind tief vertikal eingeritzt. Vorderes Achslager führt vor dem Schild durch die Bodenplatte. Der Wagenaufatz wurde mit drei offensichtlich zugehörigen Scheibenrädern gefunden.

LITERATUR: Strommenger, Bi^{c}a I: 103 Tf. 127, 5.
STANDORT: Museum Raqqah (87 Bi 68).

KATALOG-NR.: XI 02 (ABB. 121)
TYP: XI, Zweiachsiger Frontschildkasten

KULTURKREIS: Zentralvorderasiatisch
DENKMALSGESTALT: Fragmentarisches Modellteil, obere Hälfte des Frontschildes abgebrochen, Seitenwände bestoßen
MATERIAL: Terracotta
MASSE: Höhe 6,8 cm; Länge 11,5 cm; Breite 5,4 cm
HERKUNFT: Ausgrabung Tall Bi^{c}ah, 37/23 N, im Bereich südlich des Tempels (37/23:59), Nordwestmesopotamien, am Euphrat und Balich
KULTURSTUFE: –
DATIERUNG: Vermutlich 2. Hälfte III. Jahrtausend v. Chr.
DARSTELLUNG: Wagenaufsatz mit Frontschild und Seitenwänden. Frontschild und linke Seitenwand mit Fischgrätenmuster, rechte Seitenwand mit verschiedenen Ritzmustern in mehreren horizontalen Bändern verziert. Auf Achsröhren mit beidseits überstehenden Endstutzen. Deichselloch unter dem Frontschild.

LITERATUR: Unpubliziert (demnächst Tall Bi^{c}a / Tuttul – V).

TYP XII: ZWEIACHSIGER PLANWAGEN

KATALOG-NR.: XII 01 (ABB. 122)
TYP: XII, Zweiachsiger Planwagen

KULTURKREIS: Zentralvorderasiatisch
DENKMALSGESTALT: Modellteil

MATERIAL: Hellgrünlich glasierte Fritte
MASSE: Höhe 5,6 cm; Länge 5,8 cm; Breite 2,7 cm
HERKUNFT: Ausgrabung Tall Bi^{c}ah, Kindergrab U:6 der Grabgruppe 4 (U:131), Nordwestmesopotamien, am Euphrat und Balich
KULTURSTUFE: Reichsakkadische Zeit
DATIERUNG: Ca. 2440–2327 v. Chr.
DARSTELLUNG: Zweiachsiger Wagenaufsatz mit Plane, Scheitelpartie kreuzweise schraffiert, beidseitig Relief von zwei Vierfüsslern mit gesenkten Köpfen, darunter Fischgrätenmuster. Das Verdeck ist hinten geschlossen. Auf Achsröhren. Die Achsröhre ist vorne zur Befestigung eines Zugstranges zentral durchbohrt. Um ein Loch für eine Deichsel kann es sich hier nicht handeln.

LITERATUR: Strommenger, MDOG 119: 48 f., Abb. 28 S. 49 (unsere ABB. von der rechten Seite und im Querschnitt);
Strommenger, Bi^{c}a I: 87 Tf. 106, 7; 162, 1–3.
SEKUNDÄRLITERATUR: Amiet, Rouault edit. Eufrate Rimini: cat. n. 275, S. 324 (Abb.), 456 (Falsche Datierung!);
Strommenger, Tribute Bounni: 297–306, Pl. 101 a.
STANDORT: Museum Raqqah (84 Bi 1).

KATALOG-NR.: XII 02 (ABB. 126)

TYP: XII, Zweiachsiger Planwagen

KULTURKREIS: Zentralvorderasiatisch
DENKMALSGESTALT: Modellteil, Räder nicht zugehörig
MATERIAL: Terracotta
MASSE: Höhe 6,2 cm; Länge 6,8 cm
HERKUNFT: Ausgrabung Tappah Gawra, Schicht VI, Gebäude J7 Raum 620 (905), Ostobertigrisgebiet
KULTURSTUFE: Reichsakkadische Zeit
DATIERUNG: Ca. 2440–2327 v. Chr.
DARSTELLUNG: Zweiachsiger Wagenaufsatz mit Plane, mit netzartiger Schraffur überzogen, zwei senkrechte Ösen an der Aufsatzfront oberhalb des Wagenbodens. Das Verdeck ist hinten offen. Auf Achsröhren.

LITERATUR: Speiser, AfO 5: 163, Tf. XVI c Mitte;
Speiser, Gawra I: 75, Pl. XXXV a 2.
SEKUNDÄRLITERATUR: Christian, Altertum Zweistrom I Taf: Tf. 326.8;
Häusler, Treue edit. Achse: 142;
Littauer, HdO Vehicles: 38 Anm. 4, Fig. 16;
Littauer, PPS 40: 20, 26 ff., 30, Fig. 2;
Salonen, Landfahrzeuge: 158, Tf. VII 1 unten (unsere ABB.);
Strommenger, Tribute Bounni: 297–306, Pl. 98a;
Tarr, Karren: 50, Abb. 68.
STANDORT: Dropsie College, Philadelphia.

KATALOG-NR.: XII 03 (ABB. 123)

TYP: XII, Zweiachsiger Planwagen

KULTURKREIS: Zentralvorderasiatisch

DENKMALSGESTALT: Modellteil, Zugehörigkeit der Räder fraglich
MATERIAL: Glasierte Fritte
MASSE: Höhe 5,6 cm; Länge 5,7 cm; Breite 2,3 cm
HERKUNFT: Ausgrabung Tall Bi^{c}ah, Friedhof U, gestörtes Grab (U:296,1), Nordwestmesopotamien, am Euphrat und Balich
KULTURSTUFE: –
DATIERUNG: Vermutlich 2. Hälfte III. Jahrtausend v. Chr.
DARSTELLUNG: Zweiachsiges/r Wagengestell oder -aufsatz mit Plane, die vorne und hinten durch einen Wulstrand abgeschlossen wird, der durch eine schwarze Bemalung betont ist. Das Verdeck ist hinten geschlossen. Auf Achsröhren. Keine Befestigungsvorrichtung für einen Zugstrang. Auf Scheibenrädern.

LITERATUR: Strommenger, Tribute Bounni: 297–306, Pl. 100, U:296, 1 (unsere ABB. von der rechten Seite und im Querschnitt), Pl. 101 b;
Strommenger, Bi^{c}a I: 115 Tf. 145, 6; 162, 4–7.
STANDORT: Museum Raqqah (87 Bi 70).

KATALOG-NR.: XII 04 (ABB. 125)
TYP: XII, Zweiachsiger Planwagen

KULTURKREIS: Zentralvorderasiatisch
DENKMALSGESTALT: Modellteil
MATERIAL: Terracotta
MASSE: Höhe 10,4 cm; Länge 10,9 cm; Breite 5 cm
HERKUNFT: Ausgrabung Terqa in Ḫana (Tall ^{c}Ašārah; TQ 12–10067), Mittelmesopotamien
KULTURSTUFE: Frühaltbabylonische Zeit
DATIERUNG: Ca. 2160–1870 v. Chr.; laut Publikation 18. Jahrhundert v. Chr.
DARSTELLUNG: Zweiachsiger Wagenaufsatz mit unverzierter Plane. Die Vorderachse verläuft in vor dem Wagenboden beidseitig angesetzten Achslagern. Art der Befestigung einer Zugvorrichtung nicht erkennbar.

LITERATUR: Pic, Rouault edit. Eufrate Rimini: cat. n. 292, S. 333 (Abb.), 458.
STANDORT: Museum Dayr aẓ Ẓawr (az Zawr; 11567).

KATALOG-NR.: XII 05 (ABB. 124)
TYP: XII, Zweiachsiger Planwagen

KULTURKREIS: Fraglich
DENKMALSGESTALT: Fragmentarisches Modellteil, eine Seite und Kappe abgebrochen; Räder in der Zeichnung ergänzt.
MATERIAL: Terracotta
MASSE: Unbekannt
HERKUNFT: Ausgrabung Ḥamah, Schicht J 3, Zentralsyrien
KULTURSTUFE: –
DATIERUNG: 2. Hälfte III. Jahrtausend v. Chr.
DARSTELLUNG: Zweiachsiger Wagenaufsatz mit ritzverzierter Plane; vorne und hinten offen. Auf Achsröhren.

LITERATUR: Ingholt, Hama 1932–8: 37 und Anm. 6;
Fugmann, Hama II 1: S. 72, fig. 93 3A343 (unsere ABB.).

KATALOG-NR.: XII 06 (ABB. 129)

TYP: XII, Zweiachsiger Planwagen

KULTURKREIS: Zentralvorderasiatisch
DENKMALSGESTALT: Fragmentarisches Modellteil, Boden, rechte Seite und Kappe abgebrochen
MATERIAL: Terracotta
MASSE: Höhe 7,0 cm; Länge 12,3 cm; Breite 5,4 cm
HERKUNFT: Ausgrabung Tall Bi^{c}ah in einer Aschengrube zwischen Palast B und A (25/48:71), Nordwestmesopotamien, am Euphrat und Balich
KULTURSTUFE: Reichsakkadische Zeit bis Ur III-Zeit
DATIERUNG: Ca. 2440–2327–2150 v. Chr.
DARSTELLUNG: Zweiachsiger Wagenaufsatz mit Plane, die mit Ritzungen verziert und hinten geschlossen ist. Die offene Vorderseite des Wagens ließ sich mit einem Gurt verschliessen, der über einen Knauf an der linken Seite befestigt ist. Art der Befestigung der Zugvorrichtung unbekannt. Die Vorderachse verläuft in vor dem Wagenboden beidseits angesetzten Achslagern.

LITERATUR: Unpubliziert (demnächst Tall Bi^{c}a / Tuttul – V).

KATALOG-NR.: XII 07 (ABB. 127)

TYP: XII, Zweiachsiger Planwagen

KULTURKREIS: Elamisch
DENKMALSGESTALT: Fragmentarisches Modellteil, nur Boden und Planenansatz erhalten
MATERIAL: Terracotta
MASSE: Länge ca. 12 cm
HERKUNFT: Ausgrabung Susa (Šuš), ohne Fundstellenangabe, Chuzistan
KULTURSTUFE: –
DATIERUNG: Fraglich
DARSTELLUNG: Zweiachsiger Wagenaufsatz mit kreuzweise schraffierter Plane. Achsen in Achsröhren mit beidseits überstehenden Endstutzen.

LITERATUR: Mecquenem, MDP XXIX: 125 f., 160, fig. 91 b:10 (unsere ABB.).
SEKUNDÄRLITERATUR: Littauer, PPS 40: 22, 26 ff., Fig. 3.

KATALOG-NR.: XII 08 (ABB. 133)

TYP: XII, Zweiachsiger Planwagen

KULTURKREIS: Fraglich
DENKMALSGESTALT: Modellteil, Räder nicht zugehörig
MATERIAL: Terracotta
MASSE: Höhe ohne Räder ca. 13 cm; Länge ca. 19 cm; Breite ca. 10 cm
HERKUNFT: Kunsthandel, aus Ošeriyyah, wahrscheinlich aus dem Friedhof Tall al Ḥammām bei Al Ḥammām / Ošeriyyah, Nordsyrien, am Sagur und Euphrat
KULTURSTUFE: –
DATIERUNG: Fraglich
DARSTELLUNG: Zweiachsiger Wagenaufsatz mit Plane, hinten geschlossen. Das Verdeck ist in Bodenhöhe eng, weiter oben nachlässig und grob kreuzweise schraffiert. Vorne eine niedrige Brüstung mit vertikaler Ritzung, die stufenartig

vorspringt. Dadurch entsteht ein rollenartiger Vorbau, der die entsprechende Achslagerung enthält; an ihm sitzt zentral eine waagerechte Öse.

LITERATUR: Childe, PPS 17: 184.
SEKUNDÄRLITERATUR: Clutton-Brock, Horse: 12, Fig. 0.3.;
Littauer, PPS 40: 20, 25 ff., Fig. 1 (unsere ABB.), Pl. 1;
Piggott, PPS 34: 273, 294, Pl. XXIII unten;
Strommenger, Tribute Bounni: 298 f..
STANDORT: Ashmolean Museum, Oxford (Nr. 1913:183).

KATALOG-NR.: XII 09 (ABB. 130)
TYP: XII, Zweiachsiger Planwagen

KULTURKREIS: Fraglich
DENKMALSGESTALT: Modellteil, Zugehörigkeit der Räder fraglich, Deichsel modern
MATERIAL: Terracotta
MASSE: Höhe 10 cm; Länge 11,2 cm; Breite 5,9 cm
HERKUNFT: Kunsthandel, angeblich aus der Umgebung von Gaziantep (Aintab), Südzentralanatolien
KULTURSTUFE: Vermutlich »Frühe Bronzezeit«
DATIERUNG: Vermutlich Mitte III. Jahrtausend v. Chr.
DARSTELLUNG: Zweiachsiges/r Wagengestell oder -aufsatz nebst Plane, mit drei Reihen aus vertikalem Fischgrätenmuster versehen. An der vorderen rechten Kante der Plane ist eine senkrechte Applikation mit zwei horizontalen Krampen befestigt, vermutlich von einem Verschluß mit einem Gurt oder Seil. Die Vorderachse verläuft in vor dem Wagenboden beidseitig angesetzten Achslagern.

LITERATUR: Uzunoğlu, Edgü edit. Anatol Civil Istanbul I: S. 176 Nr. A.462 und Farbtf. 5 nach S. 36 oben rechts A.462 (fälschlich »A.463«).

KATALOG-NR.: XII 10 (ABB. 128)
TYP: XII, Zweiachsiger Planwagen

KULTURKREIS: Fraglich
DENKMALSGESTALT: Modellteil, Zugehörigkeit der Räder fraglich
MATERIAL: Terracotta
MASSE: Höhe 14 cm; Länge 17 cm; Breite 13,2 cm
HERKUNFT: Kunsthandel, angeblich aus Südrußland
KULTURSTUFE: –
DATIERUNG: Fraglich
DARSTELLUNG: Zweiachsiges/r Wagengestell oder -aufsatz nebst Plane, die mit zickzackförmigen Ritzungen bedeckt und hinten geschlossen ist. An der vorderen linken Kante der Plane befindet sich eine Applikation, vermutlich das dort befestigte Ende des Gurtes oder Seiles zum Verschließen des Wagens. Die Vorderachse verläuft in vor dem Wagenboden beidseits angesetzten Achslagern. Auf Scheibenrädern.

LITERATUR: Häusler, Treue edit. Achse: 151 oben.
SEKUNDÄRLITERATUR: Anonymus, Achse 1: Titelblatt (unsere ABB. von der linken Seite).

STANDORT: Museum Achse, Rad und Wagen; Bergische Achsenfabrik, Fr. Kotz & Söhne, D 51674 Wiehl.

KATALOG-NR.: XII 11 (ABB. 132)
TYP: XII, Zweiachsiger Planwagen

KULTURKREIS: Fraglich
DENKMALSGESTALT: Modellteil, Zugehörigkeit der Räder fraglich
MATERIAL: Terracotta
MASSE: Unbekannt
HERKUNFT: Kunsthandel, angeblich aus dem mittleren Euphrattal
KULTURSTUFE: –
DATIERUNG: Vermutlich 2. Hälfte III. Jahrtausend v. Chr.
DARSTELLUNG: Zweiachsiges/r Wagengestell oder -aufsatz mit Plane: ›Topfwagen‹. Das Verdeck ist an den Seiten und der Rückwand mit Fischgrätenmuster verziert und am vorderen Rand leicht aufgewölbt. Der Wagenboden ist vorne einmal senkrecht durchbohrt. Auf Scheibenrädern.

LITERATUR: Strommenger, Tribute Bounni: 297–306, Pl. 99 a rechts (unsere ABB. mit Rädern) und 99 b (unsere ABB. ohne Räder).
STANDORT: Prähistorische Staatssammlung, München.

KATALOG-NR.: XII 12 (ABB. 131)
TYP: XII, Zweiachsiger Planwagen

KULTURKREIS: Fraglich
DENKMALSGESTALT: Modellteil, Zugehörigkeit der Räder fraglich
MATERIAL: Terracotta
MASSE: Unbekannt
HERKUNFT: Kunsthandel, angeblich aus dem mittleren Euphrattal
KULTURSTUFE: –
DATIERUNG: Vermutlich 2. Hälfte III. Jahrtausend v. Chr.
DARSTELLUNG: Zweiachsiges/r Wagengestell oder -aufsatz mit Plane: ›Topfwagen‹. Das Verdeck ist am vorderen Rand leicht aufgewölbt. Die Rückfront ist geschlossen, der Wagenboden vorne zweimal senkrecht durchbohrt.

LITERATUR: Strommenger, Tribute Bounni: 297–306, Pl. 99 a links.
STANDORT: Prähistorische Staatssammlung, München.

KATALOG-NR.: XII 13 (ABB. 134)
TYP: XII, Zweiachsiger Planwagen

KULTURKREIS: Fraglich
DENKMALSGESTALT: Modell(teil?), teilweise ergänzt, Zugehörigkeit von Rädern und Auerrind fraglich
MATERIAL: Terracotta
MASSE: Höhe 14 cm
HERKUNFT: Kunsthandel, angeblich aus ›Syrien‹
KULTURSTUFE: –
DATIERUNG: Fraglich

DARSTELLUNG: Zweiachser bzw. Wagengestell oder -aufsatz mit Plane: ›Topfwagen‹. Das Verdeck trägt eine Viereckritzung. Die Rückfront ist geschlossen und mit Fischgrätenmuster verziert. Der Wagenboden ist vorne senkrecht durchbohrt. Auf Scheibenrädern.

LITERATUR: Unpubliziert
STANDORT: Museum Achse, Rad und Wagen; Bergische Achsenfabrik, Fr. Kotz & Söhne, D 51674 Wiehl.

KATALOG-NR.: XII 14 (ABB. 135)
TYP: XII, Zweiachsiger Planwagen

KULTURKREIS: Fraglich
DENKMALSGESTALT: Modell(teil?), Zugehörigkeit von Rädern und Auerrind fraglich
MATERIAL: Terracotta
MASSE: Höhe 10,4 cm; Länge 10,8 cm
HERKUNFT: Kunsthandel, angeblich aus ›Syrien‹
KULTURSTUFE: –
DATIERUNG: Fraglich
DARSTELLUNG: Zweiachser beziehungsweise Wagengestell oder -aufsatz mit Plane: ›Topfwagen‹. Das Verdeck ist vertikal im Fischgrätenmuster eingeritzt und an der Vorderkante leicht aufgewölbt, die Rückfront ist geschlossen. Auf Scheibenrädern.

LITERATUR: Ohlig, Gackstätter, Ant Kab I Frankf: Nr. 213.

KATALOG-NR.: XII 15 (ABB. 136)
TYP: XII, Zweiachsiger Planwagen

KULTURKREIS: Fraglich
DENKMALSGESTALT: Modellteil, ein Paar Räder laut Händler nicht zugehörig (eventuell alle Räder modern)
MATERIAL: Terracotta
MASSE: Höhe oder Länge 14,6 cm
HERKUNFT: Kunsthandel, angeblich aus ›Syrien‹
KULTURSTUFE: –
DATIERUNG: Fraglich
DARSTELLUNG: Zweiachsiges/r Wagengestell oder -aufsatz nebst Plane. Die geschlossene Rückfront hat ein kleines Fenster. Das Verdeck ist sorgfältig mit Fischgrätenmuster geritzt, fällt nach hinten ab: ›Topfwagen‹? Bei den Scheibenrädern fehlt die Pseudo-Nabe. Am vorderen Wagenboden drei senkrechte Ösen zur Befestigung der Zugstränge. Dahinter und etwas höher wird die Vorderachse durch zwei Löcher in der Seitenverkleidung geführt.

LITERATUR: Littauer, PPS 40: 33, Pl. II (unsere ABB.).
SEKUNDÄRLITERATUR: Strommenger, Tribute Bounni: 300.

GRUPPE XIII: NICHT NÄHER EINZUORDNENDE WAGENTYPEN

KATALOG-NR.: XIII 01 (ABB. 137)
GRUPPE XIII: Nicht näher einzuordnende Wagentypen

KULTURKREIS: Zentralvorderasiatisch
DENKMALSGESTALT: Modellteil, Zugehörigkeit der Räder fraglich, Deichsel und Achse modern
MATERIAL: Terracotta
MASSE: Unbekannt
HERKUNFT: Ausgrabung Tall al Wilayah, Südmesopotamien
KULTURSTUFE: Frühdynastische Zeit
DATIERUNG: Ca. 3300–2440 v. Chr.
DARSTELLUNG: Einachsiges Wagengestell mit Frontschild, Rückenlehne und vorderständiger Achse auf Scheibenrädern. Deichselloch unter dem Frontschild.

LITERATUR: Madhlum, Sumer 16: Tf. 10,24 (arabisch);
vergleiche Rashid, Sumer 19: 82–106.

KATALOG-NR.: XIII 02 (ABB. 138)
GRUPPE XIII: Nicht näher einzuordnende Wagentypen

KULTURKREIS: Zentralvorderasiatisch
DENKMALSGESTALT: Fragmentarisches Modellteil, Frontschild an der Oberseite bestoßen, Zugehörigkeit der Räder fraglich, Deichsel und Achse modern
MATERIAL: Terracotta
MASSE: Unbekannt
HERKUNFT: Ausgrabung Tall al Wilayah, Südmesopotamien
KULTURSTUFE: Frühdynastische Zeit
DATIERUNG: Ca. 3300–2440 v. Chr.
DARSTELLUNG: Einachsiges Wagengestell mit Frontschild, Rückenlehne (?) und vorderständiger Achse auf Scheibenrädern. Deichselloch unter dem Frontschild.

LITERATUR: Madhlum, Sumer 16: Tf. 10,23 (arabisch);
vergleiche Rashid, Sumer 19: 82–106.

KATALOG-NR.: XIII 03 (ABB. 139)
GRUPPE XIII: Nicht näher einzuordnende Wagentypen
KULTURKREIS: Zentralvorderasiatisch

DENKMALSGESTALT: Modellteil
MATERIAL: Terracotta
MASSE: Unbekannt
HERKUNFT: Ausgrabung Kiš (Tall Inġarrah), Mound ›A‹, nicht schichtbestimmt, Südmesopotamien
KULTURSTUFE: Vermutlich Frühdynastische Zeit
DATIERUNG: Vermutlich ca. 3300–2440 v. Chr.
DARSTELLUNG: Einachsiger Wagenaufsatz mit Frontschild und Rückenlehne, dazwischen sattelförmig gewölbtes Verbindungsstück. Vorderständige Achse in

Achsröhre nebst beidseits überstehender Endstutzen. Brillenförmiger Doppelbügel an der Oberkante des Frontschildes. Deichselloch unter dem Frontschild.

LITERATUR: Mackay, ›A‹ Kish II: 210 ff., Pl. XLVI Fig. 4 no. 1404.
STANDORT: Field Museum of Natural History, Chicago.

KATALOG-NR.: XIII 04 (ABB. 143)

GRUPPE XIII: Nicht näher einzuordnende Wagentypen

KULTURKREIS: Zentralvorderasiatisch
DENKMALSGESTALT: Modellteil
MATERIAL: Terracotta
MASSE: Unbekannt
HERKUNFT: Ausgrabung Kiš (Tall Inġarrah), Mound ›A‹, nicht schichtbestimmt, Südmesopotamien
KULTURSTUFE: Vermutlich Frühdynastische Zeit
DATIERUNG: Vermutlich ca. 3300–2440 v. Chr.
DARSTELLUNG: Einachsiger Wagenaufsatz mit Frontschild und Rückenlehne, dazwischen sattelförmig gewölbtes Verbindungsstück. Vorderständige Achse in Achsröhre nebst beidseits überstehender Endstutzen.

LITERATUR: Mackay, ›A‹ Kish II: 210, Pl. XLVI Fig. 1 no. 2606.
STANDORT: Field Museum of Natural History, Chicago.

KATALOG-NR.: XIII 05 (ABB. 141)

GRUPPE XIII: Nicht näher einzuordnende Wagentypen

KULTURKREIS: Zentralvorderasiatisch
DENKMALSGESTALT: Modellteil
MATERIAL: Terracotta
MASSE: Unbekannt
HERKUNFT: Ausgrabung Kiš (Tall Inġarrah), Mound ›A‹, nicht schichtbestimmt, Südmesopotamien
KULTURSTUFE: Vermutlich Frühdynastische Zeit
DATIERUNG: Vermutlich ca. 3300–2440 v. Chr.
DARSTELLUNG: Einachsiger Wagenaufsatz mit Frontschild. Dahinter sattelförmig gewölbter, von unten hohler ›Sitz‹ ohne Rückenlehne. Der ›Sitz‹ ist an den Seiten mit Ritzungen und auf der Oberseite mit einer Längslinie, der Frontschild außen mit einem gerahmten Diagonalkreuz geschmückt. Deichselloch unter dem Frontschild. Zwei Einkerbungen auf der Oberkante des Schildes. Achse in vorderständiger Achsröhre mit beidseits überstehenden Endstutzen.

LITERATUR: Mackay, ›A‹ Kish II: 210, Pl. XLVI Fig. 5 no. 958, Fig. 7 no. 958.
STANDORT: Ashmolean Museum, Oxford.

KATALOG-NR.: XIII 06 (ABB. 150)

GRUPPE XIII: Nicht näher einzuordnende Wagentypen

KULTURKREIS: Zentralvorderasiatisch
DENKMALSGESTALT: Modellteil
MATERIAL: Terracotta

MASSE: Unbekannt
HERKUNFT: Ausgrabung Kiš (Tall Inġarrah), Mound ›A‹, nicht schichtbestimmt, Südmesopotamien
KULTURSTUFE: Vermutlich Frühdynastisch
DATIERUNG: Vermutlich ca. 3300–2440 v. Chr.
DARSTELLUNG: Einachsiger Wagenaufsatz mit Frontschild und Rückenlehne, dazwischen sattelförmig gewölbtes Verbindungsstück. Der Frontschild ist in Andeutung eines Doppelbügels oben zweifach geschwungen. Deichselloch unter dem Schild. Achse in vorderständiger Achsröhre mit beidseits überstehenden Endstutzen.

LITERATUR: Mackay, ›A‹ Kish II: 210, Pl. XLVI Fig. 7 no. 1311.
STANDORT: Ashmolean Museum, Oxford.

KATALOG-NR.: XIII 07 (ABB. 144)
GRUPPE XIII: Nicht näher einzuordnende Wagentypen

KULTURKREIS: Zentralvorderasiatisch
DENKMALSGESTALT: Fragmentarisches Modellteil, Frontschild abgebrochen
MATERIAL: Terracotta
MASSE: Höhe ca. 6,4 cm; Länge ca. 7 cm
HERKUNFT: Ausgrabung Nippur (Tall Nuffar), TB IX Wand, Südmesopotamien
KULTURSTUFE: »Ur III-Zeit«
DATIERUNG: Ca. 2250–2150 v. Chr.
DARSTELLUNG: Einachsiger Wagenaufsatz mit Frontschild und Rückenlehne, dazwischen sattelförmig gewölbtes Verbindungsstück. Vorderständige Achse in Achsröhre mit beidseits überstehenden Endstutzen. Deichselloch unter dem Frontschild.

LITERATUR: McCown, Nippur I: 94, Pl. 149 no. 9.

KATALOG-NR.: XIII 08 (ABB. 142)
GRUPPE XIII: Nicht näher einzuordnende Wagentypen

KULTURKREIS: Zentralvorderasiatisch
DENKMALSGESTALT: Fragmentarisches Modellteil, Frontschild abgebrochen
MATERIAL: Terracotta
MASSE: Breite 4,4 cm; Länge 5,6 cm
HERKUNFT: Ausgrabung Uruk (Warka'), Ec XIV 5, am Lehmziegelfundament des Sînkāšid-Palastes (W 20411), Südmesopotamien
KULTURSTUFE: Frühaltbabylonische Zeit
DATIERUNG: ca. 2040–1870 v. Chr.
DARSTELLUNG: Einachsiger Wagenaufsatz mit Frontschild und Rückenlehne, dazwischen sattelförmig gewölbtes Verbindungsstück. Vorderständige Achse in Achsröhre mit beidseits überstehenden Endstutzen.

LITERATUR: Strommenger, UVB XIX: 43, Tf. 31 g.

KATALOG-NR.: XIII 09 (ABB. 140)
GRUPPE XIII: Nicht näher einzuordnende Wagentypen

KULTURKREIS: Zentralvorderasiatisch
DENKMALSGESTALT: Modellteil
MATERIAL: Terracotta
MASSE: Unbekannt
HERKUNFT: Ausgrabung Kiš (Tall Inġarrah), Mound ›A‹, nicht schichtbestimmt, Südmesopotamien
KULTURSTUFE: Vermutlich Frühdynastische Zeit
DATIERUNG: Vermutlich ca. 3300–2440 v. Chr.
DARSTELLUNG: Einachsiger Wagenaufsatz mit Frontschild und Rückenlehne, dazwischen sattelförmig gewölbtes Verbindungsstück. Vorderständige Achse in Achsröhre nebst beidseits überstehender Endstutzen.

LITERATUR: Mackay, ›A‹ Kish II: 210, Pl. XLVI Fig. 1 Nr. 2574 (unsere ABB.).
SEKUNDÄRLITERATUR: Christian, Altertum Zweistrom I Taf: Tf. 226:2; Tarr, Karren: 34, Abb. 43.
STANDORT: Field Museum of Natural History, Chicago.

KATALOG-NR.: XIII 10 (ABB. 145)

GRUPPE XIII: Nicht näher einzuordnende Wagentypen

KULTURKREIS: Zentralvorderasiatisch
DENKMALSGESTALT: Modellteil
MATERIAL: Terracotta
MASSE: Unbekannt
HERKUNFT: Ausgrabung Kiš (Tall Inġarrah), Mound ›A‹, nicht schichtbestimmt, Südmesopotamien
KULTURSTUFE: Vermutlich Frühdynastische Zeit
DATIERUNG: Vermutlich ca. 3300–2440 v. Chr.
DARSTELLUNG: Einachsiger Wagenaufsatz mit Frontschild und Rückenlehne, dazwischen sattelförmig gewölbtes Verbindungsstück. Vorderständige Achse in Achsröhre nebst beidseits überstehender Endstutzen.

LITERATUR: Mackay, ›A‹ Kish II: 210 Pl. XLVI Fig. 2 no. 795.
STANDORT: Iraq Museum, Baġdād.

KATALOG-NR.: XIII 11 (ABB. 146)

GRUPPE XIII: Nicht näher einzuordnende Wagentypen

KULTURKREIS: Zentralvorderasiatisch
DENKMALSGESTALT: Modellteil
MATERIAL: Terracotta
MASSE: Unbekannt
HERKUNFT: Ausgrabung Kiš (Tall Inġarrah), Mound ›A‹, nicht schichtbestimmt, Südmesopotamien
KULTURSTUFE: Vermutlich Frühdynastische Zeit
DATIERUNG: Vermutlich ca. 3300–2440 v. Chr.
DARSTELLUNG: Einachsiger Wagenaufsatz mit Frontschild und Rückenlehne, dazwischen sattelförmig gewölbtes Verbindungsstück. Vorderständige Achse in Achsröhre nebst beidseits überstehender Endstutzen.

LITERATUR: Mackay, ›A‹ Kish II: 210 Pl. XLVI Fig. 1 no. 2808.

STANDORT: Field Museum of Natural History, Chicago.

KATALOG-NR.: XIII 12 (ABB. 147)
GRUPPE XIII: Nicht näher einzuordnende Wagentypen

KULTURKREIS: Zentralvorderasiatisch
DENKMALSGESTALT: Fragmentarisches Modellteil, Vorderteil oben bestoßen
MATERIAL: Terracotta
MASSE: Höhe 3,0 cm; Länge 3,8 cm; Breite 3,3 cm
HERKUNFT: Ausgrabung Kiš (Tall al Uḫaymir + Tall Inġarrah), ohne Fundstellenangabe, Südmesopotamien
KULTURSTUFE: Vermutlich Frühdynastische Zeit
DATIERUNG: Vermutlich ca. 3300–2440 v. Chr.
DARSTELLUNG: Einachsiger Wagenaufsatz mit vorderständiger Achse nebst beidseits überstehender Endstutzen.

LITERATUR: Genouillac, Kich II: 21 P. 97, pl. XIV 1.

KATALOG-NR.: XIII 13 (ABB. 148)
GRUPPE XIII: Nicht näher einzuordnende Wagentypen

KULTURKREIS: Elamisch
DENKMALSGESTALT: Modellteil, Deichsel modern, Zugehörigkeit der Räder fraglich
MATERIAL: Terracotta
MASSE: Unbekannt
HERKUNFT: Ausgrabung Susa (Šuš) 1897, ohne Fundstellenangabe, Chuzistan
KULTURSTUFE: –
DATIERUNG: Fraglich
DARSTELLUNG: Einachsiges/r Wagengestell oder -aufsatz mit Frontschild und Rückenlehne, dazwischen sattelförmig gewölbtes Verbindungsstück. Vorderständige Achse. Deichselloch unter dem Frontschild. Auf Scheibenrädern.

LITERATUR: Tarr, Karren: 47, Abb. 62.
STANDORT: Louvre, Sammlung Morgan, Paris.

KATALOG-NR.: XIII 14 (ABB. 149)
GRUPPE XIII: Nicht näher einzuordnende Wagentypen

KULTURKREIS: Elamisch
DENKMALSGESTALT: Modellteil, Deichsel modern, Zugehörigkeit der Räder fraglich
MATERIAL: Terracotta
MASSE: Unbekannt
HERKUNFT: Ausgrabung Susa (Šuš), ohne Fundstellenangabe, Chuzistan
KULTURSTUFE: –
DATIERUNG: Fraglich
DARSTELLUNG: Einachsiges/r Wagengestell oder -aufsatz mit Frontschild und Rückenlehne, dazwischen sattelförmig gewölbtes Verbindungsstück. Der Front

schild ist oben in Andeutung von Doppelbügeln zweifach geschwungen. Deichselloch unter dem Frontschild. Vorderständige Achse. Auf Scheibenrädern.

LITERATUR: Forrer, Préhistoire 1: fig. 7,1.
SEKUNDÄRLITERATUR: Tarr, Karren: 47, Abb. 63 (unsere ABB.).
STANDORT: Louvre, Sammlung Morgan, Paris.

KATALOG-NR.: XIII 15 (ABB. 152)

GRUPPE XIII: Nicht näher einzuordnende Wagentypen

KULTURKREIS: Elamisch
DENKMALSGESTALT: Fragmentarisches Modellteil, Frontschild und Rückenlehne bestoßen
MATERIAL: Terracotta
MASSE: Höhe ca. 5,5 cm; Länge ca. 5,5 cm
HERKUNFT: Ausgrabung Susa (Šuš), Akropolis, Schicht 1 (2085), Chuzistan
KULTURSTUFE: »Akkad-Zeit, spät« = Frühelamische Zeit
DATIERUNG: Ca. 2327–2277 v. Chr.
DARSTELLUNG: Einachsiger Wagenaufsatz mit Frontschild und Rückenlehne; dazwischen sattelförmig gewölbtes Verbindungsstück. Deichselloch unter dem Frontschild. Vorderständige Achse in Achsröhre nebst beidseits überstehender Endstutzen.

LITERATUR: Stève, MDP XLVI: 59, 72 f., pl. 9:9.

KATALOG-NR.: XIII 16 (ABB. 151)

GRUPPE XIII: Nicht näher einzuordnende Wagentypen

KULTURKREIS: Elamisch
DENKMALSGESTALT: Fragmentarisches Modellteil, nur Vorderteil des Wagenaufsatzes erhalten
MATERIAL: Terracotta
MASSE: Höhe ca. 5 cm
HERKUNFT: Ausgrabung Susa (Šuš), Akropolis, Schicht 1, in einem Tongefäß, Chuzistan
KULTURSTUFE: »Akkad-Zeit, spät« = Frühelamische Zeit
DATIERUNG: Ca. 2327–2277 v. Chr.
DARSTELLUNG: Einachsiger Wagenaufsatz mit Frontschild, Deichselloch und vorderständiger Achsröhre nebst beidseits überstehender Endstutzen.

LITERATUR: Stève, MDP XLVI: 59, 72 f., pl. 9:8.

KATALOG-NR.: XIII 17 (ABB. 153)

GRUPPE XIII: Nicht näher einzuordnende Wagentypen

KULTURKREIS: Elamisch
DENKMALSGESTALT: Fragmentarisches Modellteil, Vorderteil des Wagenaufsatzes an der Achslagerung abgebrochen
MATERIAL: Terracotta
MASSE: Höhe ca. 4,3 cm; Länge ca. 5 cm
HERKUNFT: Ausgrabung Susa (Šuš), Akropolis, Schicht 1 (Nr. 3217), Chuzistan

KULTURSTUFE: »Akkad-Zeit, spät« = Frühelamische Zeit
DATIERUNG: Ca. 2327–2277 v. Chr.
DARSTELLUNG: Einachsiger Wagenaufsatz mit Frontschild (?) und Rückenlehne (?, oder Hinterbock mit hochgezogenen Ecken?). Vorderständige Achse und Deichselloch, hinten ein Trittbrett.

LITERATUR: Stève, MDP XLVI: 59, 72 f. pl. 9:7, pl. 69:7.

KATALOG-NR.: XIII 18 (ABB. 155)

GRUPPE XIII: Nicht näher einzuordnende Wagentypen

KULTURKREIS: Zentralvorderasiatisch
DENKMALSGESTALT: Fragmentarisches Modellteil, Frontschild oben bestoßen, Rückenlehne abgebrochen
MATERIAL: Terracotta
MASSE: Höhe ca. 5,4 cm; Länge ca. 6,6 cm; Breite ca. 5,2 cm
HERKUNFT: Ausgrabung Nippur (Tall Nuffar), TB 291 XI 2, Südmesopotamien
KULTURSTUFE: Reichsakkadische Zeit
DATIERUNG: Ca. 2440–2327 v. Chr.
DARSTELLUNG: Einachsiger Wagenaufsatz mit Frontschild und Rückenlehne; dazwischen sattelförmiges (gewölbtes?) Verbindungsstück. Vorderständige Achse, hinten ein Trittbrett.

LITERATUR: McCown, Nippur I: 94, Pl. 149 no. 8.

KATALOG-NR.: XIII 19 (ABB. 156)

GRUPPE XIII: Nicht näher einzuordnende Wagentypen

KULTURKREIS: Zentralvorderasiatisch
DENKMALSGESTALT: Modellteil, Frontschild bestoßen?
MATERIAL: Terracotta
MASSE: Höhe ca. 5,7 cm
HERKUNFT: Ausgrabung Assur (Aš Šarqat / Qal^{c}at Šarqat), Schichten ›U-C‹ bis ›U-E‹ (Ass 22107 m), Mittelmesopotamien
KULTURSTUFE: Neusumerische Zeit
DATIERUNG: Ca. 2327–2040 v. Chr.
DARSTELLUNG: Einachsiger Wagenaufsatz mit Frontschild und Rückenlehne; dazwischen sattelförmig gewölbtes Verbindungsstück. Hinten ein Trittbrett. Achse in vorderständiger Achsröhre mit beidseits überstehenden Endstutzen.

LITERATUR: Miglus, MDOG 121: 99, Abb. 5 S. 100.

KATALOG-NR.: XIII 20 (ABB. 161)

GRUPPE XIII: Nicht näher einzuordnende Wagentypen

KULTURKREIS: Zentralvorderasiatisch
DENKMALSGESTALT: Fragmentarisches (?) Modellteil, Rückenlehne abgebrochen (?)
MATERIAL: Terracotta
MASSE: Höhe 6,4 cm; Länge 6 cm

HERKUNFT: Ausgrabung Tappah Gawra, Schicht VII, aus O9 (5370), Ostobertigrisgebiet
KULTURSTUFE: Jüngeres Frühdynastikum
DATIERUNG: Ca. 2900–2440 v. Chr.
DARSTELLUNG: Einachsiger Wagenaufsatz mit Frontschild, Rücklehne oder Hinterbock, Trittbrett und vorderständiger Achse in Achsröhre, wohl mit beidseits überstehenden Endstutzen.

LITERATUR: Speiser, Gawra I: 74, 192, Pl. XXXIV c 4.
SEKUNDÄRLITERATUR: Christian, Altertum Zweistrom I Taf: Tf. 326:5;
Salonen, Landfahrzeuge: 161, Tf. XV 1;
Tarr, Karren: 34, Abb. 45 (unsere ABB.).
STANDORT: University Museum, Philadelphia.

KATALOG-NR.: XIII 21 (ABB. 158)

GRUPPE XIII: Nicht näher einzuordnende Wagentypen

KULTURKREIS: Zentralvorderasiatisch
DENKMALSGESTALT: Fragmentarisches Modellteil, Deichsel ergänzt, Rückenlehne abgebrochen
MATERIAL: Terracotta
MASSE: Höhe ca. 8,75 cm
HERKUNFT: Ausgrabung Nuzi (Yurġ/qan Tappah), L 4 Pavillon II B (31–2–13), Ostobertigrisgebiet
KULTURSTUFE: Reichsakkadische Zeit
DATIERUNG: Ca. 2440–2327 v. Chr.
DARSTELLUNG: Einachsiger Wagenaufsatz mit Frontschild, Rückenlehne und vorderständiger Achse in Achsröhre. Der Frontschild ist unter der Oberkante zweimal durchbohrt. Deichselloch unter dem Schild.

LITERATUR: Starr, Nuzi II: 11, Pl. 54 F (unsere ABB.).
SEKUNDÄRLITERATUR: Salonen, Landfahrzeuge: 161: Tf. XV F.

KATALOG-NR.: XIII 22 (ABB. 164)

GRUPPE XIII: Nicht näher einzuordnende Wagentypen

KULTURKREIS: Zentralvorderasiatisch
DENKMALSGESTALT: Fragmentarisches Modellteil, Frontschild abgebrochen
MATERIAL: Terracotta
MASSE: Höhe ca. 5,5 cm; Länge ca. 7,5 cm
HERKUNFT: Ausgrabung Nuzi (Yurġ/qan Tappah), N 120 Pavillon VI, Ostobertigrisgebiet
KULTURSTUFE: Reichsakkadische Zeit
DATIERUNG: Ca. 2440–2327 v. Chr.
DARSTELLUNG: Einachsiger Wagenaufsatz mit Frontschild und Rückenlehne oder Hinterbock mit seitlich hochgezogenen Wangen. Vorderständige Achse in Achsröhre mit beidseits überstehenden Endstutzen. Deichselloch unter dem Frontschild und durch den Bock führend.

LITERATUR: Starr, Nuzi II: 11, Pl. 54 G (unsere ABB.).
SEKUNDÄRLITERATUR: Salonen, Landfahrzeuge: 161, Tf. XV G.

KATALOG-NR.: XIII 23 (ABB. 160)

GRUPPE XIII: Nicht näher einzuordnende Wagentypen

KULTURKREIS: Zentralvorderasiatisch
DENKMALSGESTALT: Fragmentarisches Modellteil, Frontschild und Rückenlehne bestoßen
MATERIAL: Terracotta
MASSE: Höhe ca. 3,8 cm
HERKUNFT: Ausgrabung Nuzi (Yurġ/qan Tappah), N 120 Pavillon VI (29–2–108), Ostobertigrisgebiet
KULTURSTUFE: Reichsakkadische Zeit
DATIERUNG: Ca. 2440–2327 v. Chr.
DARSTELLUNG: Einachsiger Wagenaufsatz mit Frontschild, Rückenlehne und vorderständiger Achse in Achsröhre nebst beidseits überstehenden Endstutzen.

LITERATUR: Starr, Nuzi II: 11, Pl. 54 E (unsere ABB.).
SEKUNDÄRLITERATUR: Salonen, Landfahrzeuge: 161, Tf. XV E.

KATALOG-NR.: XIII 24 (ABB. 157)

GRUPPE XIII: Nicht näher einzuordnende Wagentypen

KULTURKREIS: Zentralvorderasiatisch oder Mittanisch
DENKMALSGESTALT: Fragmentarisches Modellteil, Frontschild und Rückenlehne bestoßen, Deichsel ergänzt
MATERIAL: Terracotta
MASSE: Höhe ca. 4,5 cm
HERKUNFT: Ausgrabung Nuzi (Yurġ/qan Tappah), L 4 Pavillon II A (29–2–275), Ostobertigrisgebiet
KULTURSTUFE: »Reichsakkadische Zeit bis Hurritische Periode«
DATIERUNG: Ca. 2440–2327 bis 1450–1350 v. Chr.
DARSTELLUNG: Einachsiger Wagenaufsatz mit Frontschild, Rückenlehne und vorderständiger Achse in Achsröhre nebst beidseits überstehenden Endstutzen. Schräg von oben nach unten verlaufendes Deichselloch unter dem Frontschild.

LITERATUR: Starr, Nuzi II: 13, Pl. 57 I.

KATALOG-NR.: XIII 25 (ABB. 159)

GRUPPE XIII: Nicht näher einzuordnende Wagentypen

KULTURKREIS: Mittanisch ?
DENKMALSGESTALT: Fragmentarisches Modellteil, Frontschild an der Oberseite bestoßen, Deichsel ergänzt
MATERIAL: Terracotta
MASSE: Höhe ca. 5 cm
HERKUNFT: Ausgrabung Nuzi (Yurġ/qan Tappah), G 37 (30–2–1), Ostobertigrisgebiet
KULTURSTUFE: »Hurritische Periode«?
DATIERUNG: Ca. 1450–1350 v. Chr.?
DARSTELLUNG: Einachsiger Wagenaufsatz mit Frontschild, Rückenlehne und vorderständiger Achse in Achsröhre nebst beidseits überstehenden Endstutzen. Schräg von oben nach unten verlaufendes Deichselloch unter dem Frontschild.

LITERATUR: Starr, Nuzi II: 25, Pl. 99 G (unsere ABB.).
SEKUNDÄRLITERATUR: Salonen, Landfahrzeuge: 162, Tf. XVII G.

KATALOG-NR.: XIII 26 (ABB. 154)
GRUPPE XIII: Nicht näher einzuordnende Wagentypen

KULTURKREIS: Zentralvorderasiatisch
DENKMALSGESTALT: Fragmentarisches Modellteil, Oberkante des Frontschildes bestoßen
MATERIAL: Terracotta
MASSE: Unbekannt
HERKUNFT: Ausgrabung Assur (Aš Šarqat / Qal^{c}at Šarqat), Archaischer Ištar-Tempel D (21942 i), Mittelmesopotamien
KULTURSTUFE: Neusumerische Zeit
DATIERUNG: Ca. 2327–2040 v. Chr.
DARSTELLUNG: Einachsiger Wagenaufsatz mit Frontschild, Rückenlehne, Trittbrett und vorderständiger Achse in Achsröhre nebst beidseits überstehenden Endstutzen.

LITERATUR: Andrae, Assur Arch Ischtar: 144, Tf. 62 i (Fundnr. fehlt).

KATALOG-NR.: XIII 27 (ABB, 162)
GRUPPE XIII: Nicht näher einzuordnende Wagentypen

KULTURKREIS: Zentralvorderasiatisch
DENKMALSGESTALT: Fragmentarisches Modellteil, Frontschild an der Oberseite abgebrochen, Rückenlehne bestoßen
MATERIAL: Terracotta
MASSE: Unbekannt
HERKUNFT: Ausgrabung Assur (Aš Šarqat / Qal^{c}at Šarqat), ohne Fundstellenangabe, Mittelmesopotamien
KULTURSTUFE: –
DATIERUNG: Fraglich
DARSTELLUNG: Einachsiger Wagenaufsatz mit Frontschild, Rückenlehne nebst Trittbrett und vorderständiger Achse in Achsröhre nebst beidseits überstehenden Endstutzen.

LITERATUR: Andrae, MDOG 27: Abb. 1 Nr. 534.

KATALOG-NR.: XIII 28 (ABB. 163)
GRUPPE XIII: Nicht näher einzuordnende Wagentypen

KULTURKREIS: Elamisch
DENKMALSGESTALT: Modellteil
MATERIAL: Terracotta
MASSE: Höhe ca. 8,7 cm; Länge ca. 6,9 cm
HERKUNFT: Ausgrabung Susa (Šuš) 1897, ohne Fundstellenangabe, Chuzistan
KULTURSTUFE: –
DATIERUNG: Fraglich
DARSTELLUNG: Einachsiger Wagenaufsatz mit Frontschild, Rückenlehne, Trittbrett und vorderständiger Achse in Achsröhre nebst beidseits überstehenden End-

stutzen. Der Schild ist unter der Oberkante zweimal durchbohrt. Deichselloch unter dem Frontschild.

LITERATUR: Mecquenem, MDP XXIX: 125 f., 160, fig. 91 b:1 (unsere ABB.).
SEKUNDÄRLITERATUR: Tarr, Karren: 47, Abb. 60.
STANDORT: Louvre, Sammlung Morgan, Paris.

KATALOG-NR.: XIII 29 (ABB. 165)
GRUPPE XIII: Nicht näher einzuordnende Wagentypen

KULTURKREIS: Zentralvorderasiatisch
DENKMALSGESTALT: Fragmentarisches Modellteil, Frontschild und wohl auch Rückfront abgebrochen
MATERIAL: Terracotta
MASSE: Höhe 2,7 cm; Länge 7,3 cm; Breite 3,9 cm
HERKUNFT: Ausgrabung Tall Bi^{c}ah, Schnitt 12/34, S-Hälfte, Störungsschutt in 60 cm Tiefe (12/34:3), Nordwestmesopotamien, am Euphrat und Balich
KULTURSTUFE: Ur I-Phase des Jüngeren Frühdynastikums bis Reichsakkadische Zeit
DATIERUNG: Ca. 2640–2440–2327 v. Chr.
DARSTELLUNG: Einachsiger Wagenaufsatz mit Frontschild und Seitenabdeckung. In der Mitte des Wagenvierecks eine Abdeckung der Achslagerung. Frontschild mit Ritzungen verziert. Achse mittelständig.

LITERATUR: Unpubliziert (demnächst Tall Bi^{c}a / Tuttul – V).
STANDORT: Vorderasiatisches Museum, Berlin.

KATALOG-NR.: XIII 30 (ABB. 167)
GRUPPE XIII: Nicht näher einzuordnende Wagentypen

KULTURKREIS: Zentralvorderasiatisch
DENKMALSGESTALT: Fragmentarisches Modellteil, Frontschild abgebrochen
MATERIAL: Terracotta
MASSE: Höhe ca. 4 cm; Länge ca. 6,6 cm; Breite ca. 3,8 cm
HERKUNFT: Ausgrabung Ḥalawwah, Schicht 2 b (85Q007), Nordwestmesopotamien, am syrischen Euphrat
KULTURSTUFE: »Mittlere Bronzezeit I« (Ur III / Isin-Zeit bis Frühaltbabylonische Zeit)
DATIERUNG: Ca. 2200–1900 v. Chr.
DARSTELLUNG: Einachsiger Wagenaufsatz mit Frontschild und vielleicht mit Seitenrändern nebst Sitzplatte. Seitenabdeckung ritzverziert. Auf mittelständiger Achsröhre mit beidseits überstehenden Endstutzen.

LITERATUR: Meyer J., Orthmann edit., Halawa 1980/6: 32, Abb. 12,9.

KATALOG-NR.: XIII 31 (ABB. 169)
GRUPPE XIII: Nicht näher einzuordnende Wagentypen

KULTURKREIS: Mittanisch?
DENKMALSGESTALT: Fragmentarisches Modellteil
MATERIAL: Terracotta

MASSE: Länge ca. 6,75 cm
HERKUNFT: Ausgrabung Nuzi (Yurġ/qan Tappah), S 317 (29–2–256) Ostobertigrisgebiet
KULTURSTUFE: »Hurritisch«?
DATIERUNG: Ca. 1450–1350 v. Chr.?
DARSTELLUNG: Einachsiger Wagenaufsatz mit Achsröhre nebst beidseits überstehenden Endstutzen.

LITERATUR: Starr, Nuzi II: 25, Pl. 99 I (unsere ABB.).
SEKUNDÄRLITERATUR: Salonen, Landfahrzeuge: 162, Tf. XVII I.

KATALOG-NR.: XIII 32 (ABB. 168)
GRUPPE XIII: Nicht näher einzuordnende Wagentypen

KULTURKREIS: Zentralvorderasiatisch
DENKMALSGESTALT: Fragmentarisches Modellteil
MATERIAL: Terracotta
MASSE: Breite ca. 4,8 cm; Länge ca. 5,7 cm
HERKUNFT: Ausgrabung Nippur (Tall Nuffar), TB 207 IV 2, Südmesopotamien
KULTURSTUFE: –
DATIERUNG: Fraglich
DARSTELLUNG: Einachsiger Wagen mit bockähnlicher Erhebung über der Achsröhre und Trittbrett. Vorne Ansatz eines Deichselloches. Achsröhre mit beidseits überstehenden Endstutzen. Geritztes Doppelkreuz auf der Oberseite.

LITERATUR: McCown, Nippur I: 94, Pl. 144:8.

KATALOG-NR.: XIII 33 (ABB. 166)
GRUPPE XIII: Nicht näher einzuordnende Wagentypen

KULTURKREIS: Elamisch
DENKMALSGESTALT: Fragmentarisches Modellteil, Frontschild abgebrochen, Fahrerfiguren (?) abgebrochen
MATERIAL: Terracotta
MASSE: Länge ca. 6,6 cm
HERKUNFT: Ausgrabung Susa (Šuš), ohne Fundstellenangabe, Chuzistan
KULTURSTUFE: –
DATIERUNG: Fraglich
DARSTELLUNG: Einachsiger Wagenaufsatz mit Frontschild und zwei(?) Fahrerfiguren. Achse in hinterständiger Achsröhre. Vorne Ansatz eines Deichselloches.

LITERATUR: Mecquenem, MDP XXIX: 125 f., fig. 91 b:12.

KATALOG-NR. XIII 34 (ABB. 170)
GRUPPE XIII: Nicht näher einzuordnende Wagentypen

KULTURKREIS: Zentralvorderasiatisch
DENKMALSGESTALT: Modellteil
MATERIAL: Terracotta
MASSE: Unbekannt

HERKUNFT: Ausgrabung Kiš (Tall Inġarrah), Mound ›A‹, nicht schichtbestimmt, Südmesopotamien
KULTURSTUFE: Vermutlich Frühdynastische Zeit
DATIERUNG: Vermutlich ca. 3300–2440 v. Chr.
DARSTELLUNG: Zweiachsiger Wagenaufsatz mit rundherum in gleicher Höhe geschlossenem Kasten und hinterem Trittbrett. Auf Achsröhren(?).

LITERATUR: Mackay, ›A‹ Kish II: 211 Pl. XLVI Fig. 1 no. 2923 D.
STANDORT: Field Museum of Natural History, Chicago.

KATALOG-NR.: XIII 35 (ABB. 173)
GRUPPE XIII: Nicht näher einzuordnende Wagentypen

KULTURKREIS: Fraglich
DENKMALSGESTALT: Fragmentarisches Modellteil, Oberkante des Frontschildes bestoßen
MATERIAL: Terracotta
MASSE: Höhe ca. 4,6 cm; Länge ca. 6,9 cm
HERKUNFT: Ausgrabung Tall Ḥamad Āġa aṣ-Ṣaġīr, Schnitt IX, Phase 4, Nordostmesopotamien
KULTURSTUFE: »Chabur-Ware«
DATIERUNG: II. Jahrtausend v. Chr.
DARSTELLUNG: Einachsiger Wagenaufsatz mit Frontschild und bloßem Wagenboden. Die Innenseite des Frontschildes und der Wagenboden sind mit einem Viereckmuster bemalt. Achse mittelständig.

LITERATUR: Spanos, MDOG 122: 98, Abb. 10:5 S. 109.

KATALOG-NR.: XIII 36 (ABB. 171)
GRUPPE XIII: Nicht näher einzuordnende Wagentypen

KULTURKREIS: Fraglich
DENKMALSGESTALT: Modellteil
MATERIAL: Terracotta
MASSE: Höhe 3,6 cm; Länge 8,5 cm
HERKUNFT: Ausgrabung Zincirli (Sendschirli), ohne Fundstellenangabe, Südzentralanatolien
KULTURSTUFE: –
DATIERUNG: Fraglich
DARSTELLUNG: Einachsiger Wagenaufsatz mit Seitenabdeckungen. Mittelständige Achse, Deichselloch in der Frontseite.

LITERATUR: Luschan, Sendschirli V: 72, Tf. 36 m.

KATALOG-NR.: XIII 37 (ABB. 172)
GRUPPE XIII: Nicht näher einzuordnende Wagentypen

KULTURKREIS: Zentralvorderasiatisch
DENKMALSGESTALT: Fragmentarisches Modellteil
MATERIAL: Terracotta
MASSE: Unbekannt

HERKUNFT: Ausgrabung Nippur (Tall Nuffar), TB VI, Südmesopotamien
KULTURSTUFE: Neusumerische Zeit
DATIERUNG: Ca. 2327–2040 v. Chr.
DARSTELLUNG: Zweiachsiger Wagenaufsatz mit »Pfosten« an jeder Ecke.

LITERATUR: McCown, Nippur I: Pl. 149:11.

KATALOG-NR.: XIII 38 (ABB. 174)
GRUPPE XIII: Nicht näher einzuordnende Wagentypen

KULTURKREIS: Zentralvorderasiatisch
DENKMALSGESTALT: Modellteil
MATERIAL: Terracotta
MASSE: Höhe 21 cm; Breite der Achse 6,5 cm
m; Länge 38 cm
HERKUNFT: Ausgrabung Uruk (Warka'), Nc XVI4, zwischen neubabylonischen Doppeltopfgräbern (W.20972,1–3), Südmesopotamien
KULTURSTUFE: Neubabylonische Zeit
DATIERUNG: Ca. 880–600 v. Chr.
DARSTELLUNG: Zweiachsiger ›Schiffswagen‹ auf Scheibenrädern. Durchbohrung am Bug, Heck mit Asphalt geschwärzt. Bug und Heck hochgezogen, Schiffsinneres durch Duchten in fünf Abteilungen gegliedert, Loch für den Mastfuß in der zweiten Ducht. Figur eines Dromedars und Räucherkästchen im Inneren.

LITERATUR: Lenzen, UVB XXI: 9 f, Tf. 12 a.

GRUPPE XIV: DREI KUPFERMODELLE VOM TYP III a

KATALOG-NR.: XIV 01 (ABB. 175)
GRUPPE XIV: Drei Kupfermodelle vom Typ III a: Frontschildeinachser mit Hinterbock auf Scheibenrädern – Bodenrahmen vorhanden

KULTURKREIS: Fraglich
DENKMALSGESTALT: Modell
MATERIAL: Kupfer
MASSE: Unbekannt
HERKUNFT: Kunsthandel, angeblich aus Luristan
KULTURSTUFE: –
DATIERUNG: Vermutlich ca. 2327–2040 v. Chr.
DARSTELLUNG: Einachsiger Wagen mit Frontschild, Hinterbock, Bodenrahmen; Trittbrett, Streckdeichsel, Scheibenrädern und Pferdezweigespann.

LITERATUR: Unpubliziert (Foto Sammlung Artuner, İstanbul).

KATALOG-NR.: XIV 02 (ABB. 176)
GRUPPE XIV: Drei Kupfermodelle vom Typ III a: Frontschildeinachser mit Hinterbock auf Scheibenrädern – Bodenrahmen vorhanden

KULTURKREIS: Fraglich

DENKMALSGESTALT: Modell
MATERIAL: Kupfer (Bronze?)
MASSE: Länge 13 cm
HERKUNFT: Kunsthandel, angeblich aus Luristan
KULTURSTUFE: –
DATIERUNG: Vermutlich ca. 2327–2040 v. Chr.
DARSTELLUNG: Einachsiger Wagen mit Frontschild, Hinterbock, Bodenrahmen, Trittbrett, Streckdeichsel, Scheibenrädern und Pferdezweigespann.

LITERATUR: Kalter, Linden-Museum Islam: 19, Abb. 11.
STANDORT: Linden-Museum, Stuttgart.

KATALOG-NR.: XIV 03 (ABB. 177)

GRUPPE XIV: Drei Kupfermodelle vom Typ III a: Frontschildeinachser mit Hinterbock auf Scheibenrädern – Bodenrahmen vorhanden

KULTURKREIS: Fraglich
DENKMALSGESTALT: Modell(teil?), Fahrerfigur fehlt?
MATERIAL: Kupfer (Bronze?)
MASSE: Länge 10,6 cm
HERKUNFT: Kunsthandel, angeblich aus Iran
KULTURSTUFE: –
DATIERUNG: Vermutlich ca. 2327–2040 v. Chr.
DARSTELLUNG: Einachsiger Wagen mit Frontschild, Hinterbock (nebst Fahrerfigur?), Bodenrahmen, durchbohrtem Trittbrett, Streckdeichsel, Scheibenrädern und Pferdezweigespann.

LITERATUR: Merhav, Merhav, Ternbach Jerusalem: 18 (Colour Plates), 41 Nr. 19.
STANDORT: Israel Museum, Sammlung Joseph Ternbach, Jerusalem.

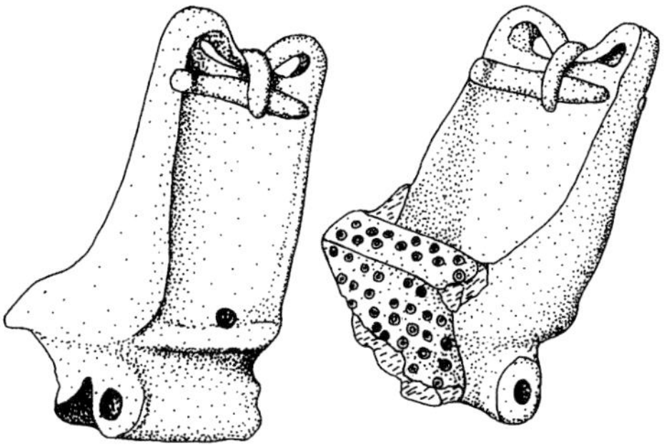

1 I 01

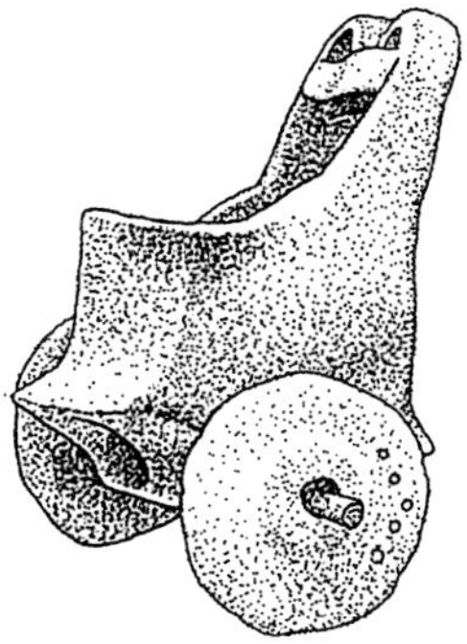

2 I 03

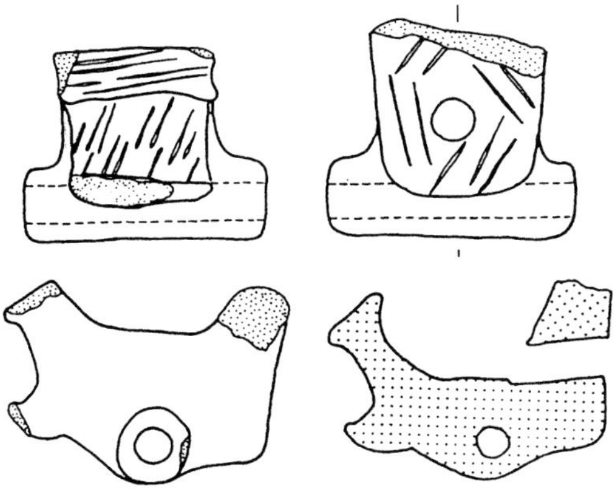

3 I 02

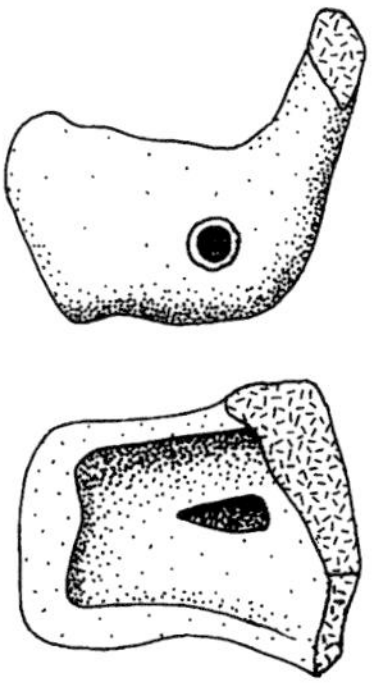

4 II 02

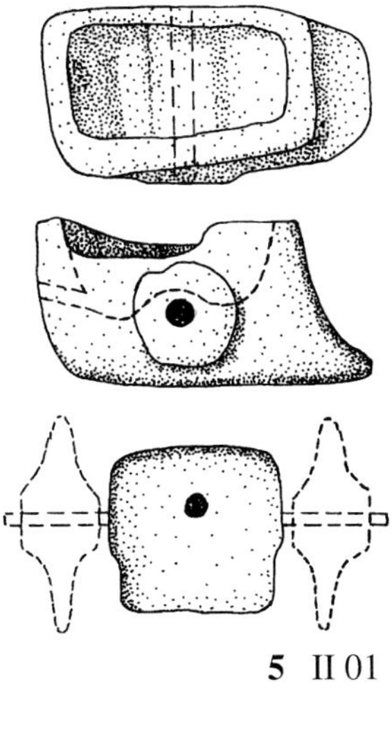

5 II 01

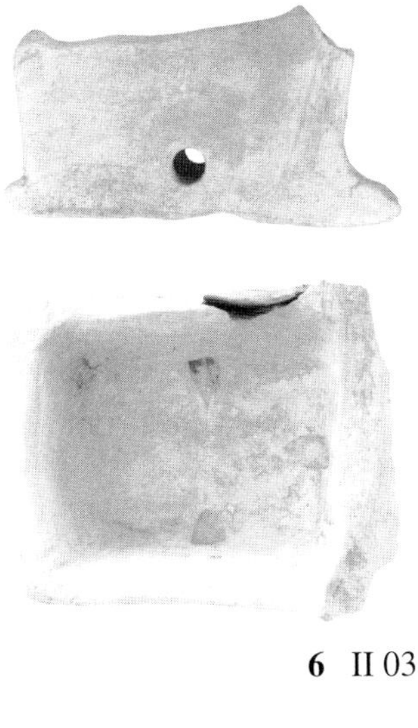

6 II 03

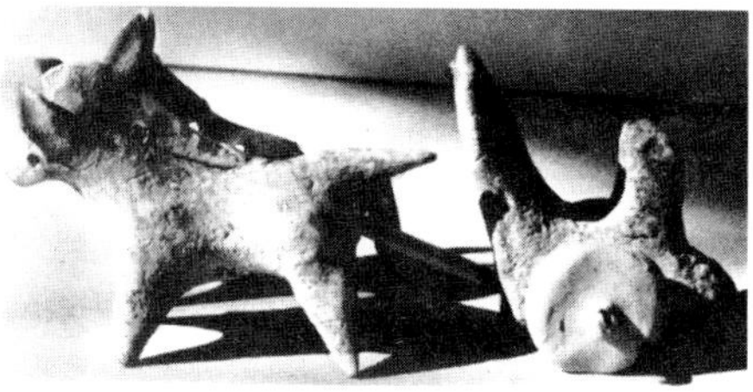

7 IIIa 01

8 IIIa 03

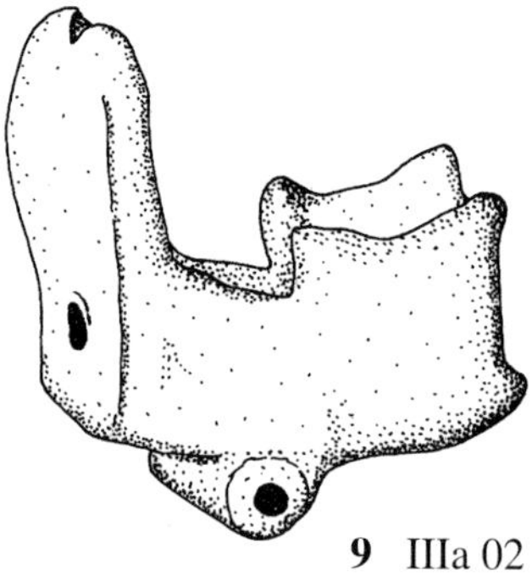

9 IIIa 02

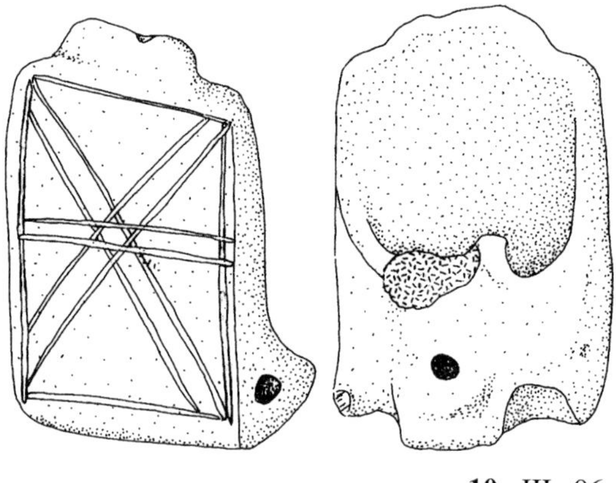

10 IIIa 06

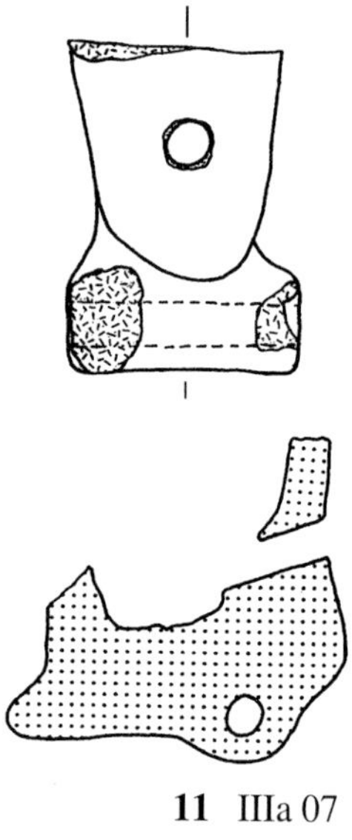

11 IIIa 07

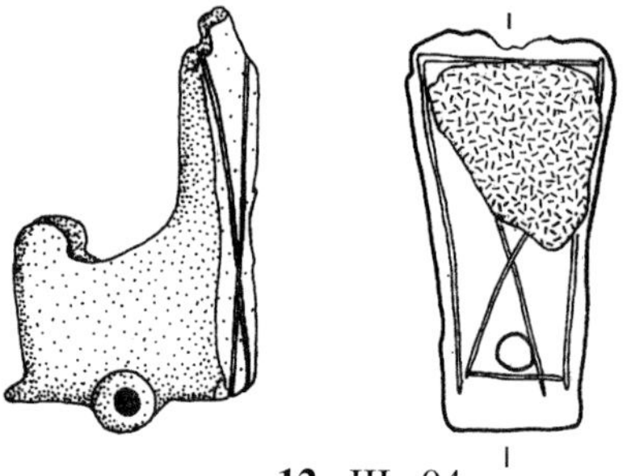

12 IIIa 04

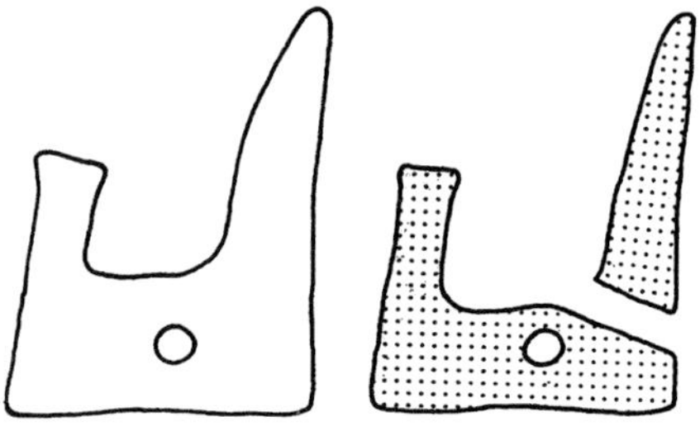

13 IIIa 05

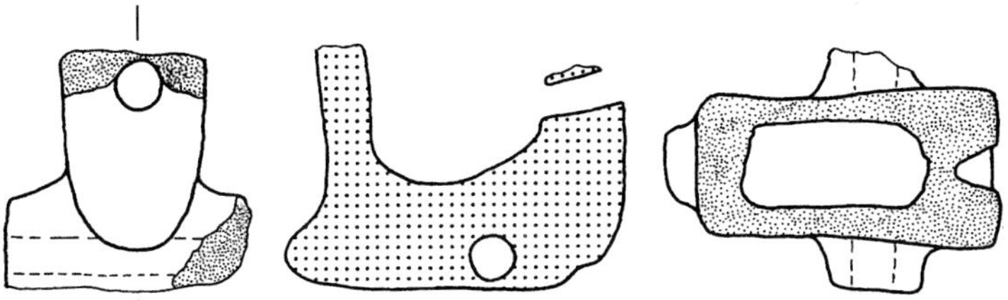

14 IIIa 08

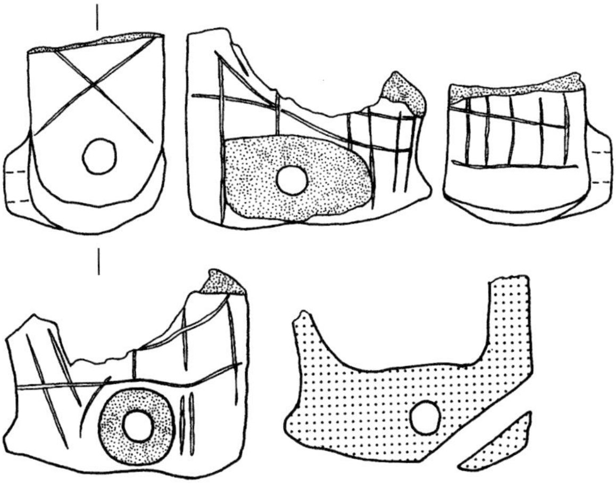

15 IIIa 09

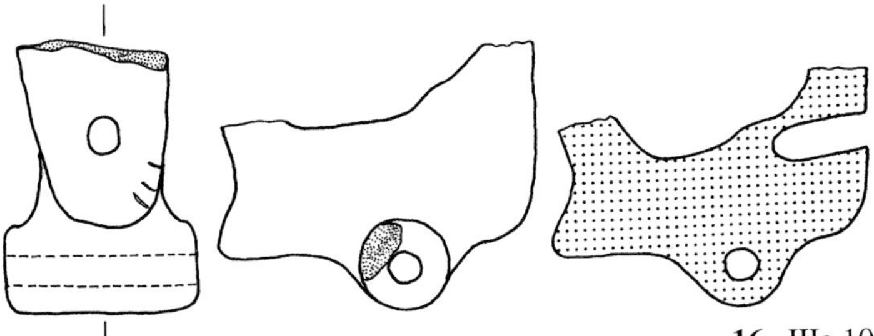

16 IIIa 10

17 IIIa 12

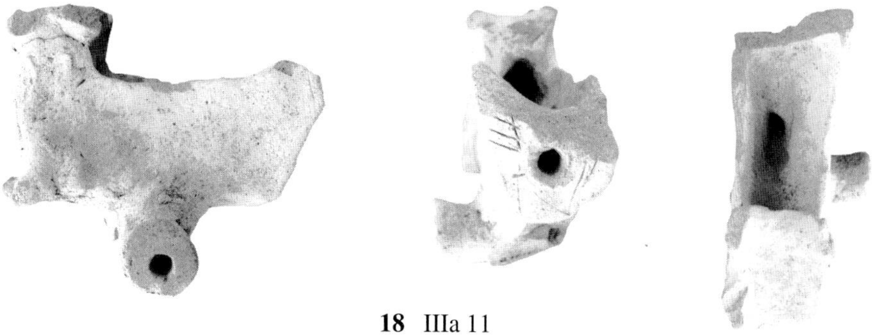

18 IIIa 11

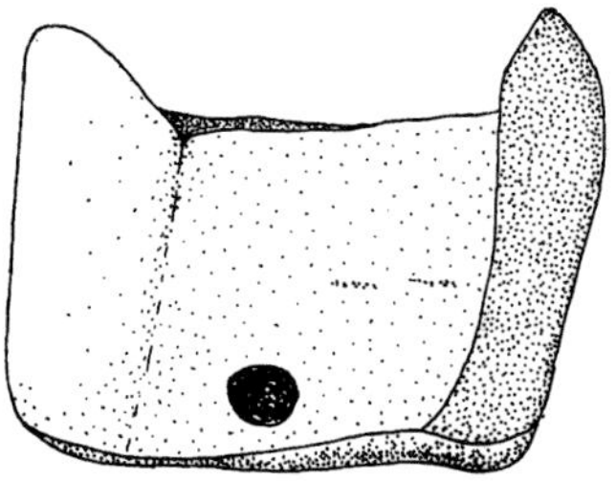

19 IIIa 14

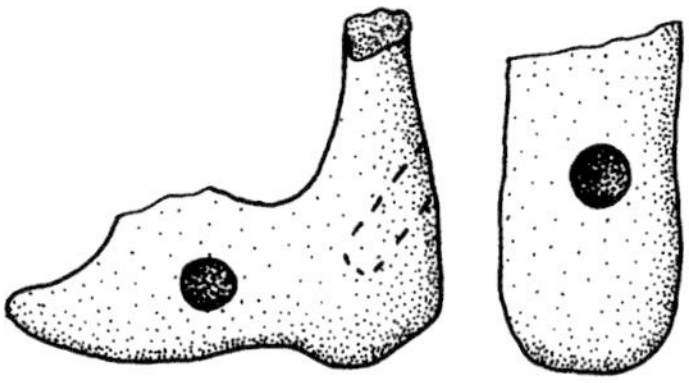

20 IIIa 13

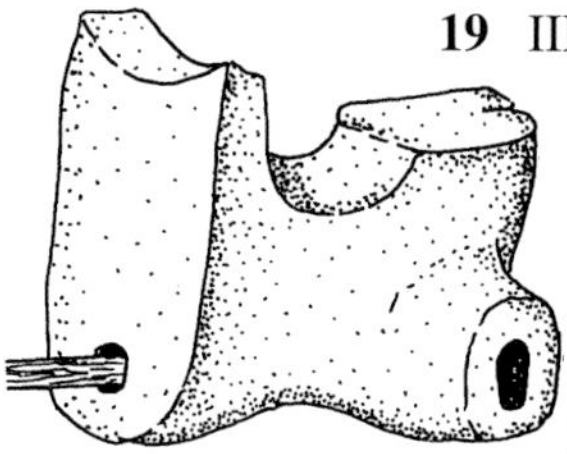

21 IIIb 01

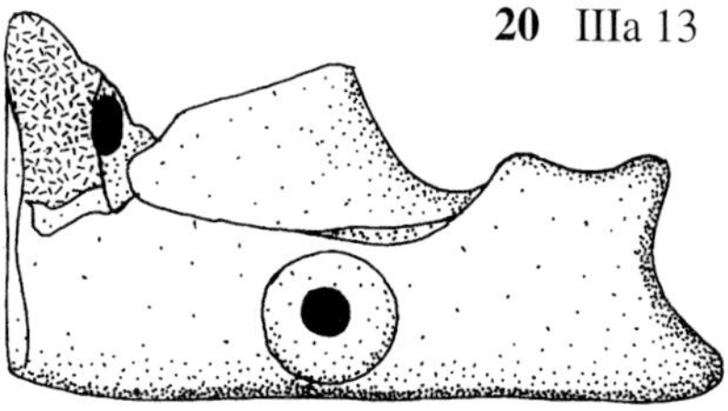

22 IIIb 02

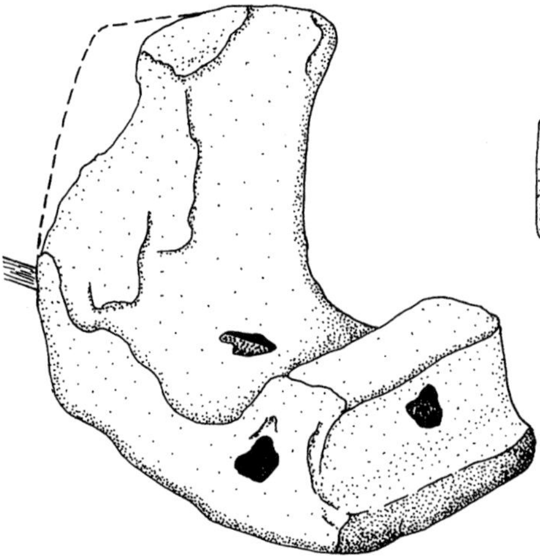

23 IIIb 07

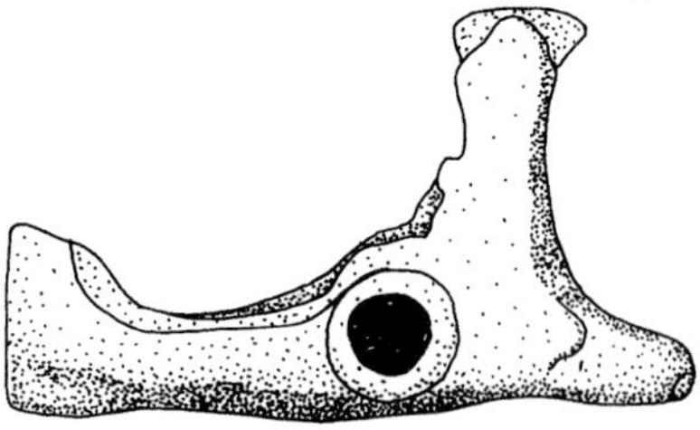

24 IIIb 06

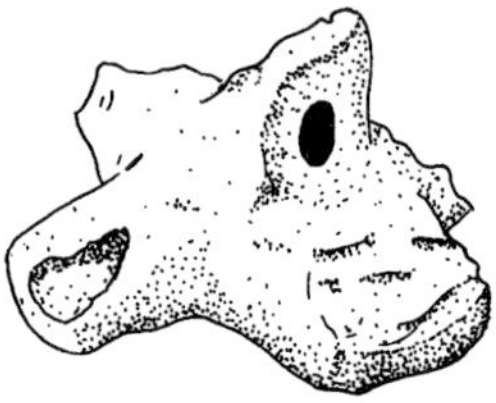

25 IIIb 10

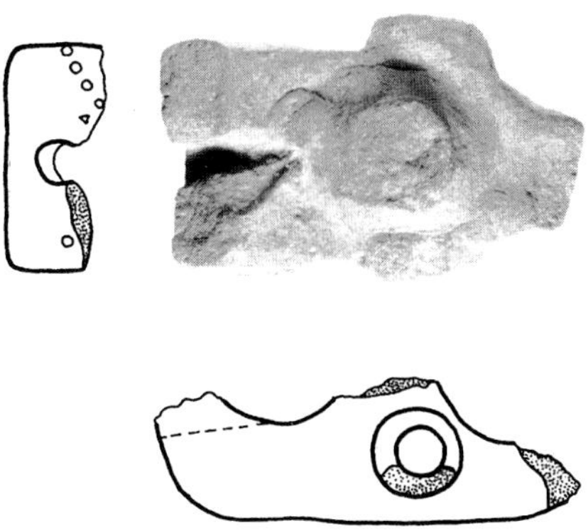

26 IIIb 03

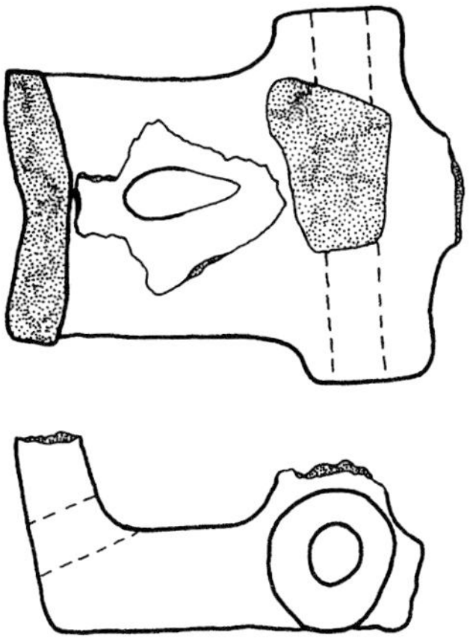

27 IIIb 04

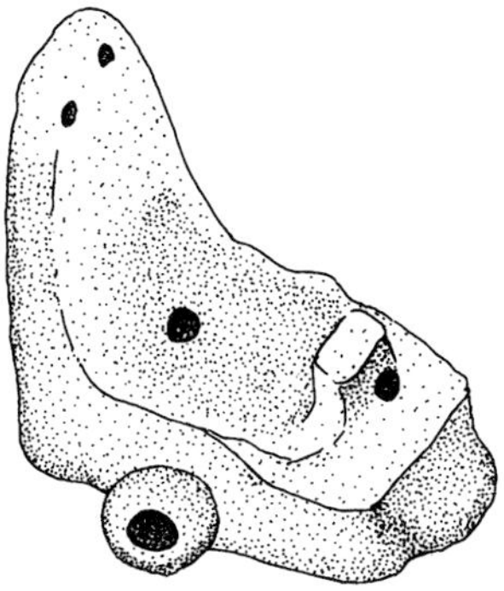

28 IIIb 09

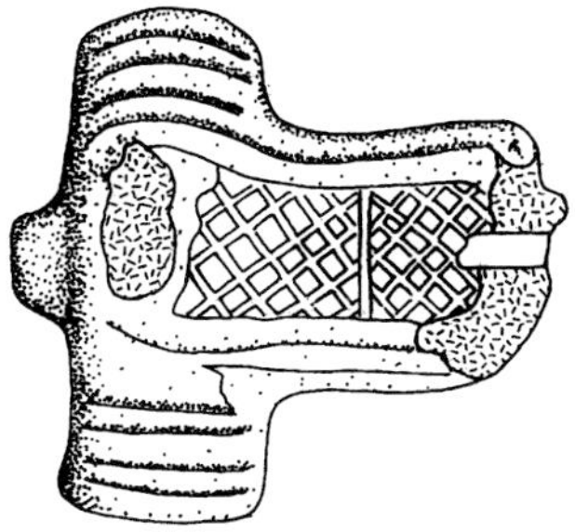

29 IIIb 05

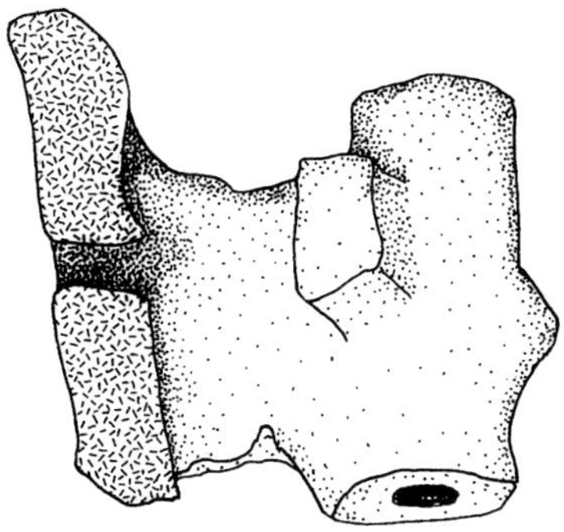

30 IIIb 13

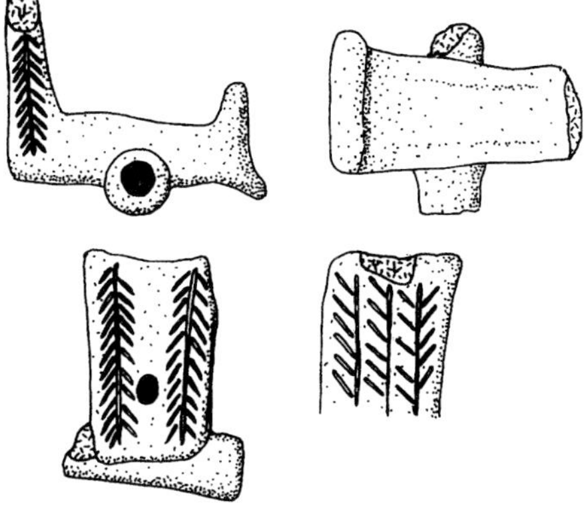

31 IIIb 08

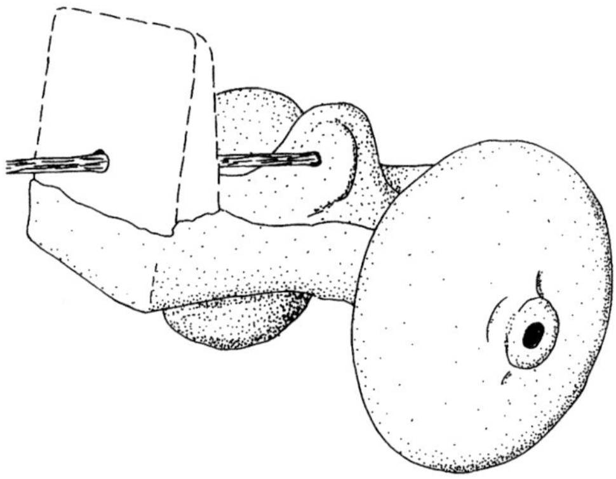

32 IIIb 11

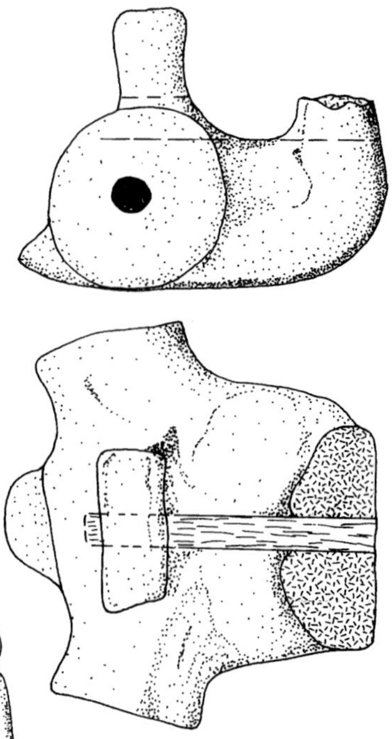

33 IIIb 12

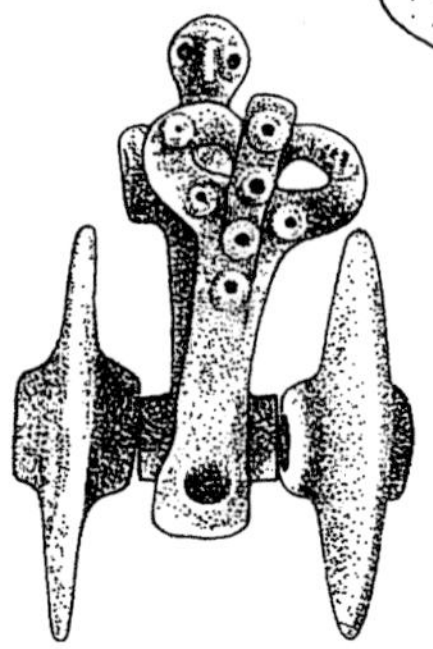

35 IIIb 14

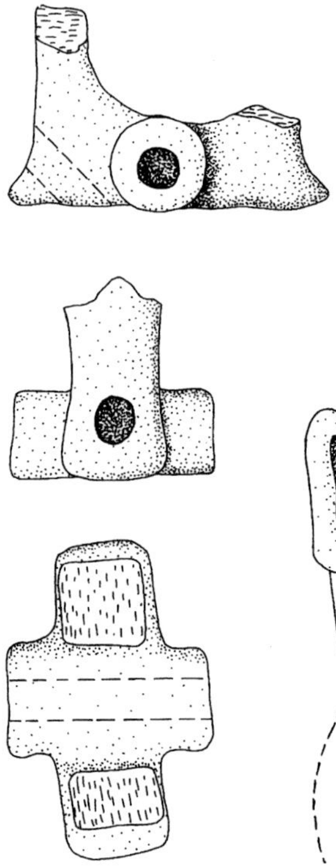

34 IIIb 17

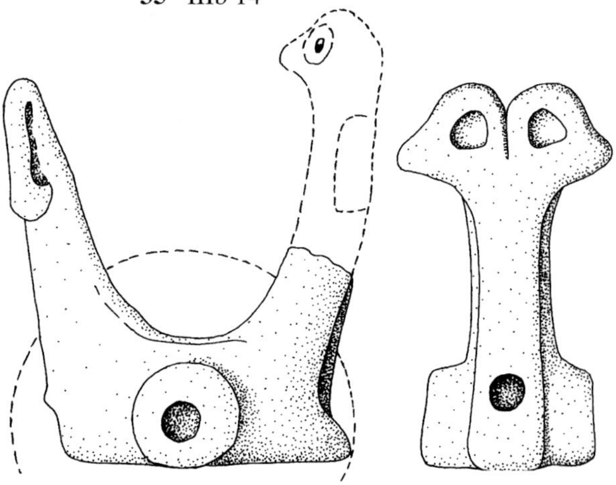

36 IIIb 15

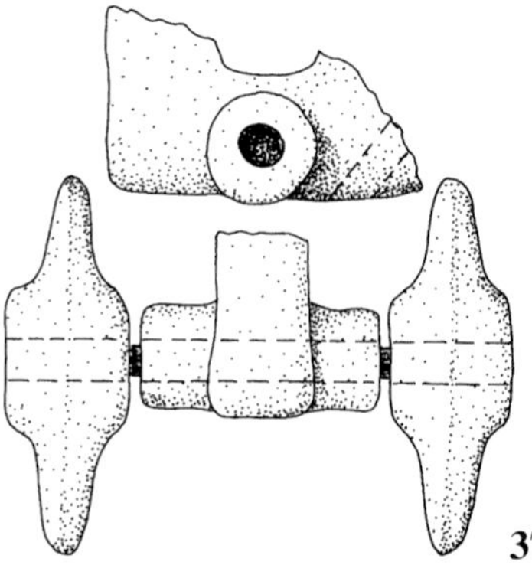

37 IIIb 16

38 IIIb 19

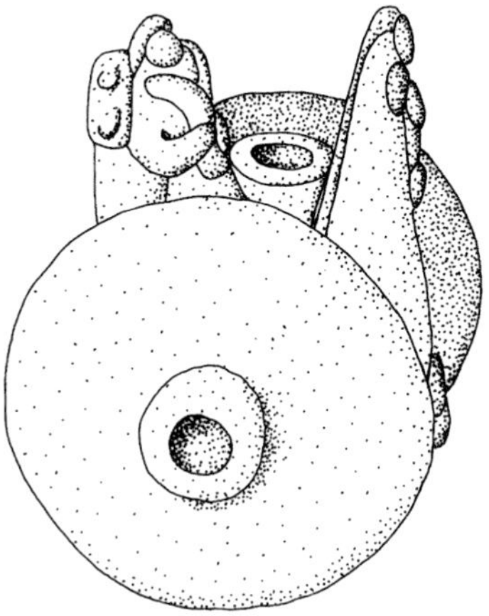

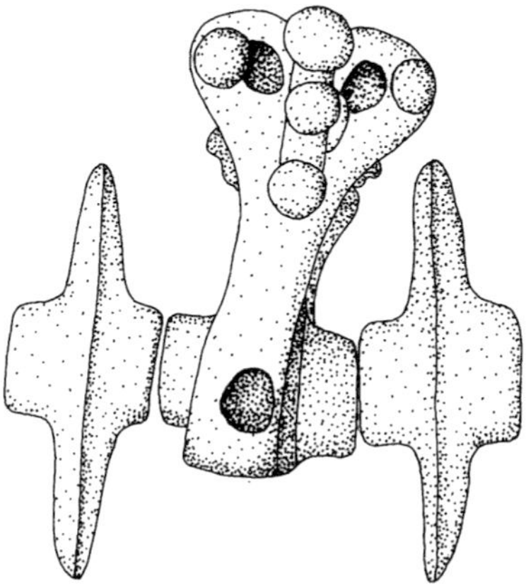

39 IIIb 18

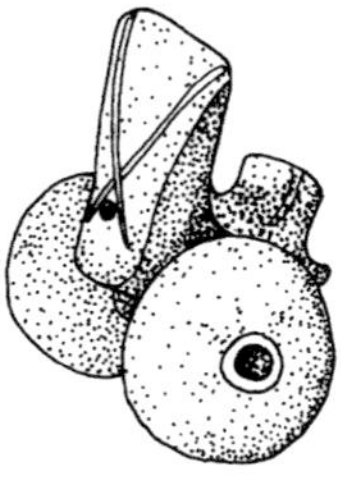

40 IIIb 21

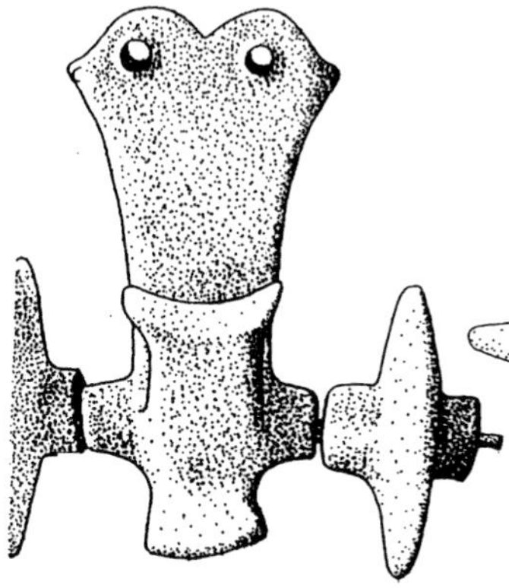

41 IIIb 22

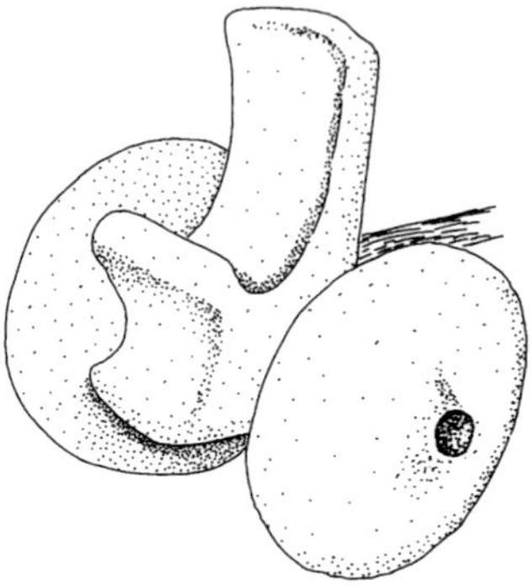

42 IIIb 20

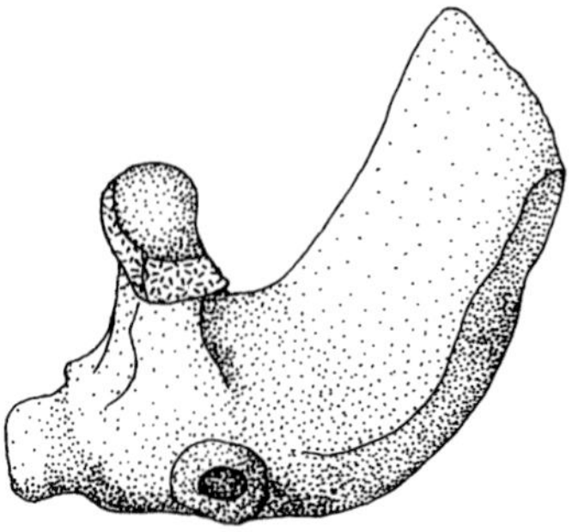

43 IIIb 23

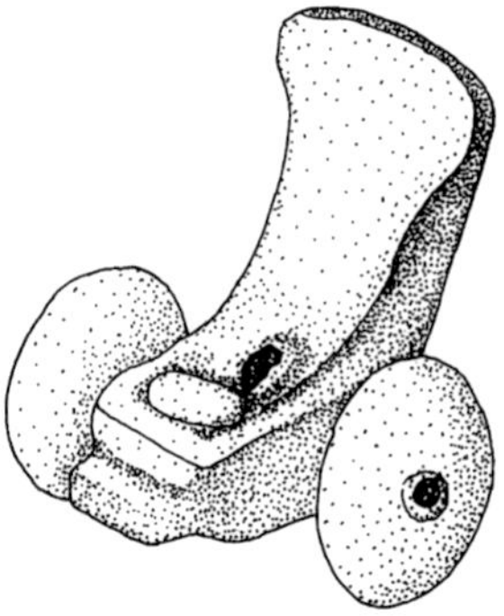

44 IIIb 24

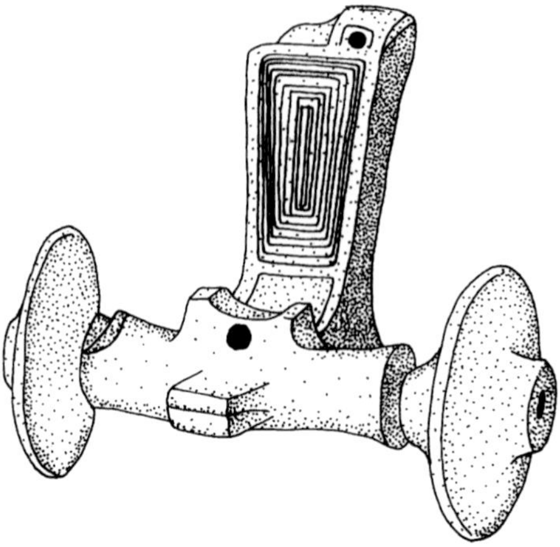

45 IIIc 01

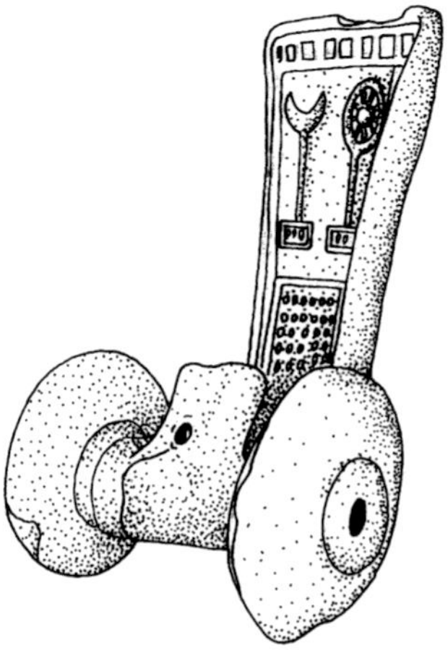

46 IIIc 02

47 IIIc 03

48 IIIc 04

49 IIIc 05

50 IIIc 06

51 IIIc 07

52 IIIc 09

53 IIIc 08

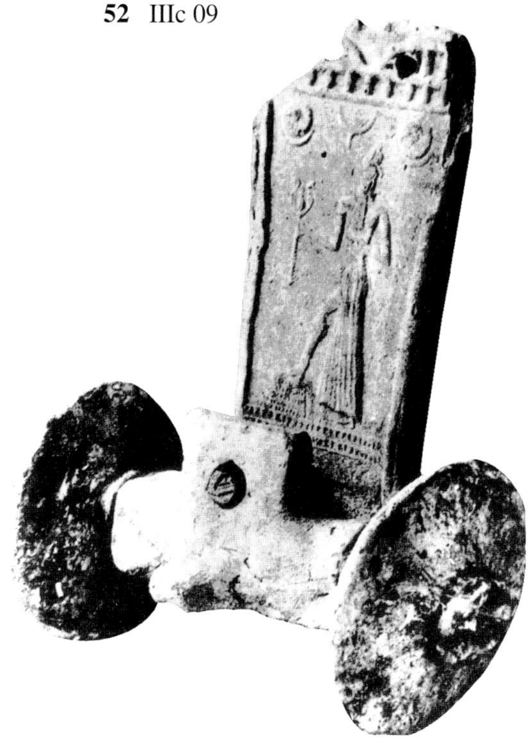

54 IIIc 10

55 IIIc 11

56 IIIc 12

57 IIIc 13

59 IIIc 19

58 IIIc 16

60 IIIc 15 **61** IIIc 14 **62** IIIc 18

IIIc 17

63 IIIc 17

66 IIIc 20

64 IIIc 21

65 IIIc 23

67 IIIc 22

68 IIIc 24

IIIc 24

69 IIIc 28

70 IIIc 25

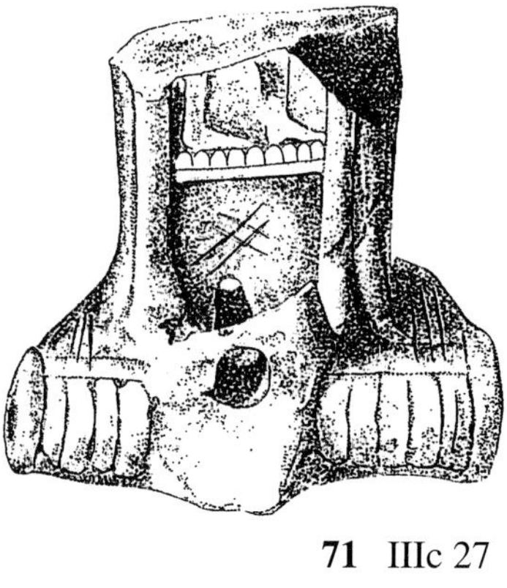

71 IIIc 27

72 IIIc 26

73 IIIc 30

74 IIIc 33

75 IIIc 35

76 IIIc 29

77 IIIc 31

78 IIIc 38

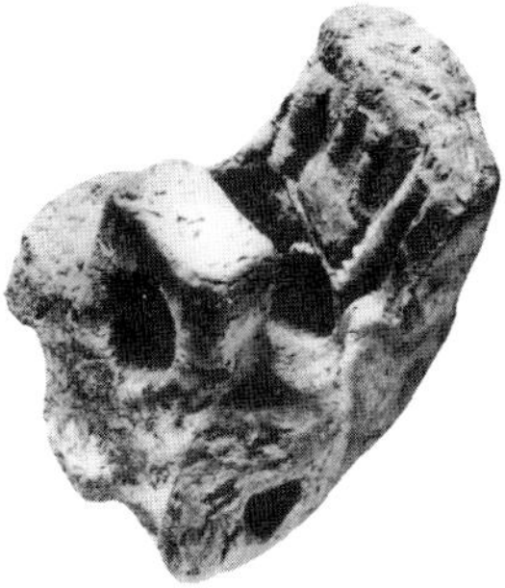

79 IIIc 32

80 IIIc 36

81 IIIc 37

82 IIIc 34

83 IIIc 39

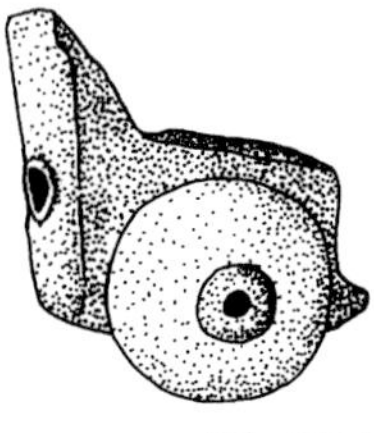
84 IV 01

85 V 01

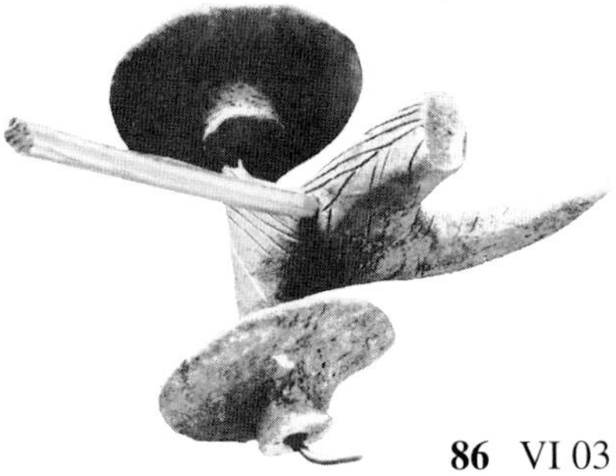
86 VI 03

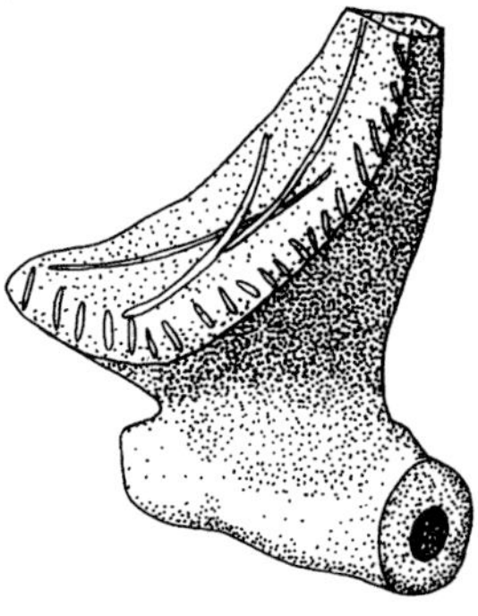
87 VI 01

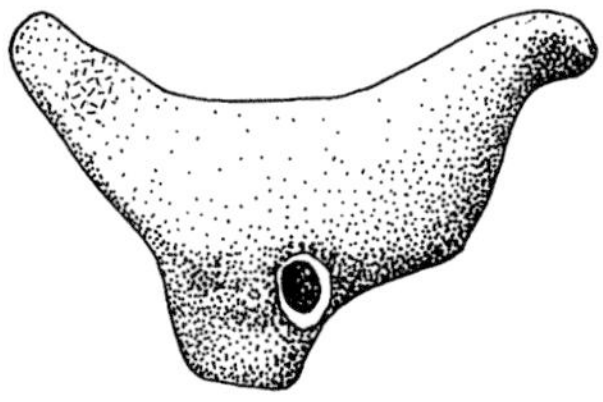
88 VI 04

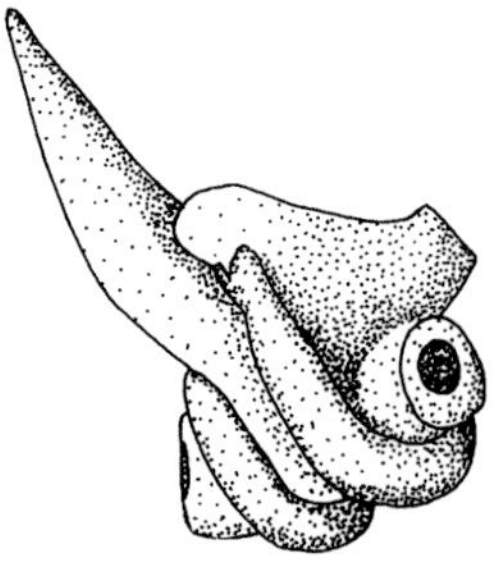
89 VI 02

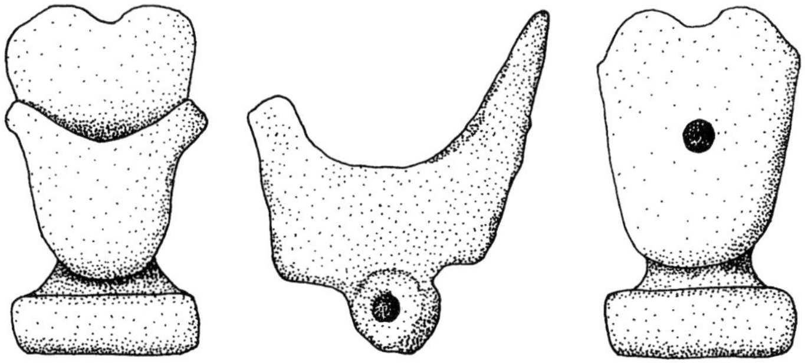

90 VI 05

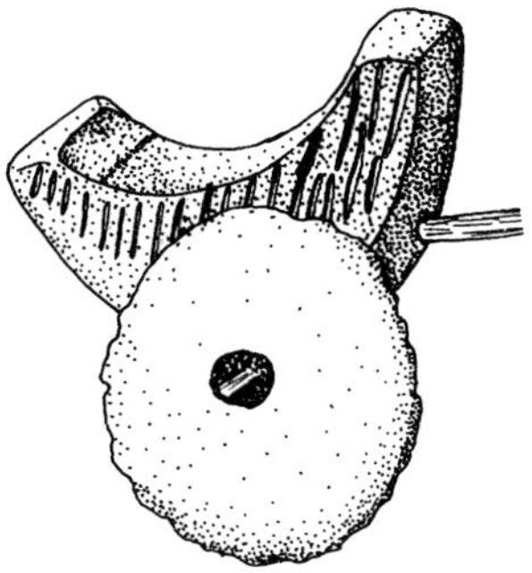

91 VI 06

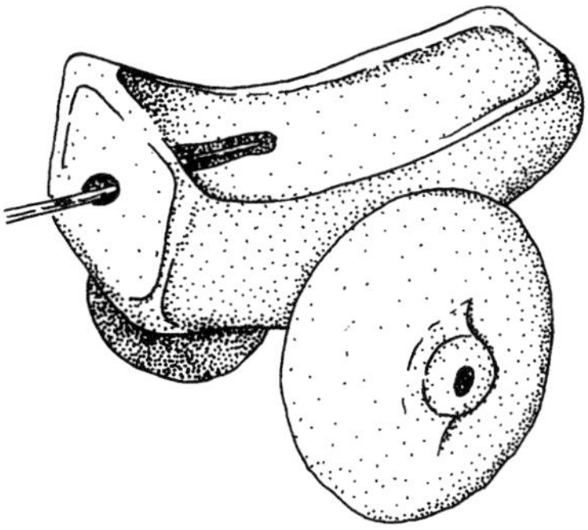

92 VI 07

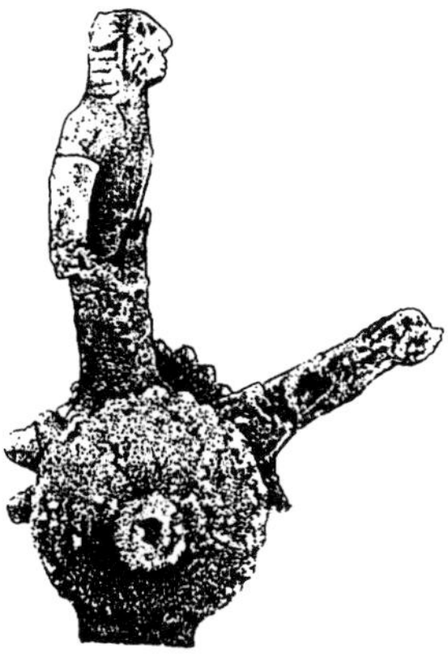

93 VI 08

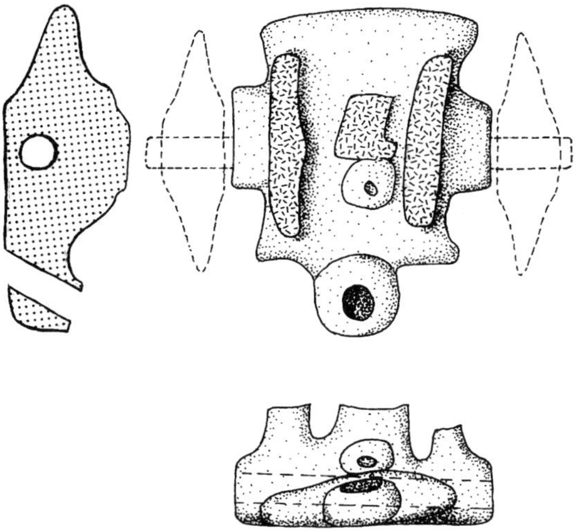

94 VII 02

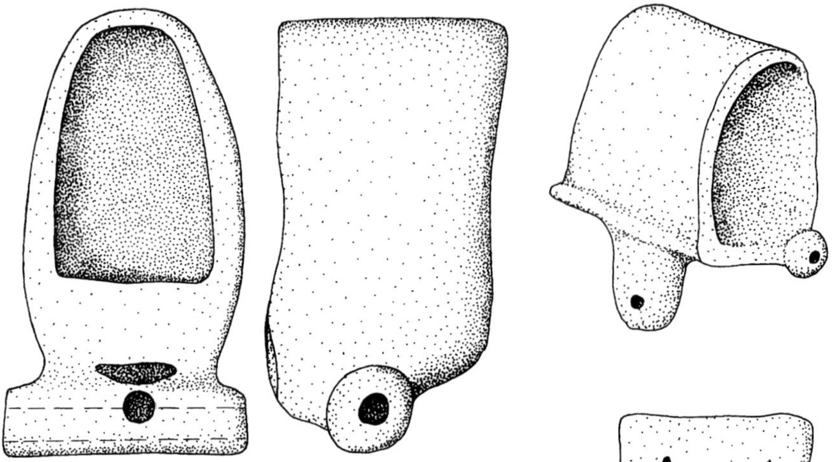

95 VII 01

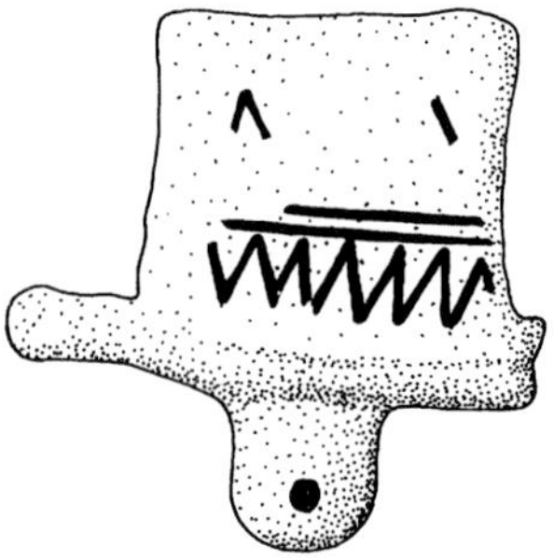

96 VII 04

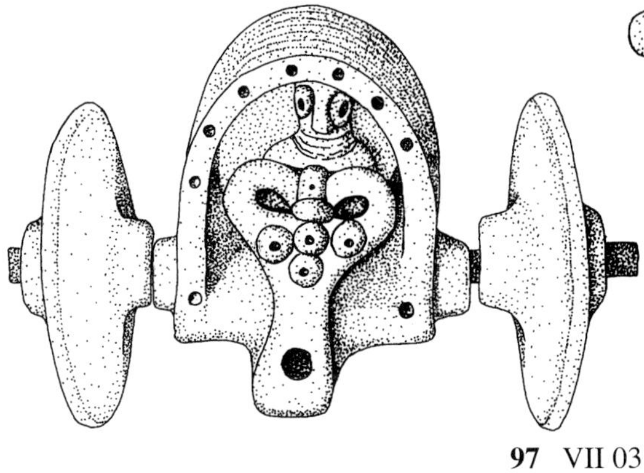

97 VII 03

98 VII 05

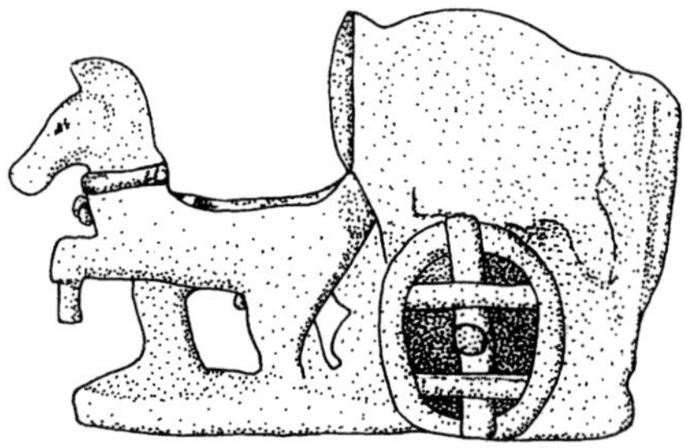

99 VII 06

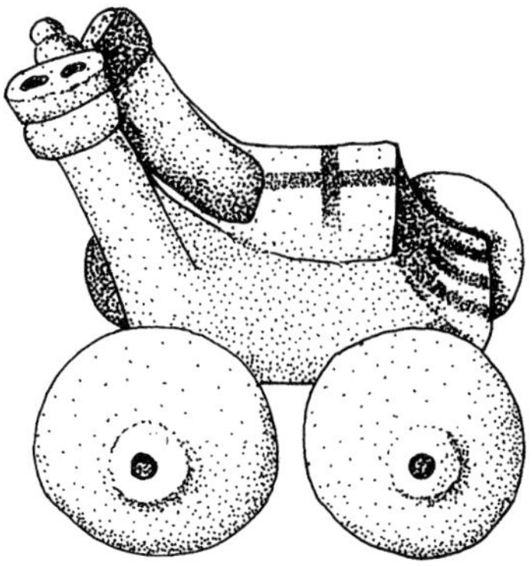

100 VIII 03

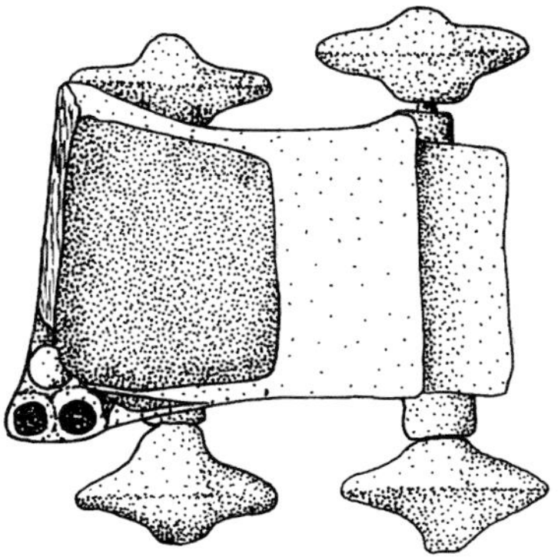

VIII 03

102 VIII 02

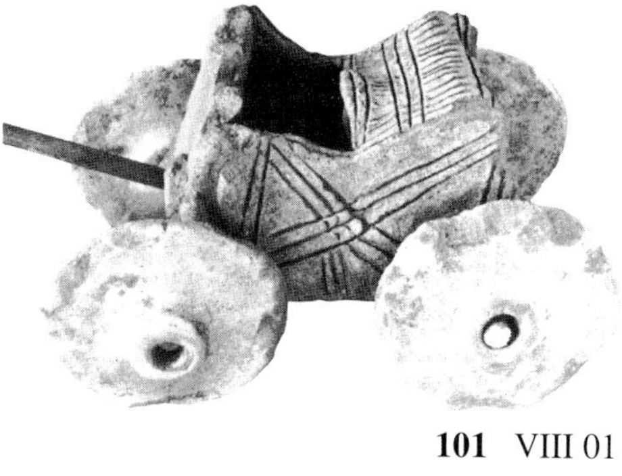

101 VIII 01

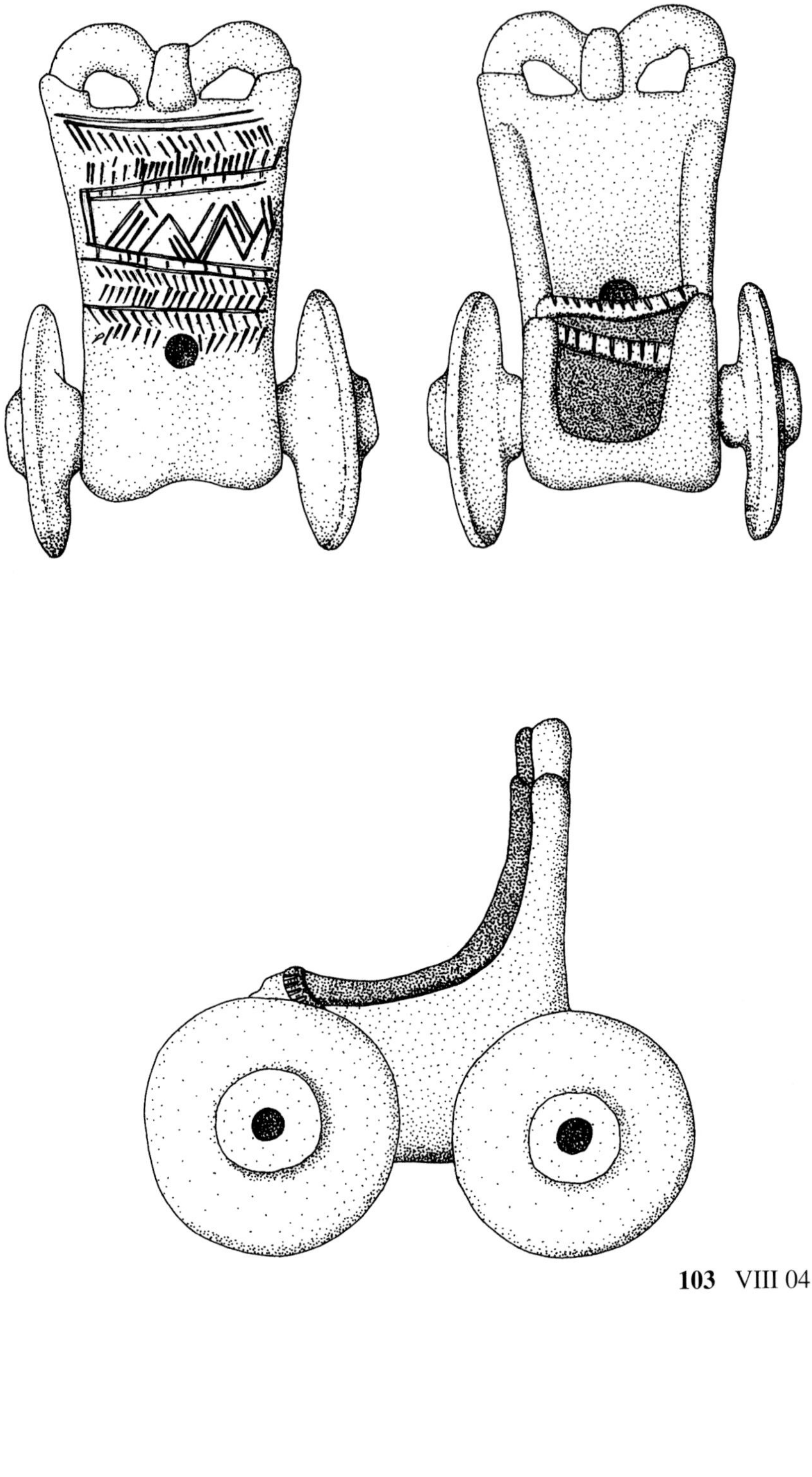

103 VIII 04

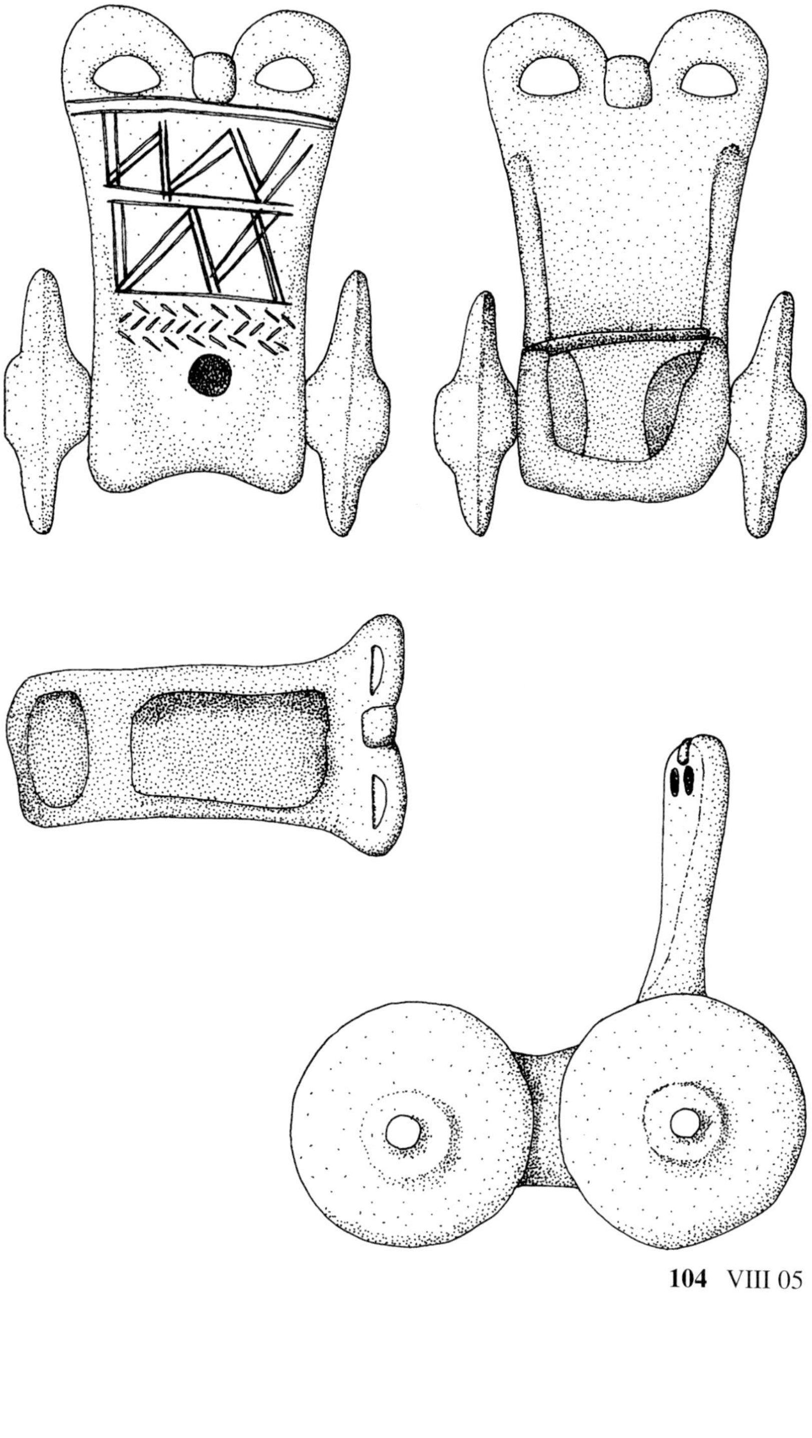

104 VIII 05

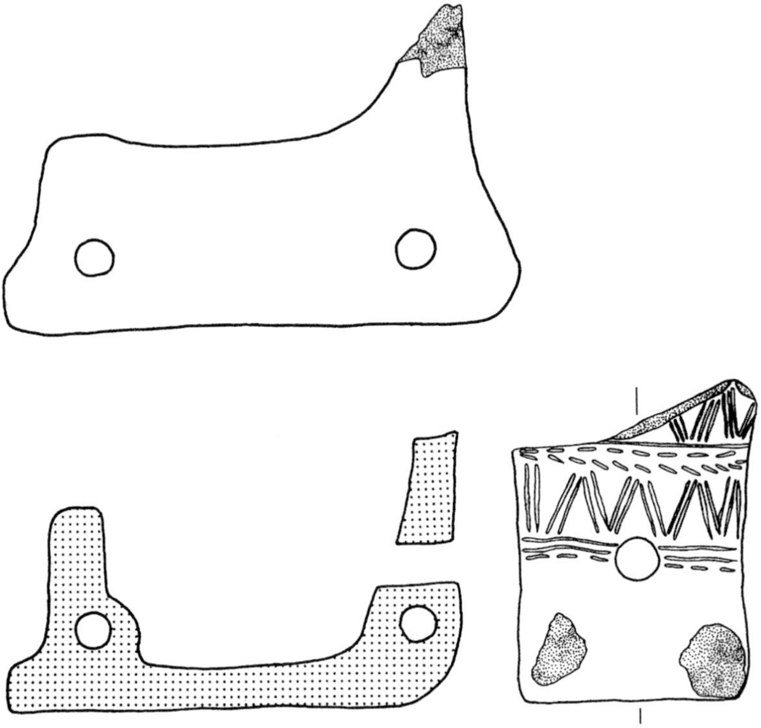

105 IX 01

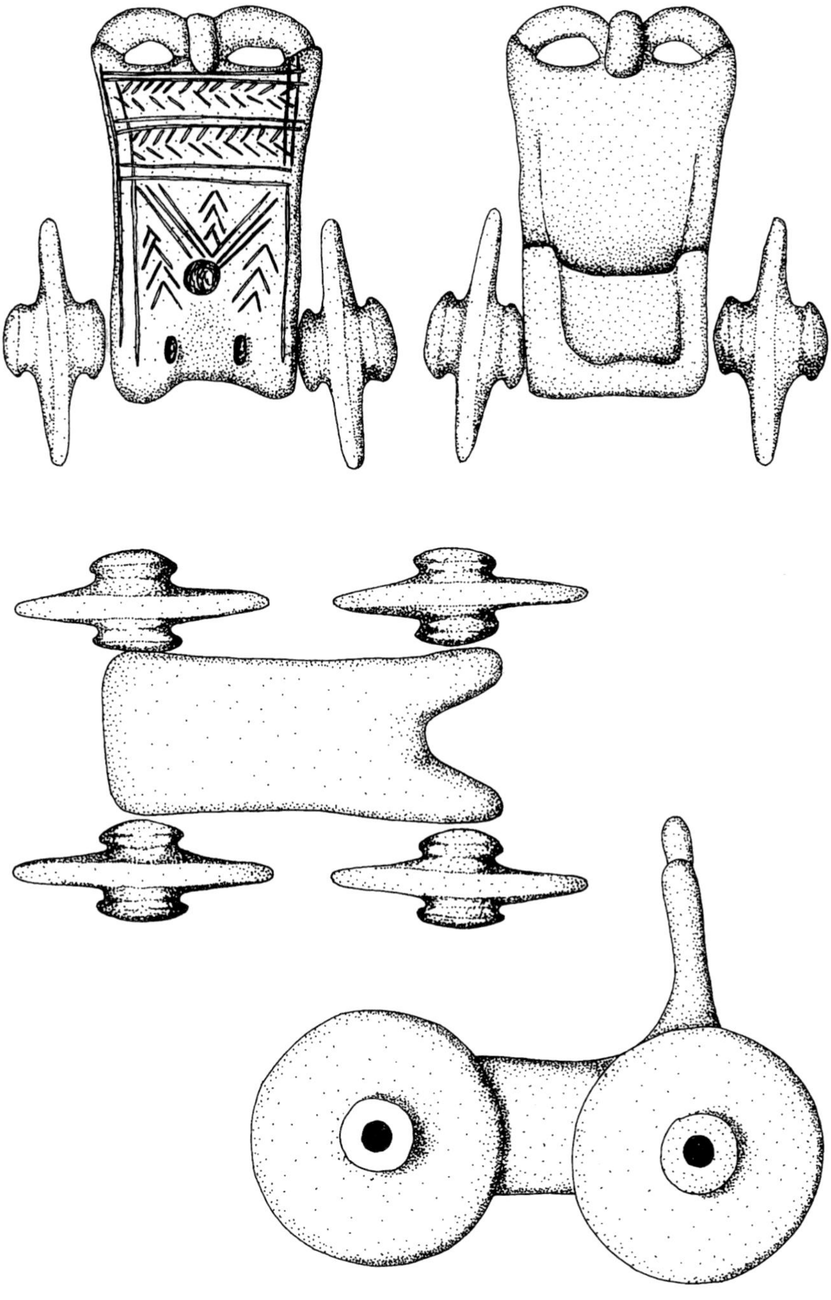

106 IX 02

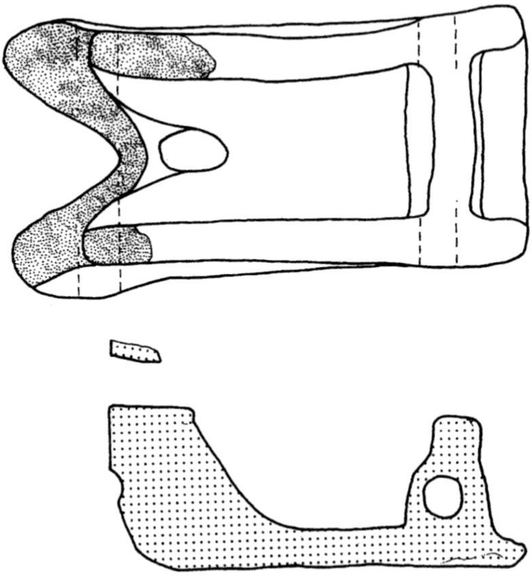

176 IX 03

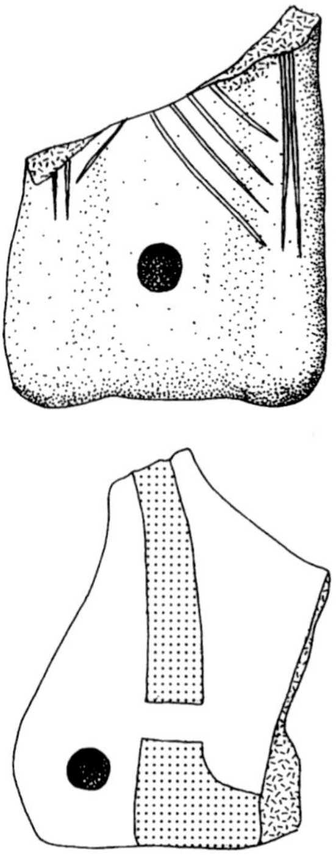

108 IX 04

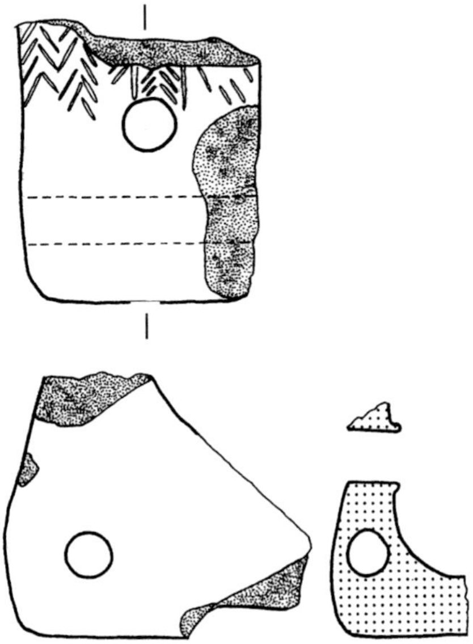

109 IX 05

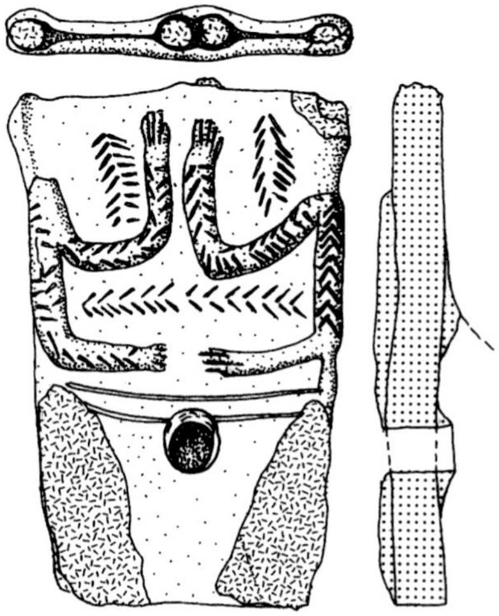

110 IX 07

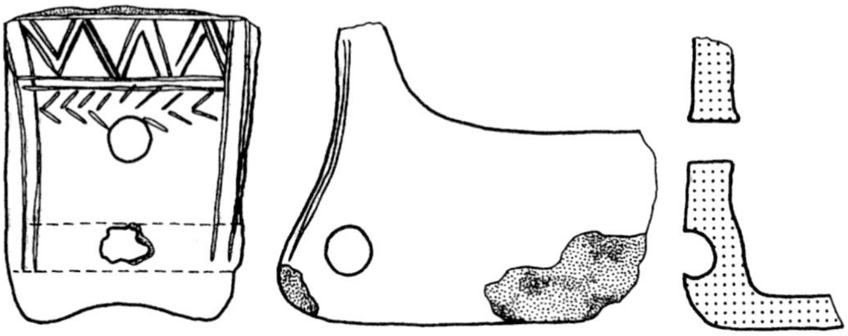

111 IX 06

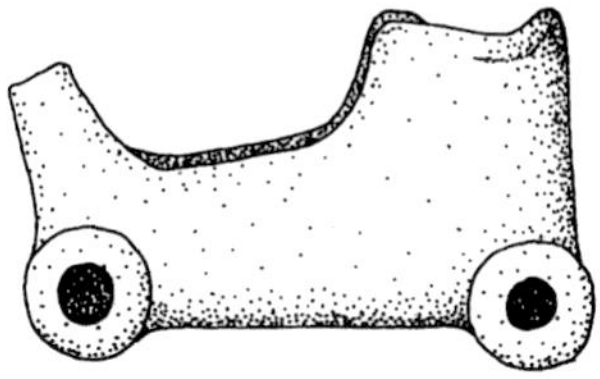

112 Xa 02

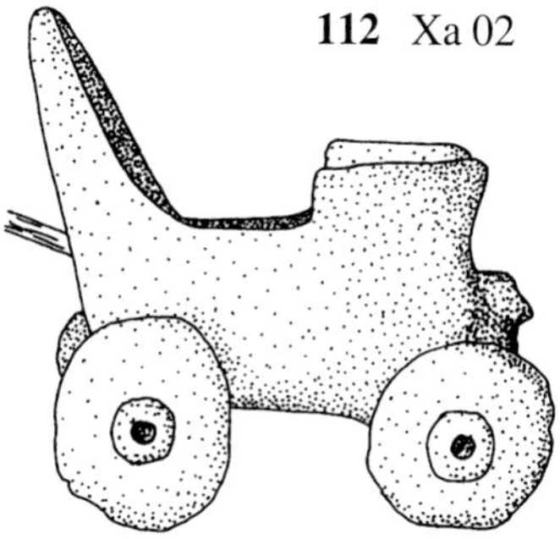

113 Xa 01

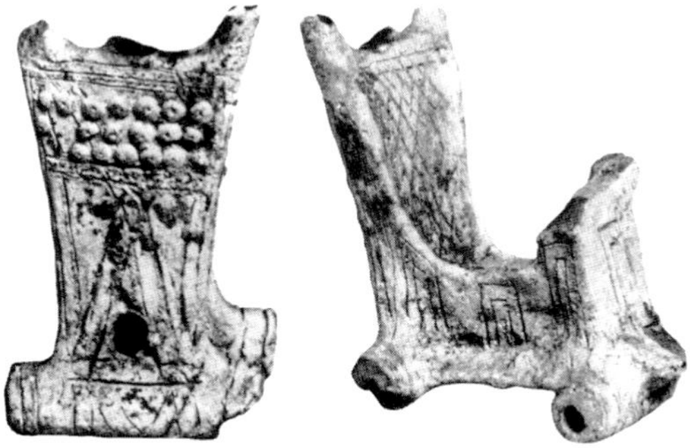

114 Xa 03

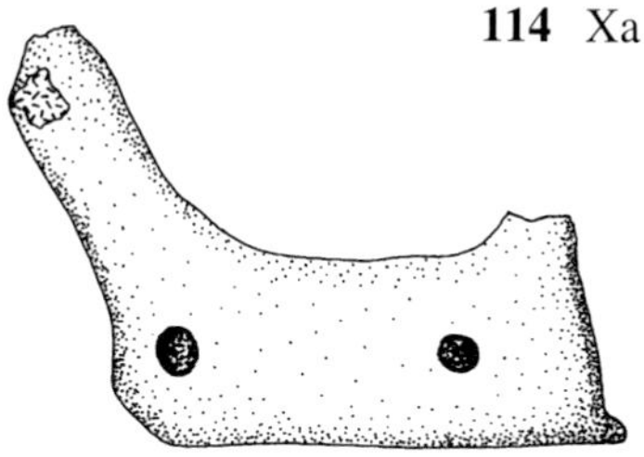

115 Xa 05

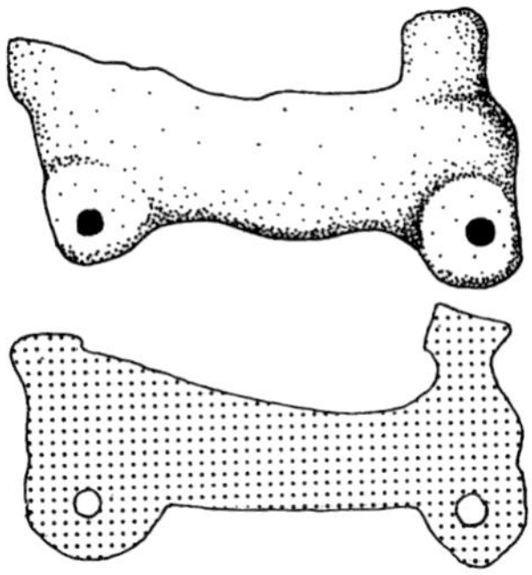

116 Xa 04

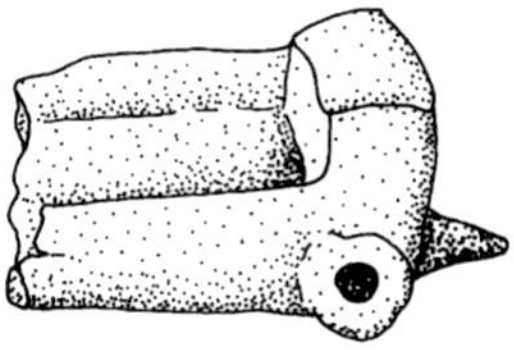

117 Xa 07

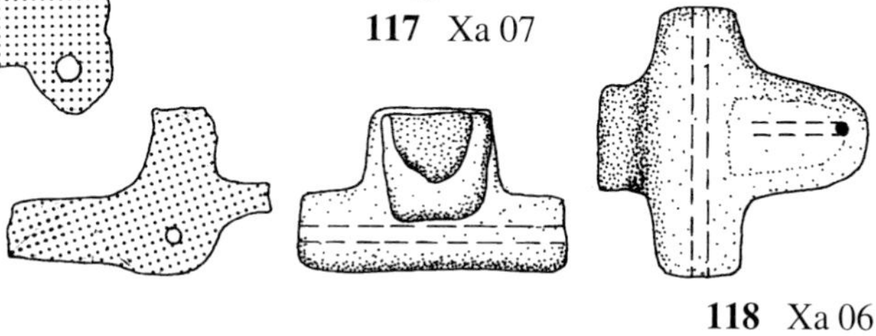

118 Xa 06

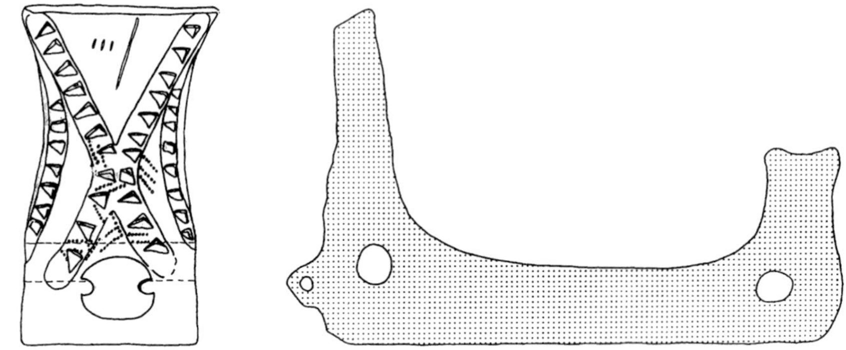

119 Xb 01

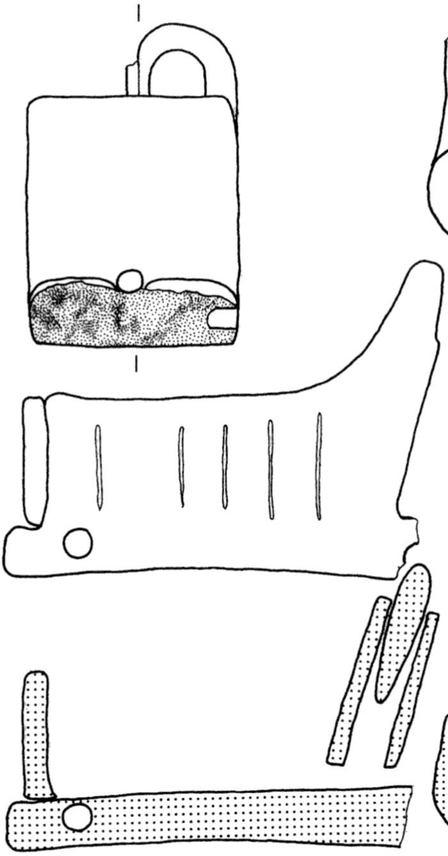

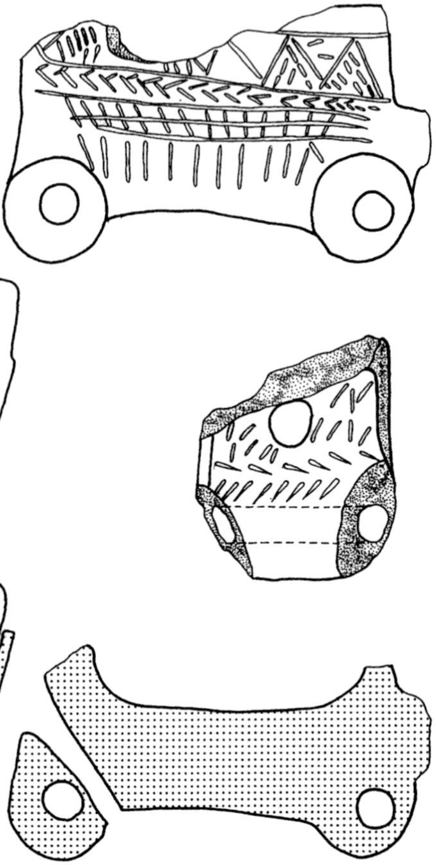

121 XI 02

120 XI 01

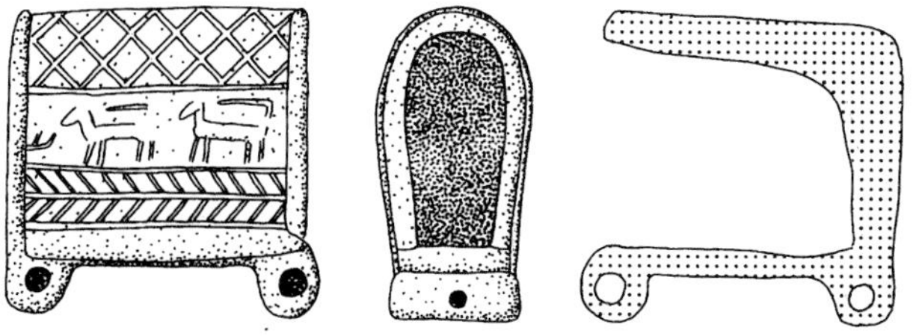

122 XII 01

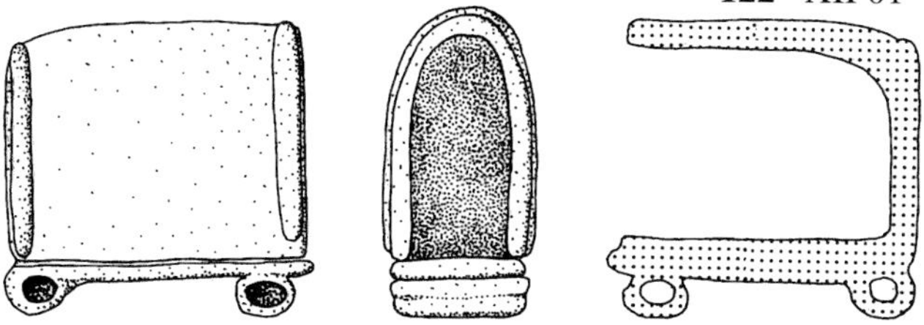

123 XII 03

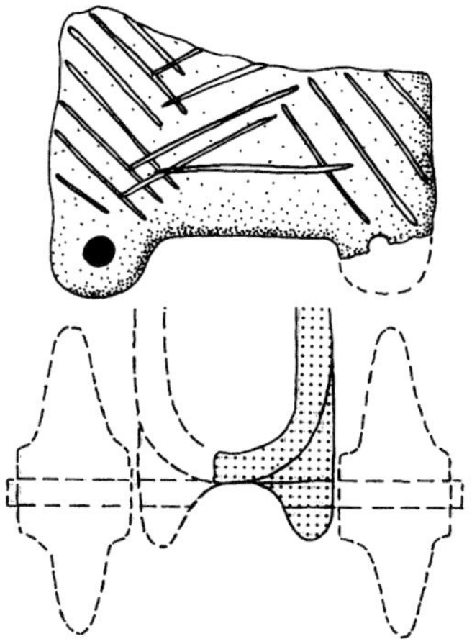

124 XII 05

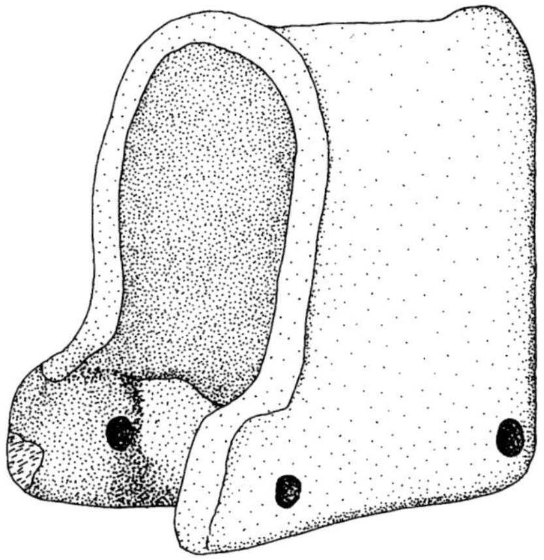

125 XII 04

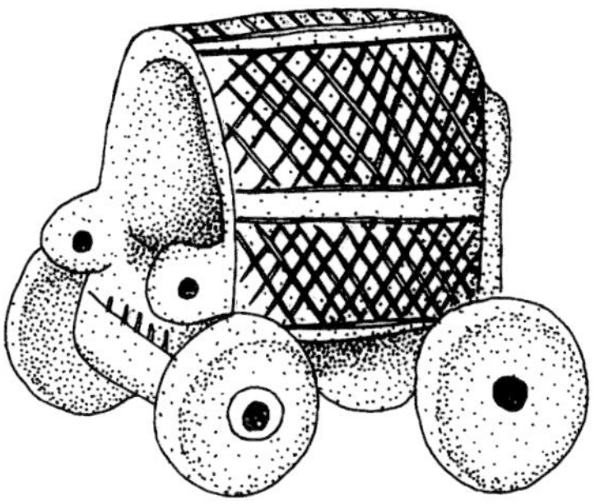

126 XII 02

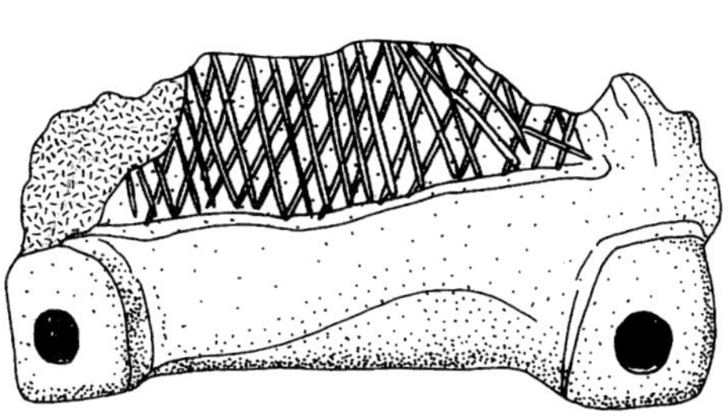

127 XII 07

XII 10

128 XII 10

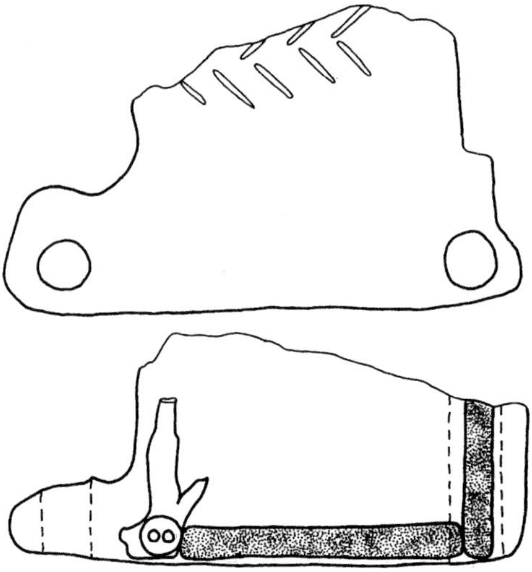

129 XII 06

130 XII 09

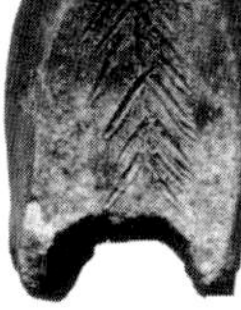

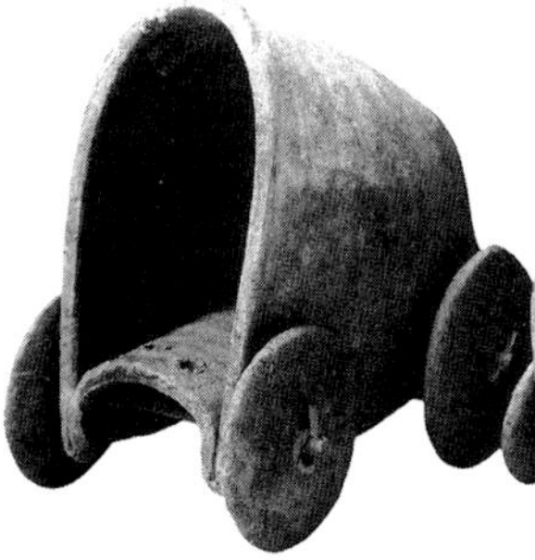

131 XII 12

132 XII 11

XII 11

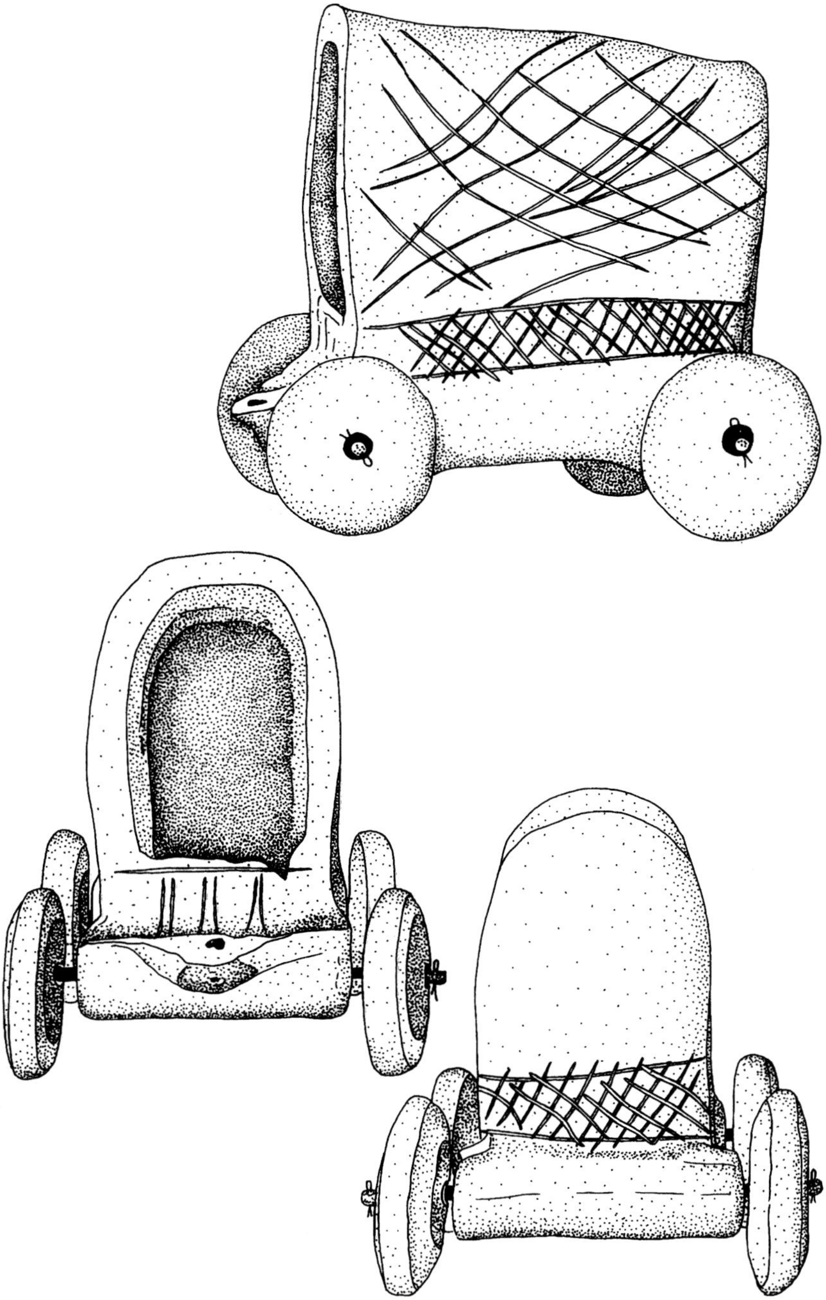

133 XII 08

XII 13

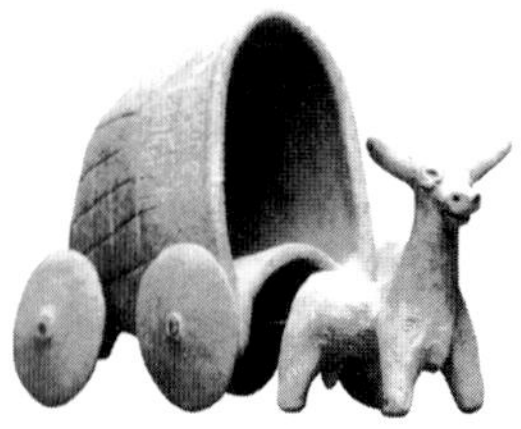

134 XII 13

135 XII 14

136 XII 15

137 XIII 01

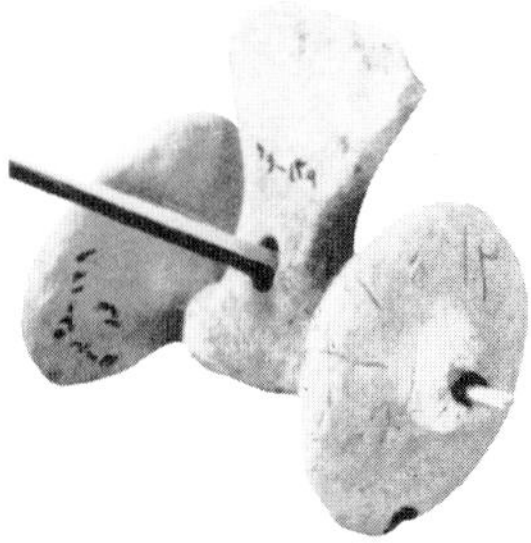

138 XIII 02

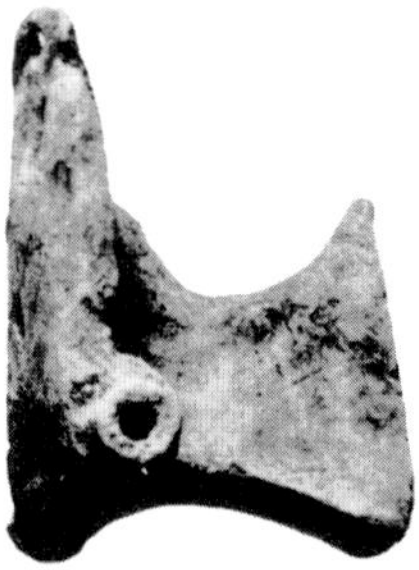

139 XIII 03

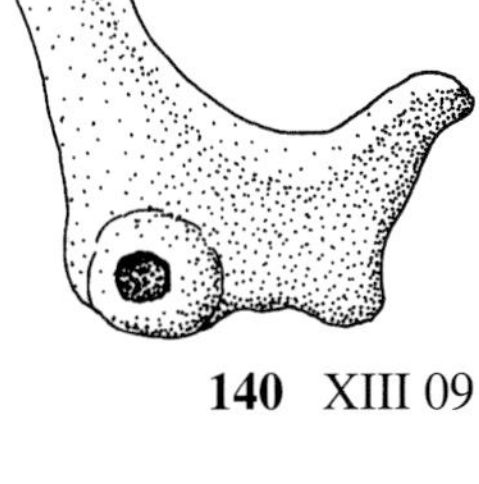

140 XIII 09

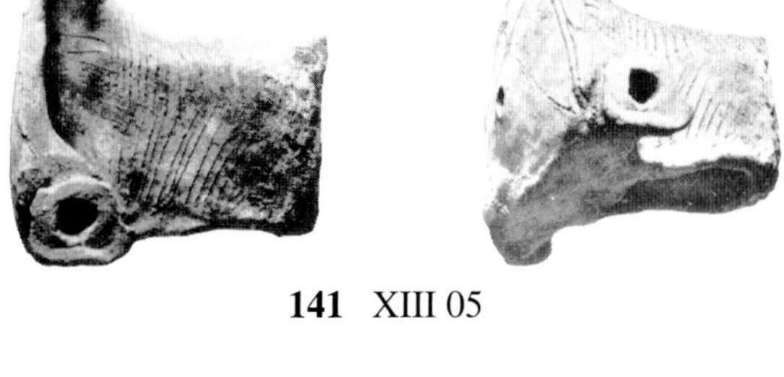

141 XIII 05

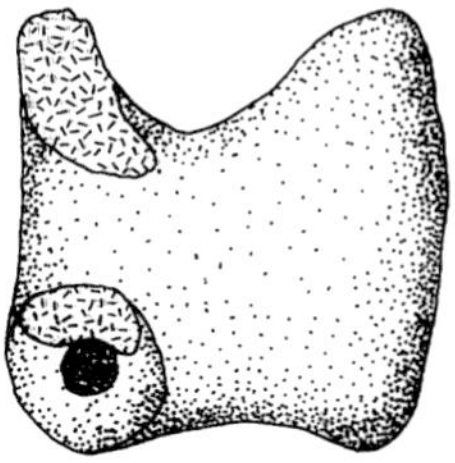

142 XIII 08

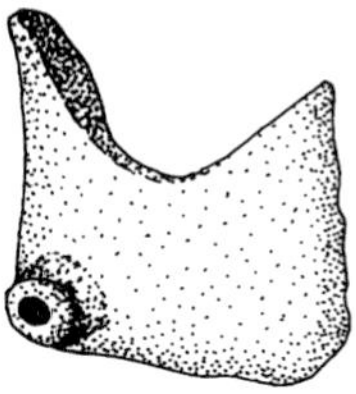

143 XIII 04

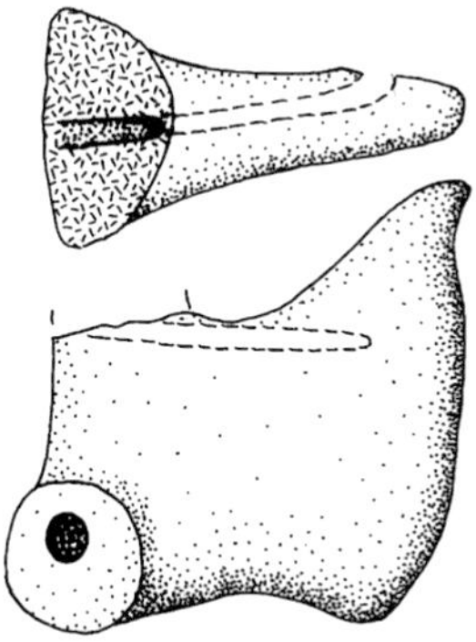

144 XIII 07

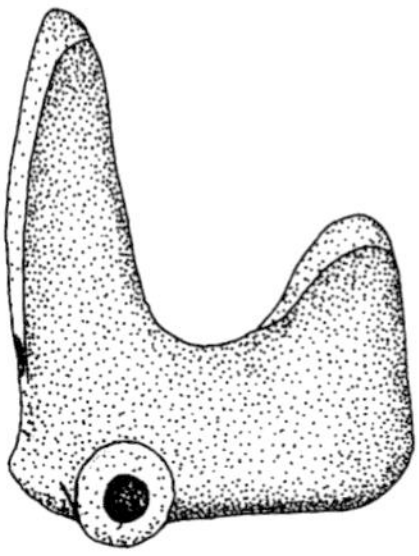

145 XIII 10

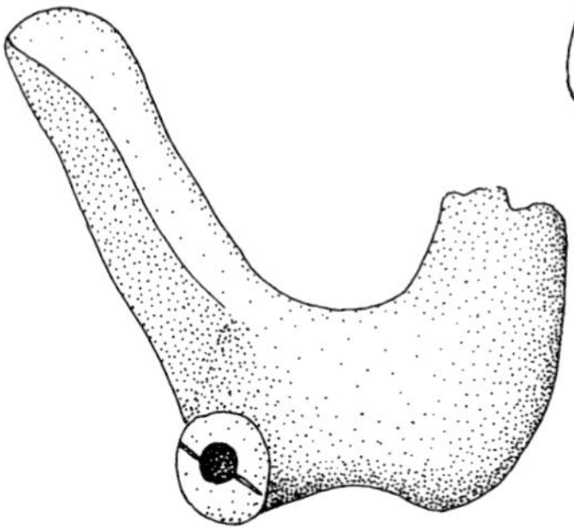

146 XIII 11

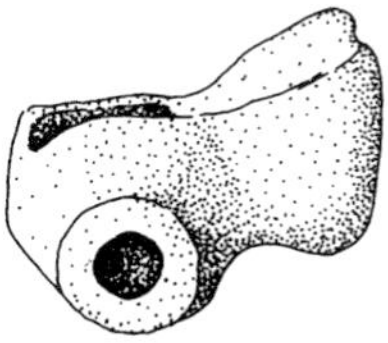

147 XIII 12

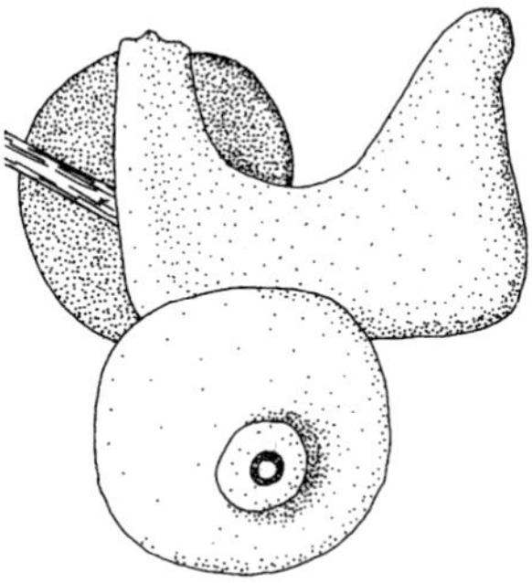

148 XIII 13

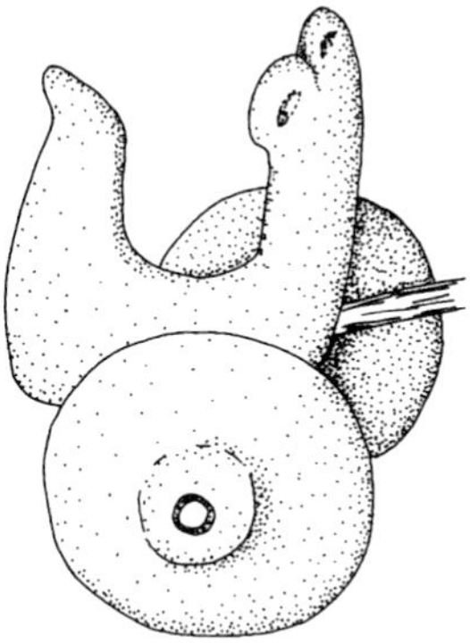

149 XIII 14

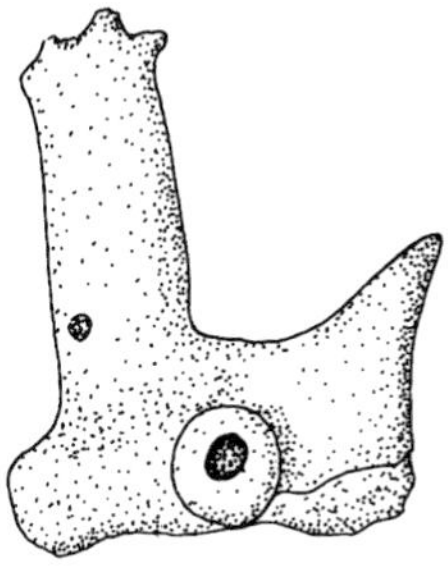

150 XIII 06

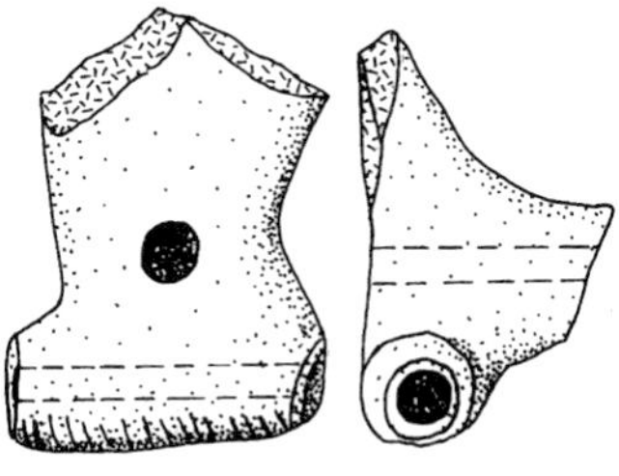

151 XIII 16

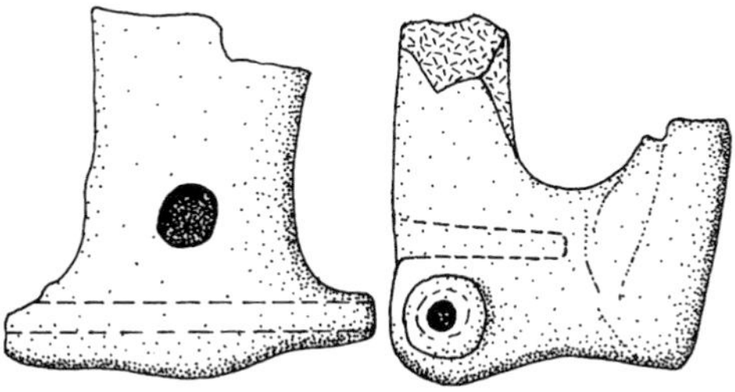

152 XIII 15

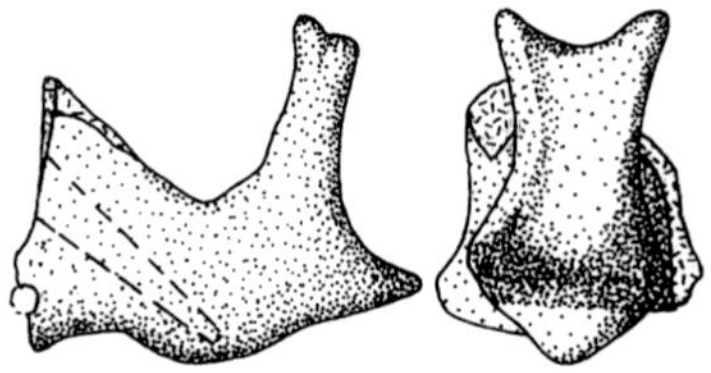

153 XIII 17

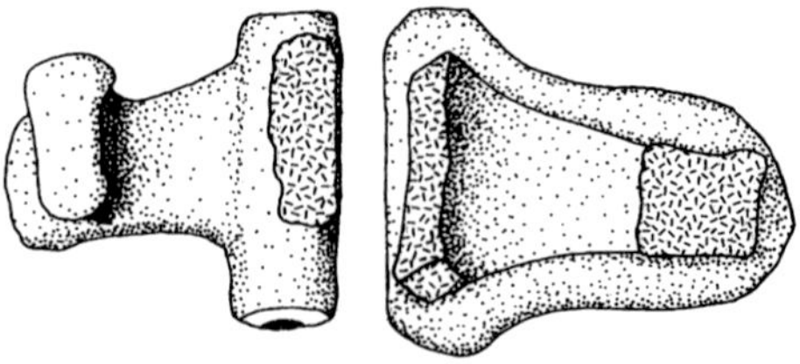

154 XIII 26

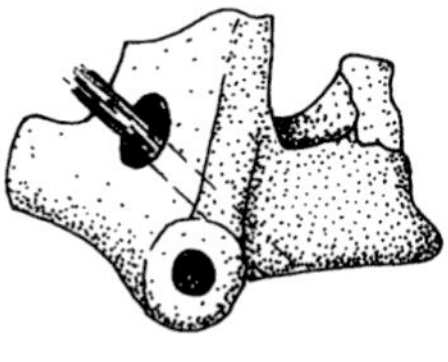

157 XIII 24

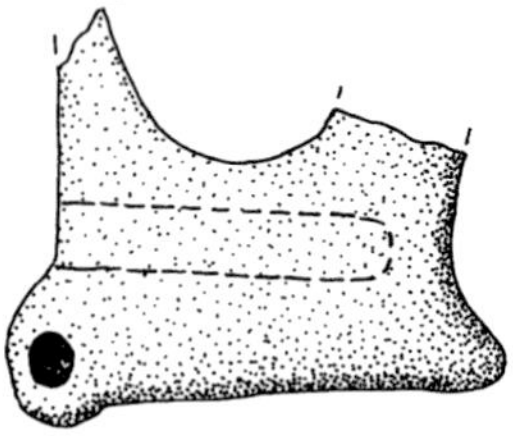

155 XIII 18

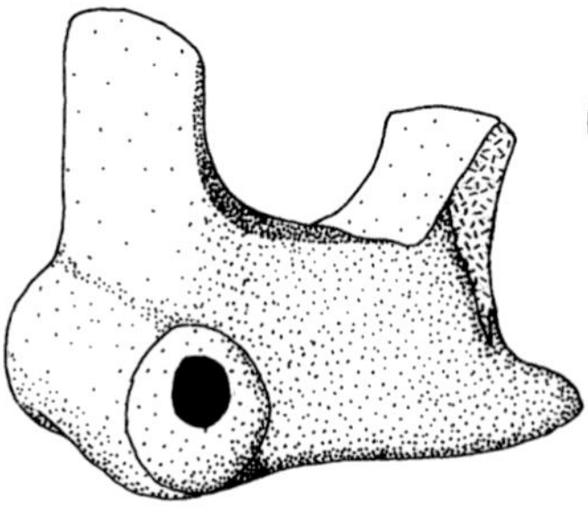

156 XIII 19

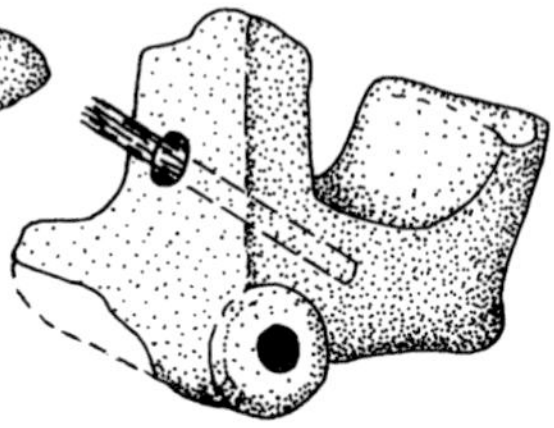

159 XIII 25

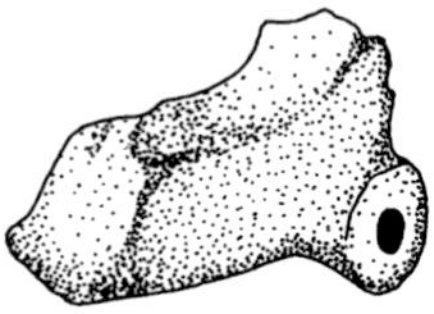

160 XIII 23

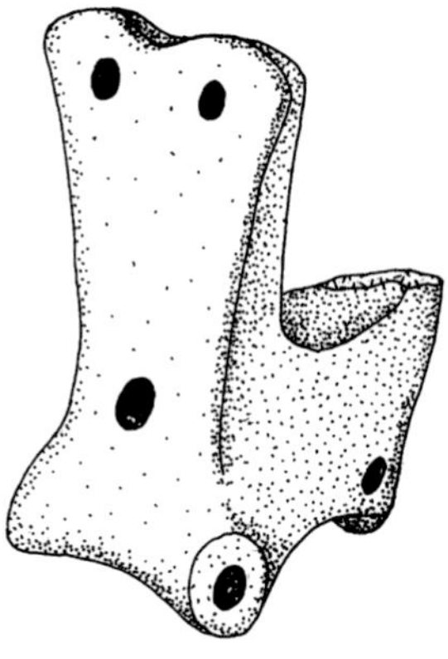

158 XIII 21

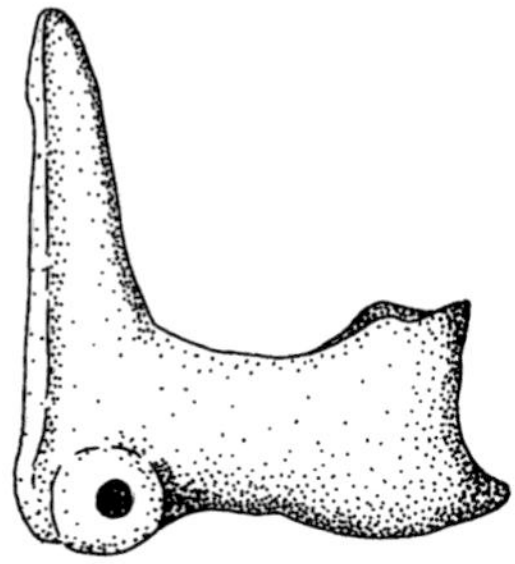

161 XIII 20

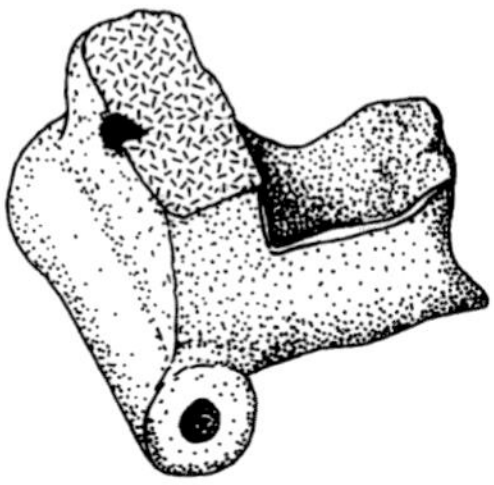

162 XIII 27

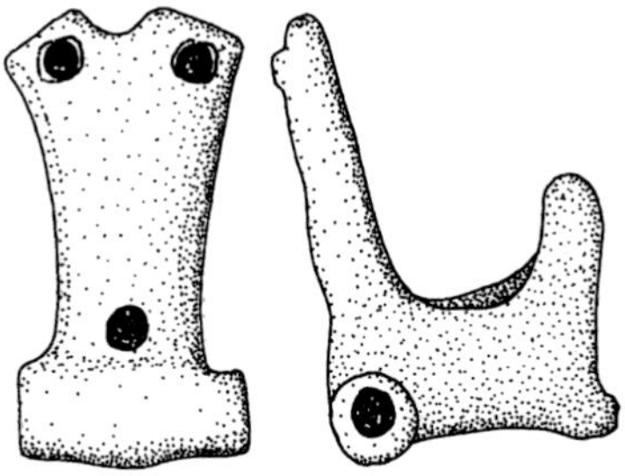

163 XIII 28

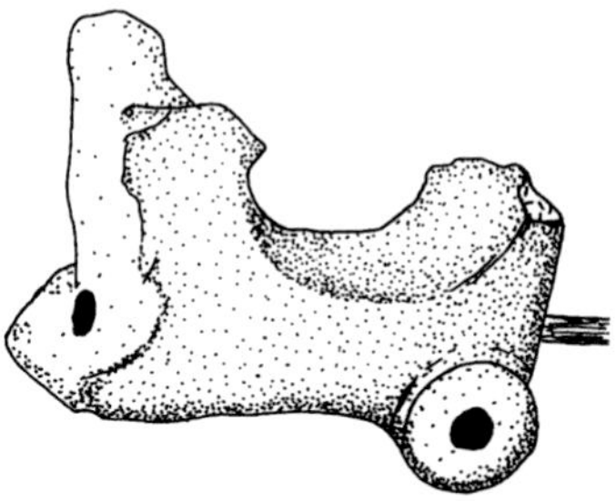

164 XIII 22

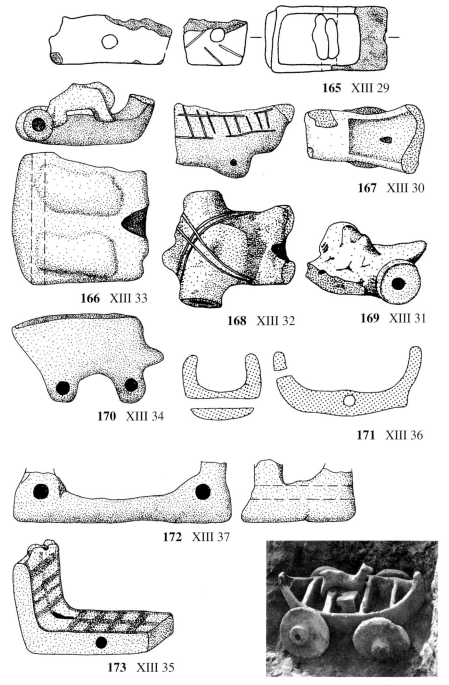

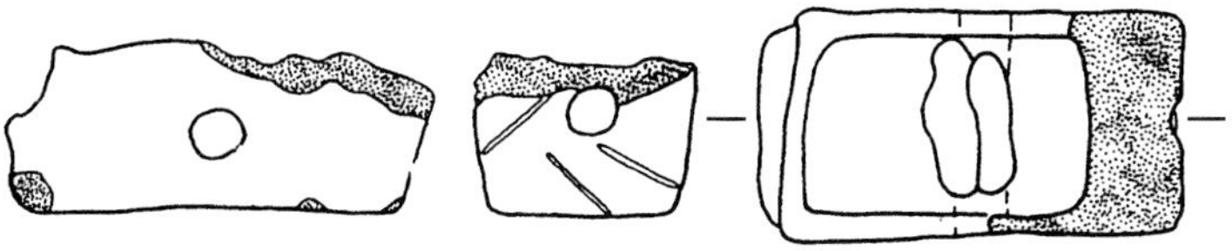

165 XIII 29

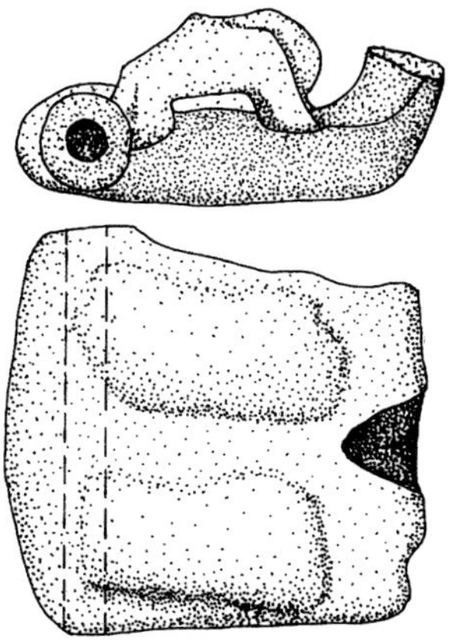

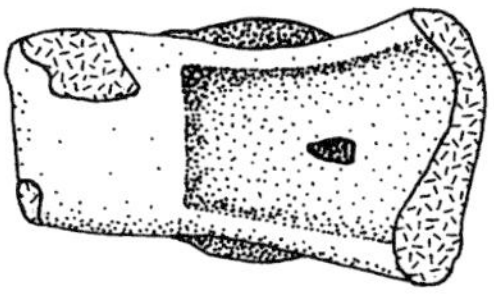

167 XIII 30

166 XIII 33

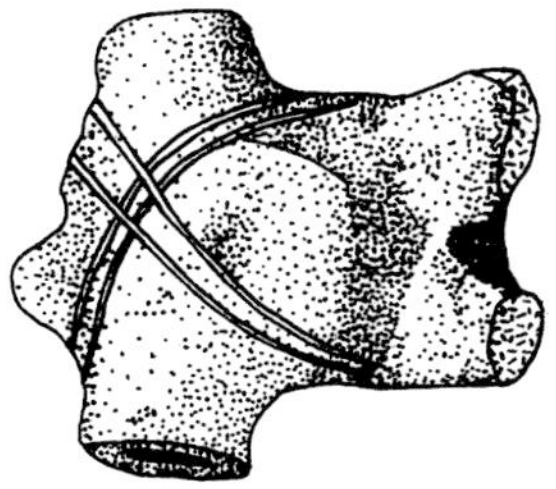

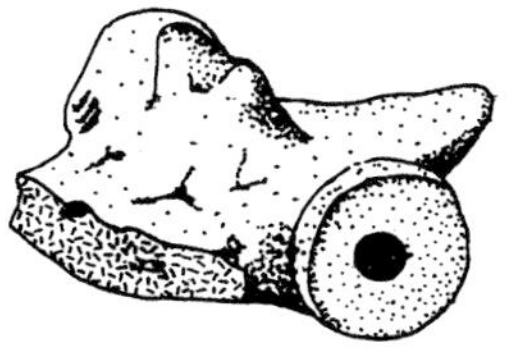

168 XIII 32

169 XIII 31

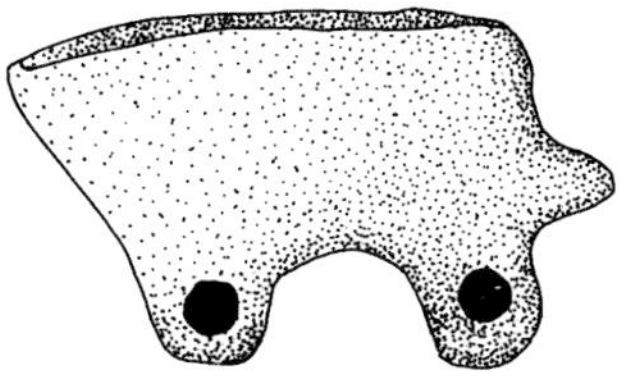

170 XIII 34

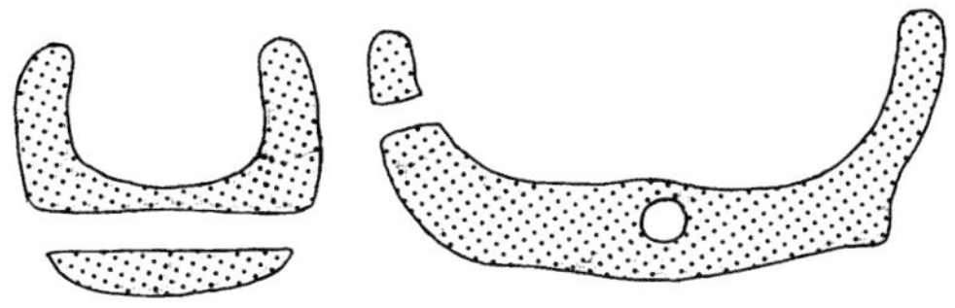

171 XIII 36

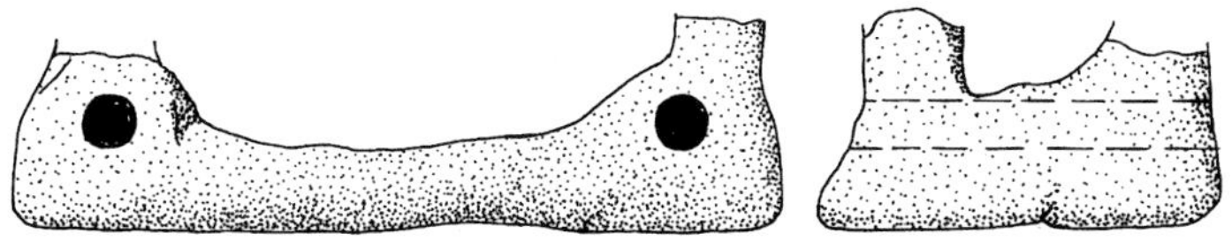

172 XIII 37

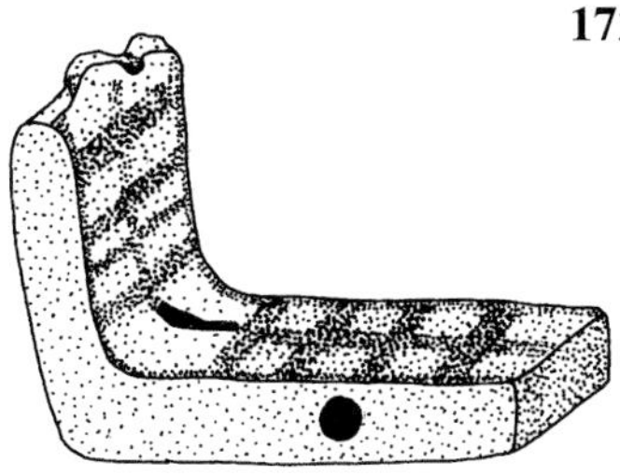

173 XIII 35

174 XIII 38

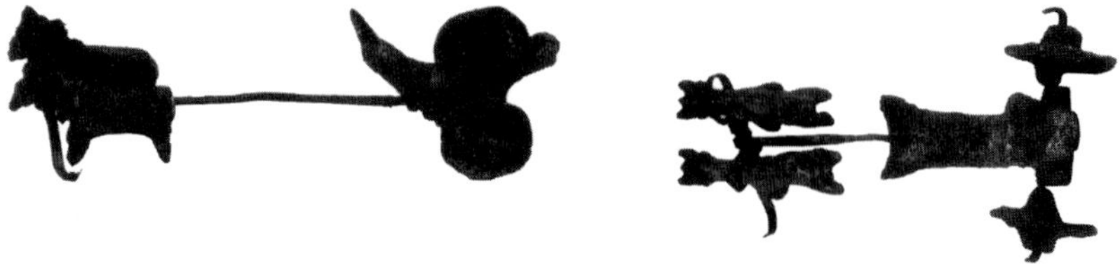

175 XIV 01

176 XIV 02

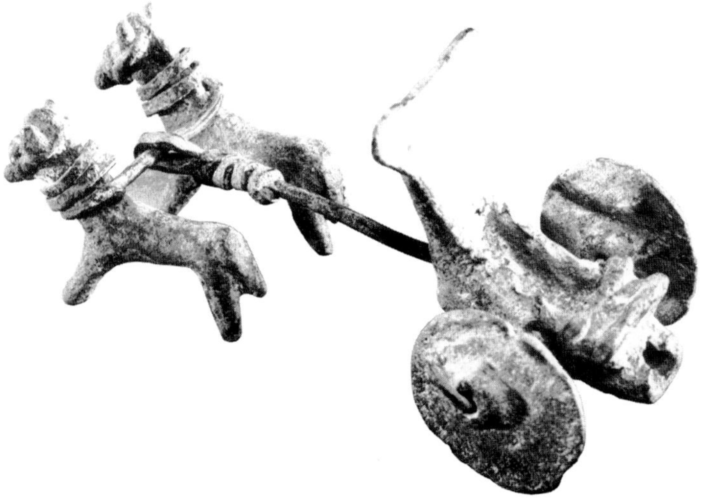

177 XIV 03

Katalog der Zusatzillustrationen
Beschreibungen und Abbildungen

ABB. 178 Frontschildzweiachser mit zwei Kämpfern, Stehfläche, Waffenköcher, Bremsbügel, Strang (?), Scheibenrädern und Eselequiden-Viergespann
Nachgezeichnete Abrollung der fragmentarischen Malerei auf einem Gefäß aus gebranntem Ton
Älteres Frühdynastikum, ca. 3100–2900 v. Chr., Klassische Scharlach-Keramik
Kunsthandel (Ḫafagah, Diyala-Gebiet)
Frankfort, 5th Report Iraq: 65 Fig. 51 (vergleiche ibidem S. 64 Fig. 50)

ABB. 179 Frontschildzweiachser mit Jäger, Stehfläche, Bremsbügel, Scheibenrädern und Eselequiden-Gespann (Hund)
Moderne Siegelabrollung
Älteres Frühdynastikum, ca. 3100–2900 v. Chr.
Kunsthandel
Porada, Pierpont Morgan Seals Plates: CLXIV 1081

ABB. 180 Frontschildzweiachser mit Gott (?), Hinterbock(?), Bremsbügel, Scheibenrädern, Fabeltier-Zwei(?)-Gespann und Führer
Umzeichnung der fragmentarischen Verzierungsabrollung eines Siegels auf Gefäßscherbe aus gebranntem Ton
Älteres Frühdynastikum, ca. 3100–2900 v. Chr.
Uruk (Warka'), Südmesopotamien
Boehmer, BaM 16: 105 W 24547 (vergleiche ibidem Tf. 6: 58)

ABB. 181 Frontschildzweiachser mit Krieger, Waffenköcher, Hinterbock, Bremsbügel, Scheibenrädern und Pferdegespann (Gefallener)
Moderne Siegelabrollung
Farah-Phase des Jüngeren Frühdynastikums, ca. 2900–2700 v. Chr.
Kiš (Tall Inġarrah), YW unter ›Flood Stratum‹, Südmesopotamien
Buchanan, Seals Ash Mus I: Pl. 20: 255 (vergleiche ibidem S. 49: 255; Watelin, Kish IV: Pl. XXIV 2)

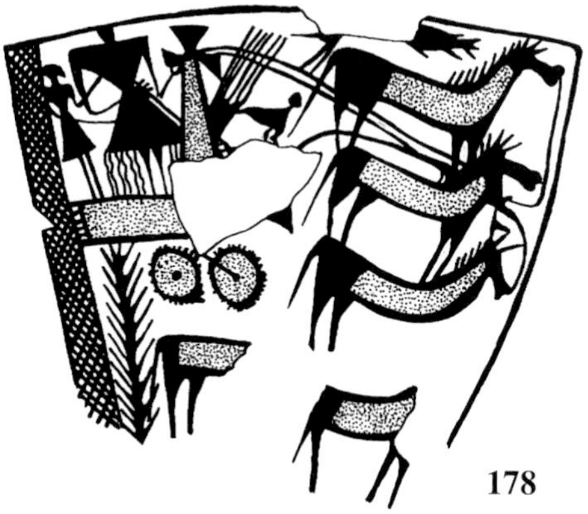

178

179

180

181

ABB. 182 Sattelwagen mit göttlichem (?) Jäger, Waffenköcher, Bremsbügel, Scheibenrädern und Eselgespann (Hund; Jagdgefolge; Jagdbeute?)
Moderne Siegelabrollung
Ur I-Phase des Jüngeren Frühdynastikums, ca. 2640–2440 v. Chr.
Kunsthandel
Strommenger, Mesopotamien: Tf. 64, dritte Reihe von oben, links (vergleiche Moortgat, Rollsiegel: Tf. 22 Nr. 145)

ABB. 183 Sattelwagen mit göttlichem (?) Kämpfer, Streckdeichsel (oder Bremsbügel?), Scheibenrädern und Pferde-Vierge-spann
Moderne Siegelabrollung
Ur I-Phase des Jüngeren Frühdynastikums, ca. 2640–2440 v. Chr.
Kunsthandel
Hammade, Cyl Seals Aleppo I: 21 No. 39

ABB. 184 Frontschildzweiachser mit Gott, Hinterbock, Bremsbügel, Scheibenrädern und Drachenbespannung (Blitzgöttin über dem Joch)
Moderne Siegelabrollung
Hochreichsakkadisch, ca. 2405–2327 v. Chr.
Kunsthandel
Porada, Pierpont Morgan Seals Plates: XXXIV 220 (vergleiche Porada, Pierpont Morgan Seals Text: 19–28: 220)

ABB. 185 Frontschildzweiachser mit einem (?) Fahrer, Hinterbock, Streckdeichsel(?), Speichenrädern und Pferde-Vierge-spann
Moderne Siegelabrollung
Kappadokischer Nebenkreis, ca. 2120–1880 v. Chr.
Kunsthandel
Porada, Pierpont Morgan Seals Plates: CXXXIV 893

182

183

184

185

ABB. 186 Sattelwagen (?) mit Gott (?), Bremsbügel, Scheibenrädern und Fabeltiergespann
Moderne Siegelabrollung
Gudea-Periode, ca. 2327–2277 v. Chr.
Kunsthandel
Buchanan, Seals Yale: 192 f. Fig. 502

ABB. 187 Zweiachsige Frontschildkästen mit zwei Kriegern, Waffenköcher, Streckdeichsel, Scheibenrädern und Eselequiden-Viergespann (Gefallener)
Mosaik aus Muschel, Kalkstein und Lapislazuli auf Holzkasten (›Standarte‹)
Meskalamdu-Phase des Jüngeren Frühdynastikums, ca. 2700–2640 v. Chr.
Ur (Tall Muqayyar), Pit-Grave 779, Südmesopotamien
Strommenger, Mesopotamien: Tf. XI (Ausschnitt: unterer Fries)

ABB. 188 Zweiachsiges Frontschildkasten-Gestell mit Hintertür und Scheibenrädern
Kupfermodellteil (Vorderräder samt Achse modern)
Meskalamdu- bis Ur I-Phase des Jüngeren Frühdynastikums, ca. 2700–2640–2440 v. Chr.
Kunsthandel (Ḥumṣ, Zentralsyrien)
Littauer, Levant 5: Pl. XXXII A–C nach S. 102

ABB. 189 Gatterzweiachser mit Streckdeichsel, Jochscheibenemblem und Auerbullen-Zweigespann
Kupfermodell
Alacahüyük-Kultur, ca. 2500–2300 v. Chr.
Kunsthandel (Südzentralanatolien)
Foto Museum für Vor- und Frühgeschichte Berlin (vergleiche Nagel, APA 16/17: 143–51 Abb. 1–13; Nagel, Treue edit. Achse: Abb. S. 17 unten)

186

187

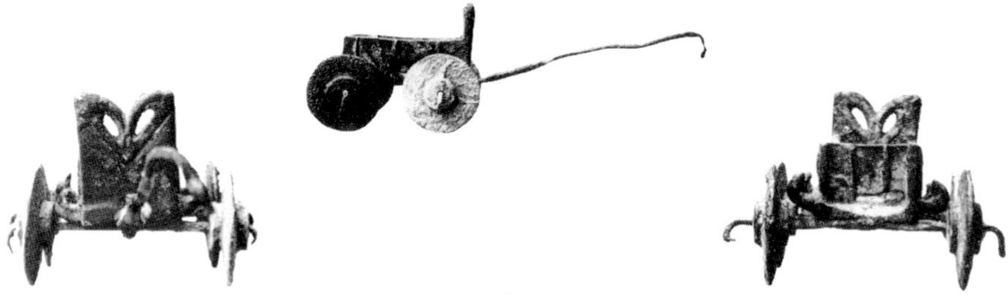

188

189

ABB. 190 Leerer Sattelwagen eines Gottes mit Waffenköcher, Bremsbügel, Scheibenrädern, Fabeltier-Viergespann und Kutscher zu Fuß
Fragment eines Weihplattenreliefs aus Kalkstein
Älteres Frühdynastikum, ca. 3100–2900 v. Chr.
Ur (Tall Muqayyar), Südmesopotamien
Moortgat, Kunst Mesop: Tf. 43 (vergleiche Woolley, UE II Plates: 181 b U.8557)

ABB. 191 Sattelwagen mit göttlichem (?) Krieger und Eselequiden(?)-Bespannung
Relief auf Gefäßfragment aus Steatit
Import aus Südzentraliran, 1. Drittel III. Jahrtausend v. Chr.
Kunsthandel aus Ḫafagah, Sin Temple IX, Diyala-Gebiet
Frankfort, 4th Report Iraq: 48 Fig. 55

ABB. 192 Sattelwagen mit Gott, Bremsbügel, Scheibenrädern und Drachenbespannung (Blitzgöttin über dem Joch)
Moderne Siegelabrollung
Hochreichsakkadisch, ca. 2405–2327 v. Chr.
Ur (Tall Muqayyar), PJ, Sargonid Grave 99, Südmesopotamien
Legrain, UE X: Pl. 7: 92 U.18922

190

191

192

ABB. 193 Deichselbockwagen mit Fahrer, Scheibenrädern und Eselequiden-Viergespann
Kupfermodell
Älteres Frühdynastikum, ca. 3100–2900 v. Chr.
Tall Agrab, Shara Temple, Earlier Building, Diyala-Gebiet
Hansen, Orthmann, Orient PropKG 158 ff.: Abb. 38

ABB 194 Deichselbockwagen mit Fahrer, Scheibenrädern und Eselequiden-Viergespann
Nachzeichnung eines Kupfermodells
Älteres Frühdynastikum, ca. 3100–2900 v, Chr.
Tall Agrab, Shara Temple, Earlier Building, Diyala-Gebiet
Frankfort, More Sculpture Diyala: Pl. 60 No. 310 B, D

ABB. 195 Vierspeichiger Frontschildeinachser mit Bogner beim Schuß, Stehfläche und Pferde-Zweigespann (Hunde, Jagdwild)
Moderne Abrollung eines korrodierten Siegels
Libanesisch, ca. 2040–1700 v. Chr.
Kunsthandel (Bayrut, Südsyrien)
Amiet, Ugaritica VI: 7 fig. 9

ABB. 196 Vierspeichiger Frontschildeinachser mit göttlichem Krieger, Hinterbock und Pferde-Zweigespann (Gefolge, Gefallener)
Umzeichnung einer fragmentarischen Siegelabrollung auf Tontafel
Libanesisch (ca. 2040–1700), 1950–1916 v. Chr.
Kunsthandel (Sippar [Tall Abu Ḥabbah], Südmesopotamien)
Figulla, CT XLVII: Pl. 14: 22 a 16815a Seal 3 (vergleiche Buchanan, Iraq 33: Pl. II c; Collon, Cyl Seals: 160 f.: 730)

193

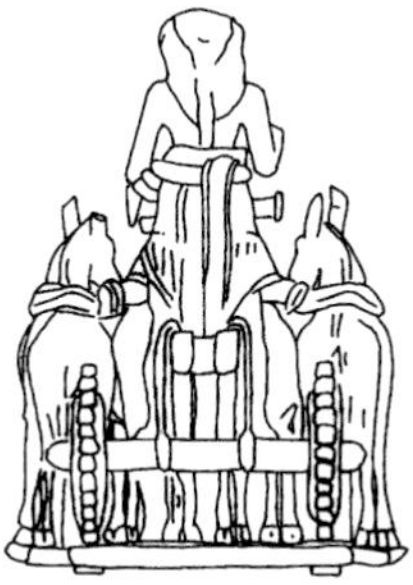

194

194

195

196

ABB. 197 Vierspeichiger Geländereinachser mit Bogner beim Schuß, Bremsbügel und Pferde-Zweigespann (Gefolge, Hund, Jagdwild)
Moderne Abrollung eines korrodierten Siegels
Libanesisch, ca. 2040–1700 v. Chr.
Kunsthandel (Bayrut, Südsyrien)
Amiet, Ugaritica VI: 6 fig. 8

ABB. 198 Vierspeichiger Geländereinachser mit Streckdeichsel, Doppeljoch und Jochgabeln
Frühe XVIII. Dynastie, ca. 1530–1400 v. Chr.
Angeblich Thebae (Karnak + Al Uqṣur = Luxor), Privatgrab, Oberägypten
Decker, Treue edit. Achse: Abb. S, 38, 445

ABB. 199 Vier vierspeichige Rundschirmeinachser mit je einem Jäger, ganz rechts mit Bremsbügel, und je einem Pferde-Zweigespann (Jadgwild)
Moderne Siegelabrollung eines Stempelrollsiegels
Althethitisch, ca. 1880–1500 v. Chr., hieroglyphenhethitische Legende
Kunsthandel
Parrot, Syria 28: pl. XIII 1

197

198

199

ABB. 200 Vierspeichiger Rahmeneinachser mit Bogner beim Schuß und Pferde-Zweigespann (Jagdwild)
Moderne Siegelabrollung
Spätlibanesisch, ca. 1700–1600 v. Chr.
Ugarit, Récent 2, Zentralsyrien
Amiet, Corp cyl Ougarit II: 135 fig. 56 no. 308 RS 23.407 (vergleiche Amiet, Festschr Strommenger: Tf. 1:8, 3:8)

ABB. 201 Vierspeichiger Kasteneinachser mit Krieger, Bremsbügel und Pferde-Zweigespann (Gefolge, Gefallene)
Moderne Abrollung eines korrodierten Siegels
Libanesisch, ca. 2040–1700 v. Chr.
Kunsthandel (Bayrut, Südsyrien)
Buchanan, Seals Ash Mus I: Pl. 56:892

ABB. 202 Planzweiachser mit Scheibenrädern, Auerochsen im Zweigespann und Führer
Moderne Siegelabrollung
Ur I-Phase des Jüngeren Frühdynastikums, ca. 2640–2440 v. Chr.
Kunsthandel
Amiet, Palmieri dedicata: 265 fig. 2 (vergleiche Collon, Cyl Seals: 159: 722)

ABB. 203 Schiffs(?)-Zweiachser auf Speichenrädern mit Jochdeichsel
Umzeichnung einer Siegelabrollung auf Tontafelhülle
Urartäischer Nebenkreis (ca. 850–590), ca. 730–650 v. Chr.
Toprakkale, Südostanatolien
Lehmann-Haupt, Armenien II 2: 580

200

201

202

203

Vorbemerkung

Das Ortsregister enthält alle im Text vorkommenden Ortsnamen, soweit sie in dem nordwestvorderasiatischen Ausschnitt, den die beigefügte Karte bietet, liegen. Das Register zerfällt in zwei Teile. Der erste führt die Orte nach dem Alphabet auf, der zweite nach den laufenden Nummern, die die Orte auf der Karte kennzeichnen. Die alphabetische Ordnung der Orte erfolgt nach den puren lateinischen Buchstaben, also ohne Berücksichtigung jeglicher diakritischer Zeichen. Jedem Ort ist in beiden Registerteilen die Großlandschaft beigefügt, in der er zu suchen ist, gegebenenfalls mit weiterer, näherer Bestimmung. Die Durchnumerierung im zweiten Registerteil erfolgt nach geographischen Gesichtspunkten und zwar in diesem Fall annähernd von Nordwesten nach Südosten. Auf die Nummer folgt hier der ›Standardname‹ des Ortes, der sich nach der in der wissenschaftlichen Literatur am häufigsten gebrauchten Bezeichnung richtet. Sofern das nicht der moderne Ortsname ist, wurde dieser der sonst gewählten antiken Bezeichnung in Klammern hinzugefügt [Ur (Tall Muqayyar)]. Allerdings wurden die gewählten ›Standardnamen‹ jeweils in eine korrekte Schreibweise gebracht, die den unten erläuterten Prinzipien entspricht (also Ḥuwayrah statt Chuera). Die auf mannigfachen Landkarten unterschiedlicher Entstehungszeit und auch sonst vorkommenden Namensvarianten wurden öfters beigefügt. Es handelt sich dabei um veraltete oder ausgetauschte Namen [Gaziantep (Aintab)], aber auch um verschliffene Formen [Tall Lawḥ (Tello)] sowie um einheimische gegenüber ausländischen Prägungen [Aleppo (Ḥalab)]. Varianten der antiken Überlieferung wurden gleichfalls aufgenommen (Maeri/ Mari). Im Bereich der Türkei wurde die amtliche Schreibung wiedergegeben, ›Eindeutschungen‹ gegebenenfalls in Klammern beigefügt [Zincirli (Sendschirli)]. Bei den Ortsnamen der arabischen Staatsgebiete wurde eine orthographische Wiedergabe angestrebt, da jede orthophonetische bekanntlich ins unwissenschaftliche Chaos führt. Dabei mußten naturgemäß die hocharabischen Formen hergestellt und in eine Schreibweise gebracht werden, die die arabische Lautfolge pro Lautzeichen im Prinzip möglichst durch je einen lateinischen Buchstaben, gegebenenfalls mit diakritischem Zeichen, ersetzt. Bei dieser Arbeit durften wir auch unpublizierte Sammlungen benutzen. Unter diesen Prinzipien wurden bei unserer Transkription naturgemäß systemfremde ›Aussprachehilfen‹ vermieden, also immer g, nicht einmal g, andermal ğ umschrieben. Bei strittigen Schreibungen wurden

Alternativen in Klammern beigefügt [Tall Ḥuwayrah (Ḫuwayrah)] oder der Name zweimal aufgeführt (Yurġan/ Yurqan Tappah). ›Standardnamen‹ mit den häufig vorkommenden ersten Bestandteilen ›Tall‹, ›Tappah‹ und ›Al‹ (arabischer Artikel mit Assimilationsvarianten) wurden im ersten Teil des Ortsregisters sämtlich zusätzlich unter ihrem zweiten oder dritten Namensbestandteil aufgeführt. Überhaupt erscheinen alle die erwähnten verschiedenen ›Nebenformen‹ im ersten Registerteil als selbständige Positionen innerhalb der alphabetischen Reihenfolge noch einmal. Im Gegensatz zu den ›Standardformen‹ sind ihre vorangestellten Kartennummern in Klammern gesetzt. Vergleiche zur Lösung dieser Probleme grundlegend Lehmann, Eisenzeit: IX und passim.

Alphabetisches Ortsregister

(41)	Abu Ḥabbah, Tall (Sippar); Südmesopotamien
3	Adana; Südzentralanatolien
(29)	Ad Dayr (Dayr aẓ Ẓawr); Nordwestmesopotamien
(40)	Agrab, Tall; Diyala-Gebiet
(5)	Aintab (Gaziantep); Südzentralanatolien
(8)	Al Anṣārī (in Aleppo); Nordsyrien
8	Aleppo (Ḥalab); Nordsyrien
6	Al Ḥammām (Ošeriyyah); Nordsyrien, am Sagur und Euphrat
(20)	Al Quds (Jerusalem); Palästina
(8)	Anṣārī, Al (in Aleppo); Nordsyrien
27	Ar Raqqah
(33)	^{c}Ašārah, Tall (Terqa in Ḫana); Mittelmesopotamien
(19)	Aš Ša'm (Damaskus / Dimašq); Südsyrien
(35)	Aš Šarqat (Assur / Qal^{c}at Šarqat); Mittelmesopotamien
35	Assur (Aš Šarqat / Qal^{c}at Šarqat); Mittelmesopotamien
(26)	Aṯ Ṯawrah (Madinat aṯ Ṯawrah / Tabqah); Nordwestmesopotamien
38	Baġdād; Diyala-Gebiet
(30)	Baraq (Braq), Tall; Nordostmesopotamien
17	Bayrut; Südsyrien
(28)	Bi^{c}ah, Tall; Nordwestmesopotamien, am Euphrat und Balich
(30)	Braq (Baraq), Tall; Nordostmesopotamien
(1)	Chomazoudia (Politiko / Tamassos); Kypros

48	Tall Lawḥ (Tello); Südmesopotamien
15	Tall Maṣin; bei Ḥamah, Zentralsyrien
(51)	Tall Muqayyar (Ur); Südmesopotamien
(45)	Tall Nuffar (Nippur); Südmesopotamien
32	Tall Tāyā (Ṭāyā); Nordostmesopotamien
1	Tamassos (Chomazoudia / Politiko); Kypros
36	Tappah Gawra; Ostobertigrisgebiet
(26)	Ṯawrah, Aṯ (Madinat aṯ Ṯawrah / Tabqah); Nordwestmesopotamien
(32)	Tāyā (Ṭāyā), Tall; Nordostmesopotamien
(48)	Tello (Tall Lawḥ); Südmesopotamien
33	Terqa in Ḫana (Tall ^{c}Ašārah); Mittelmesopotamien
22	Toprakkale; Südostanatolien
11	Ugarit (Ra's Šamrah); Zentralsyrien
(43)	Uḥaymir, Tall al (Kiš + Tall Inġarrah); Südmesopotamien
51	Ur (Tall Muqayyar); Südmesopotamien
49	Uruk (Warka'); Südmesopotamien
(49)	Warka' (Uruk); Südmesopotamien
(44)	Wilayah, Tall al; Südmesopotamien
(37)	Yurġan (Yurqan) Tappah (Nuzi); Ostobertigrisgebiet
(37)	Yurqan (Yurġan) Tappah (Nuzi); Ostobertigrisgebiet
4	Zincirli (Sendschirli); Südzentralanatolien

Sonstige geographische Bezeichnungen:

Abi Diz = Rudi Diz
AMANUS s. GAVUR DAĞ
^{c}Amuq = Amik
ANTILIBANON s. GABAL AŠ ŠARQI
Araks s. Aras
Aras = Rudi Aras (Araks, Araxes)
Araxes s. Aras
Baḥr Luṭ (Totes Meer)
Baḥr Tabariyyah (See Genezareth)
Balich (Baliḫ)
Baliḫ s. Balich
Beyşehir Gölü
Ceyhan = Ceyhan Nehri (Pyramus)
Chabur s. Ḫabur
Diglah = Dicle Nehri (Tigris)
Diyala = Nahr Diyala
Euphrat s. Furat, Al
Furat, Al = Firat Nehri (Euphrat)
GABAL AD DURUZ
GABAL AŠ ŠARQI (ANTILIBANON)
GABAL BIŠRI
GABAL LUBNAN (LIBANON)
GABAL ŠAWMARIYYAH = GABAL ŠA'R
GABAL SINGAR

GAVUR DAĞ (AMANUS)
Genezareth, See s. Baḥr Tabariyyah
Ḫabur (Chabur)
Halys s. Kizil Irmak
Jordan s. Nahr aš Šari^{c}ah
Kara Su
Karḵah Rud
Karun s. Rudi Karun
Kaspi-See
Kizil Irmak (Halys)
Kašgan Rud = Kaškan Rud
Leontes s. Nahr al Liṭani
LIBANON s. GABAL LUBNAN
Murat Suyu = Murat Nehri
Nahr al ^{c}Asi = Asi Nehri (Orontes)
Nahr al Liṭani (Leontes)
Nahr as Šari^{c}ah (Jordan)
Orontes s. Nahr al ^{c}Asi
Pyramus s. Ceyhan
Qara Su = Qarah Su
Qizil Uzun s. Safid Rud
Rudi Karun (Karun)
Safid Rud (Qizil Uzun)
Sarus s. Seyhan
Šaṭṭ al ^{c}Aḏaym = Nahr al ^{c}Iḏaym
Saymarrah Rud
Seyhan = Seyhan Nehri (Sarus)
SINA' (SINAI)
SINAI s. SINA'
Tigris s. Diglah
Totes Meer s. Baḥr Luṭ
Tuz Gölü
Urumiyyah-See = Daryačahi Riẓa'iyyah
Van Gölü
Zab A^{c}la = Zab al Kabir
Zab al Asfal = Zab aṣ Ṣaġir
ZAGRUS

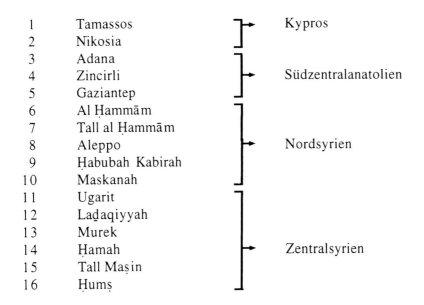

Ortsregister nach Kartennummern

1	Tamassos	Kypros
2	Nikosia	
3	Adana	Südzentralanatolien
4	Zincirli	
5	Gaziantep	
6	Al Ḥammām	Nordsyrien
7	Tall al Ḥammām	
8	Aleppo	
9	Ḥabubah Kabirah	
10	Maskanah	
11	Ugarit	Zentralsyrien
12	Laḏaqiyyah	
13	Murek	
14	Ḥamah	
15	Tall Maṣin	
16	Ḥumṣ	

17	Bayrut	
18	Tall Kāmid al Lawz	Südsyrien
19	Damaskus	
20	Jerusalem	Palästina
21	Sürüç	Südostanatolien
22	Toprakkale	
23	Harran	
24	Tall Ḥuwayrah	
25	Ḥalawwah	
26	Tabqah	Nordwestmesopotamien
27	Ar Raqqah	
28	Tall Bi^{c}ah	
29	Dayr aẓ Ẓawr	
30	Tall Baraq	
31	Tall Ḥamad Āġa aṣ Ṣaġīr	Nordostmesopotamien
32	Tall Tāyā	
33	Terqa in Ḫana	
34	Mari	Mittelmesopotamien
35	Assur	
36	Tappah Gawra	Ostobertigrisgebiet
37	Nuzi	
38	Baġdād	
39	Ḫafagah	Diyala-Gebiet
40	Tall Agrab	
41	Sippar	
42	Tall ad Dayr	
43	Kiš	
44	Tall al Wilayah	
45	Nippur	
46	Isin	Südmesopotamien
47	Tall Fārah	
48	Tall Lawḥ	
49	Uruk	
50	Larsa	
51	Ur	
52	Susa	Chuzistan

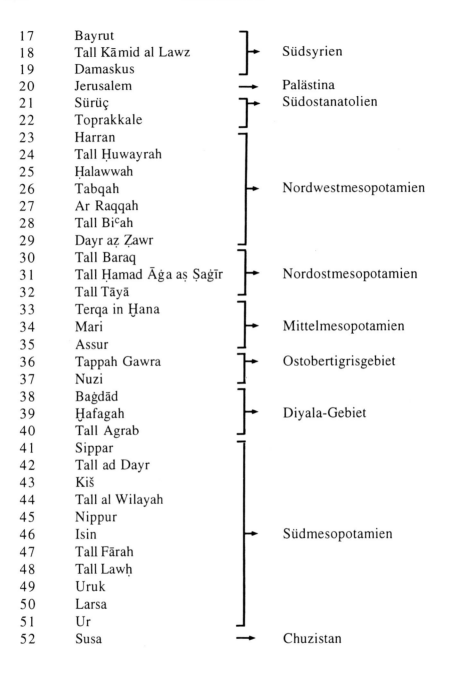

Bd. 25/1a MICHAEL LATTKE: *Die Oden Salomos in ihrer Bedeutung für Neues Testament und Gnosis.* Band Ia. Der syrische Text der Edition in Estrangela Faksimile des griechischen Papyrus Bodmer XI. 68 Seiten. 1980.

Bd. 25/2 MICHAEL LATTKE: *Die Oden Salomos in ihrer Bedeutung für Neues Testament und Gnosis.* Band II. Vollständige Wortkonkordanz zur handschriftlichen, griechischen, koptischen, lateinischen und syrischen Überlieferung der Oden Salomos. Mit einem Faksimile des Kodex N. XVI–201 Seiten. 1979.

Bd. 25/3 MICHAEL LATTKE: *Die Oden Salomos in ihrer Bedeutung für Neues Testament und Gnosis.* Band III. XXXIV–478 Seiten. 1986.

Bd. 25/4 MICHAEL LATTKE: *Die Oden Salomos in ihrer Bedeutung für Neues Testament und Gnosis.* Band IV. XII–284 Seiten. 1998.

Bd. 46 ERIK HORNUNG: *Der ägyptische Mythos von der Himmelskuh.* Eine Ätiologie des Unvollkommenen. Unter Mitarbeit von Andreas Brodbeck, Hermann Schlögl und Elisabeth Staehelin und mit einem Beitrag von Gerhard Fecht. XII–129 Seiten, 10 Abbildungen. 1991. Dritte Auflage.

Bd. 50/1 DOMINIQUE BARTHÉLEMY: *Critique textuelle de l'Ancien Testament.* 1. Josué, Juges, Ruth, Samuel, Rois, Chroniques, Esdras, Néhémie, Esther. Rapport final du Comité pour l'analyse textuelle de l'Ancien Testament hébreu institué par l'Alliance Biblique Universelle, établi en coopération avec Alexander R. Hulst †, Norbert Lohfink, William D. McHardy, H. Peter Rüger, coéditeur, James A. Sanders, coéditeur. 812 pages. 1982.

Bd. 50/2 DOMINIQUE BARTHÉLEMY: *Critique textuelle de l'Ancien Testament.* 2. Isaïe, Jérémie, Lamentations. Rapport final du Comité pour l'analyse textuelle de l'Ancien Testament hébreu institué par l'Alliance Biblique Universelle, établi en coopération avec Alexander R. Hulst †, Norbert Lohfink, William D. McHardy, H. Peter Rüger, coéditeur, James A. Sanders, coéditeur. 1112 pages. 1986.

Bd. 50/3 DOMINIQUE BARTHÉLEMY: *Critique textuelle de l'Ancien Testament.* Tome 3. Ezéchiel, Daniel et les 12 Prophètes. Rapport final du Comité pour l'analyse textuelle de l'Ancien Testament hébreu institué par l'Alliance Biblique Universelle, établi en coopération avec Alexander R. Hulst †, Norbert Lohfink, William D. McHardy, H. Peter Rügert †, coéditeur, James A. Sanders, coéditeur. 1424 pages. 1992.

Bd. 53 URS WINTER: *Frau und Göttin.* Exegetische und ikonographische Studien zum weiblichen Gottesbild im Alten Israel und in dessen Umwelt. XVIII–928 Seiten, 520 Abbildungen.1983. 2. Auflage 1987. Mit einem Nachwort zur 2. Auflage.

Bd. 55 PETER FREI / KLAUS KOCH: *Reichsidee und Reichsorganisation im Perserreich.* 352 Seiten, 17 Abbildungen. 1996. Zweite, bearbeitete und erweiterte Auflage.

Bd. 67 OTHMAR KEEL / SILVIA SCHROER: *Studien zu den Stempelsiegeln aus Palästina/Israel.* Band I. 115 Seiten, 103 Abbildungen. 1985.

Bd. 71 HANS-PETER MATHYS: *Liebe deinen Nächsten wie dich selbst.* Untersuchungen zum alttestamentlichen Gebot der Nächstenliebe (Lev 19,18). XII–204 Seiten. 1986. 2. verbesserte Auflage 1990.

Bd. 76 JOŽE KRAŠOVEC: *La justice (Ṣdq) de Dieu dans la Bible hébraïque et l'interprétation juive* et *chrétienne.* 456 pages. 1988.

Bd. 77 HELMUT UTZSCHNEIDER: *Das Heiligtum und das Gesetz.* Studien zur Bedeutung der sinaitischen Heiligtumstexte (Ez 25-40; Lev 8-9). XIV–326 Seiten. 1988.

Bd. 78 BERNARD GOSSE: *Isaie 13,1-14,23.* Dans la tradition littéraire du livre d'Isaïe et dans la tradition des oracles contre les nations. 308 pages. 1988.

Bd. 79 INKE W. SCHUMACHER: *Der Gott Sopdu – Der Herr der Fremdländer.* XV1–364 Seiten, 6 Abbildungen. 1988.

Bd. 80 HELLMUT BRUNNER: *Das hörende Herz.* Kleine Schriften zur Religions- und Geistesgeschichte Ägyptens. Herausgegeben von Wolfgang Röllig. 449 Seiten, 55 Abbildungen. 1988.

Bd. 81 WALTER BEYERLIN: *Bleilot, Brecheisen oder was sonst?* Revision einer Amos-Vision. 68 Seiten. 1988.

Bd. 82 MANFRED HUTTER: *Behexung, Entsühnung und Heilung.* Das Ritual der Tuunawiya für ein Königspaar aus mittelhethitischer Zeit (KBo XXI 1 – KUB IX 34 – KBo XXI 6). 186 Seiten. 1988.

Bd. 83 RAPHAEL GIVEON: *Scarabs from Recent Excavations in Israel.* 114 pages with numerous illustrations and 9 plates. 1988.

Bd. 84 MIRIAM LICHTHEIM: *Ancient Egyptian Autobiographies chiefly of the Middle Kingdom.* A Study and an Anthology. 200 pages, 10 pages with illustrations. 1988.

Bd. 85 ECKART OTTO: *Rechtsgeschichte der Redaktionen im Kodex Ešnunna und im «Bundesbuch».* Eine redaktionsgeschichtliche und rechtsvergleichende Studie zu altbabylonischen und altisraelitischen Rechtsüberlieferungen. 220 Seiten. 1989.

Bd. 86 ANDRZEJ NIWIŃSKI: *Studies on the Illustrated Theban Funerary Papyri of the 11th and 10th Centuries B.C.* 488 pages, 80 plates. 1989.

Bd. 87 URSULA SEIDL: *Die babylonischen Kudurru-Reliefs.* Symbole mesopotamischer Gottheiten. 236 Seiten, 33 Tafeln und 2 Tabellen. 1989.

Bd. 88 OTHMAR KEEL / HILDI KEEL-LEU / SILVIA SCHROER: *Studien zu den Stempelsiegeln aus Palästina/Israel.* Band II. 364 Seiten, 652 Abbildungen. 1989.

Bd. 89 FRIEDRICH ABITZ: *Baugeschichte und Dekoration des Grabes Ramses' VI.* 202 Seiten, 39 Abbildungen. 1989.

Bd. 90 JOSEPH HENNINGER SVD: *Arabica varia.* Aufsätze zur Kulturgeschichte Arabiens und seiner Randgebiete. Contributions à l'histoire culturelle de l'Arabie et de ses régions limitrophes. 504 pages. 1989.

Bd. 91 GEORG FISCHER: *Jahwe unser Gott.* Sprache, Aufbau und Erzähltechnik in der Berufung des Mose (Ex. 3-4). 276 Seiten. 1989.

Bd. 92 MARK A. O'BRIEN: *The Deuteronomistic History Hypothesis.* A Reassessment. 340 pages. 1989.

Bd. 93 WALTER BEYERLIN: *Reflexe der Amosvisionen im Jeremiabuch.* 120 Seiten. 1989.

Bd. 94 ENZO CORTESE: *Josua 13–21.* Ein priesterschriftlicher Abschnitt im deuteronomistischen Geschichtswerk. 136 Seiten. 1990.

Bd. 96 ANDRÉ WIESE: *Zum Bild des Königs auf ägyptischen Siegelamuletten.* 264 Seiten mit zahlreichen Abbildungen im Text und 32 Tafeln. 1990.

Bd. 97 WOLFGANG ZWICKEL: *Räucherkult und Räuchergeräte.* Exegetische und archäologische Studien zum Räucheropfer im Alten Testament. 372 Seiten. Mit zahlreichen Abbildungen im Text. 1990.

Bd. 98 AARON SCHART: *Mose und Israel im Konflikt.* Eine redaktionsgeschichtliche Studie zu den Wüstenerzählungen. 296 Seiten. 1990.

Bd. 99 THOMAS RÖMER: *Israels Väter.* Untersuchungen zur Väterthematik im Deuteronomium und in der deuteronomistischen Tradition. 664 Seiten. 1990.

Bd. 100 OTHMAR KEEL / MENAKHEM SHUVAL / CHRISTOPH UEHLINGER: *Studien zu den Stempelsiegeln aus Palästina / Israel* Band III. Die Frühe Eisenzeit. Ein Workshop. XIV–456 Seiten. Mit zahlreichen Abbildungen im Text und 22 Tafeln. 1990.

Bd. 101 CHRISTOPH UEHLINGER: *Weltreich und «eine Rede».* Eine neue Deutung der sogenannten Turmbauerzählung (Gen 11,1–9). XVI–654 Seiten.1990.

Bd. 103 ADRIAN SCHENKER: *Text und Sinn im Alten Testament.* Textgeschichtliche und bibeltheologische Studien. VIII–312 Seiten. 1991.

Bd. 104 DANIEL BODI: *The Book of Ezekiel and the Poem of Erra.* IV–332 pages. 1991.

Bd. 105 YUICHI OSUMI: *Die Kompositionsgeschichte des Bundesbuches Exodus 20,22b–23,33.* XII–284 Seiten. 1991.

Bd. 106 RUDOLF WERNER: *Kleine Einführung ins Hieroglyphen-Luwische.* XII–112 Seiten. 1991.

Bd. 107 THOMAS STAUBLI: *Das Image der Nomaden im Alten Israel und in der Ikonographie seiner sesshaften Nachbarn.* XII–408 Seiten. 145 Abb. und 3 Falttafeln. 1991.

Bd. 108 MOSHÉ ANBAR: *Les tribus amurrites de Mari.* VIII–256 pages. 1991.

Bd. 109 GÉRARD J. NORTON / STEPHEN PISANO (eds.): *Tradition of the Text.* Studies offered to Dominique Barthélemy in Celebration of his 70th Birthday. 336 pages. 1991.

Bd. 110 HILDI KEEL-LEU: *Vorderasiatische Stempelsiegel.* Die Sammlung des Biblischen Instituts der Universität Freiburg Schweiz. 180 Seiten. 24 Tafeln. 1991.

Bd. 111 NORBERT LOHFINK: *Die Väter Israels im Deuteronomium.* Mit einer Stellungnahme von Thomas Römer. 152 Seiten. 1991.

Bd. 113 CHARLES MAYSTRE: *Les grands prêtres de Ptah de Memphis.* XIV–474 pages, 2 planches. 1992.

Bd. 114 THOMAS SCHNEIDER: *Asiatische Personennamen in ägyptischen Quellen des Neuen Reiches.* 480 Seiten. 1992.

Bd. 115 ECKHARD VON NORDHEIM: *Die Selbstbehauptung Israels in der Welt des Alten Orients.* Religionsgeschichtlicher Vergleich anhand von Gen 15/22/28, dem Aufenthalt Israels in Ägypten, 2 Sam 7, 1 Kön 19 und Psalm 104. 240 Seiten. 1992.

Bd. 116 DONALD M. MATTHEWS: *The Kassite Glyptic of Nippur.* 208 pages, 210 figures. 1992.

Bd. 117 FIONA V. RICHARDS: *Scarab Seals from a Middle to Late Bronze Age Tomb at Pella in Jordan.* XII–152 pages, 16 plates. 1992.

Bd. 118 YOHANAN GOLDMAN: *Prophétie et royauté au retour de l'exil.* Les origines littéraires de la forme massorétique du livre de Jérémie. XIV–270 pages. 1992.

Bd. 119 THOMAS M. KRAPF: *Die Priesterschrift und die vorexilische Zeit.* Yehezkel Kaufmanns vernachlässigter Beitrag zur Geschichte der biblischen Religion. XX–364 Seiten. 1992.

Bd. 120 MIRIAM LICHTHEIM: *Maat in Egyptian Autobiographies and Related Studies.* 236 pages, 8 plates. 1992.

Bd. 121 ULRICH HÜBNER: *Spiele und Spielzeug im antiken Palästina.* 256 Seiten. 58 Abbildungen. 1992.

Bd. 122 OTHMAR KEEL: *Das Recht der Bilder, gesehen zu werden.* Drei Fallstudien zur Methode der Interpretation altorientalischer Bilder. 332 Seiten, 286 Abbildungen. 1992.

Bd. 123 WOLFGANG ZWICKEL (Hrsg.): *Biblische Welten.* Festschrift für Martin Metzger zu seinem 65. Geburtstag. 268 Seiten, 19 Abbildungen. 1993.

Bd. 125 BENJAMIN SASS / CHRISTOPH UEHLINGER (eds.): *Studies in the Iconography of Northwest Semitic Inscribed Seals.* Proceedings of a symposium held in Fribourg on April 17–20, 1991. 368 pages, 532 illustrations. 1993.

Bd. 126 RÜDIGER BARTELMUS / THOMAS KRÜGER / HELMUT UTZSCHNEIDER (Hrsg.): *Konsequente Traditionsgeschichte.* Festschrift für Klaus Baltzer zum 65. Geburtstag. 418 Seiten. 1993.

Bd. 127 ASKOLD I. IVANTCHIK: *Les Cimmériens au Proche-Orient.* 336 pages. 1993.

Bd. 128 JENS VOSS: *Die Menora.* Gestalt und Funktion des Leuchters im Tempel zu Jerusalem. 124 Seiten. 1993.

Bd. 129 BERND JANOWSKI / KLAUS KOCH / GERNOT WILHELM (Hrsg.): *Religionsgeschichtliche Beziehungen zwischen Kleinasien, Nordsyrien und dem Alten Testament.* Internationales Symposion Hamburg 17.–21. März 1990. 572 Seiten. 1993.

Bd. 130 NILI SHUPAK: *Where can Wisdom be found?* The Sage's Language in the Bible and in Ancient Egyptian Literature. XXXII–516 pages. 1993.

Bd. 131 WALTER BURKERT / FRITZ STOLZ (Hrsg.): *Hymnen der Alten Welt im Kulturvergleich.* 134 Seiten. 1994.

Bd. 132 HANS-PETER MATHYS: *Dichter und Beter.* Theologen aus spätalttestamentlicher Zeit. 392 Seiten. 1994.

Bd. 133 REINHARD G. LEHMANN: *Friedrich Delitzsch und der Babel-Bibel-Streit.* 472 Seiten, 13 Tafeln. 1994.

Bd. 135 OTHMAR KEEL: *Studien zu den Stempelsiegeln aus Palästina/Israel.* Band IV. Mit Registern zu den Bänden I–IV. XII–340 Seiten mit Abbildungen, 24 Seiten Tafeln. 1994.

Bd. 136 HERMANN-JOSEF STIPP: *Das masoretische und alexandrinische Sondergut des Jeremiabuches.* Textgeschichtlicher Rang, Eigenarten, Triebkräfte. VII–196 Seiten. 1994.

Bd. 137 PETER ESCHWEILER: *Bildzauber im alten Ägypten.* Die Verwendung von Bildern und Gegenständen in magischen Handlungen nach den Texten des Mittleren und Neuen Reiches. X–380 Seiten, 28 Seiten Tafeln. 1994.

Bd. 138 CHRISTIAN HERRMANN: *Ägyptische Amulette aus Palästina/Israel.* Mit einem Ausblick auf ihre Rezeption durch das Alte Testament. XXIV–1000 Seiten, 70 Seiten Bildtafeln. 1994.

Bd. 140 IZAK CORNELIUS: *The Iconography of the Canaanite Gods Reshef and Ba'al.* Late Bronze and Iron Age I Periods (c 1500 – 1000 BCE). XII–326 pages with illustrations, 56 plates. 1994.

Bd. 141 JOACHIM FRIEDRICH QUACK: *Die Lehren des Ani.* Ein neuägyptischer Weisheitstext in seinem kulturellen Umfeld. X–344 Seiten, 2 Bildtafeln. 1994.

Bd. 142 ORLY GOLDWASSER: *From Icon to Metaphor.* Studies in the Semiotics of the Hieroglyphs. X–194 pages. 1995.

Bd. 143 KLAUS BIEBERSTEIN: *Josua-Jordan-Jericho.* Archäologie, Geschichte und Theologie der Landnahmeerzählungen Josua 1-6. XII–494 Seiten. 1995.

Bd. 144 CHRISTL MAIER: *Die «fremde Frau» in Proverbien 1-9.* Eine exegetische und sozialgeschichtliche Studie. XII–304 Seiten. 1995.

Bd. 145 HANS ULRICH STEYMANS: *Deuteronomium 28 und die* adê *zur Thronfolgeregelung Asarhaddons.* Segen und Fluch im Alten Orient und in Israel. XII–436 Seiten. 1995.

Bd. 146 FRIEDRICH ABITZ: *Pharao als Gott in den Unterweltsbüchern des Neuen Reiches.* VIII–228 Seiten. 1995.

Bd. 147 GILLES ROULIN: *Le Livre de la Nuit. Une composition égyptienne de l'au-delà.* Ire partie: traduction et commentaire. XX–420 pages. IIe partie: copie synoptique. X–169 pages, 21 planches. 1996.

Bd. 148 MANUEL BACHMANN: *Die strukturalistische Artefakt- und Kunstanalyse.* Exposition der Grundlagen anhand der vorderorientalischen, ägyptischen und griechischen Kunst. 88 Seiten mit 40 Abbildungen. 1996.

Bd. 150 ELISABETH STAEHELIN / BERTRAND JAEGER (Hrsg.): *Ägypten-Bilder.* Akten des «Symposions zur Ägypten-Rezeption», Augst bei Basel, vom 9.–11. September 1993. 384 Seiten Text, 108 Seiten mit Abbildungen. 1997.

Bd. 151 DAVID A.WARBURTON: *State and Economy in Ancient Egypt.* Fiscal Vocabulary of the New Kingdom. 392 pages. 1996.

Bd. 152 FRANÇOIS ROSSIER SM: *L'intercession entre les hommes dans la Bible hébraïque.* L'intercession entre les hommes aux origines de l'intercession auprès de Dieu. 408 pages. 1996.

Bd. 153 REINHARD GREGOR KRATZ / THOMAS KRÜGER (Hrsg.): *Rezeption und Auslegung im Alten Testament und in seinem Umfeld.* Ein Symposion aus Anlass des 60. Geburtstags von Odil Hannes Steck. 148 Seiten. 1997.

Bd. 154 ERICH BOSSHARD-NEPUSTIL: *Rezeptionen von Jesaja 1–39 im Zwölfprophetenbuch.* Untersuchungen zur literarischen Verbindung von Prophetenbüchern in babylonischer und persischer Zeit. XIV–534 Seiten. 1997.

Bd. 155 MIRIAM LICHTHEIM: *Moral Values in Ancient Egypt.* 136 pages. 1997.

Bd. 156 ANDREAS WAGNER (Hrsg.): *Studien zur hebräischen Grammatik.* VIII–212 Seiten. 1997.

Bd. 157 OLIVIER ARTUS: *Etudes sur le livre des Nombres.* Récit, Histoire et Loi en Nb 13,1–20,13. X-310 pages. 1997.

Bd. 158 DIETER BÖHLER: *Die heilige Stadt in Esdras* α *und Esra-Nehemia.* Zwei Konzeptionen der Wiederherstellung Israels. XIV-464 Seiten. 1997.

Bd. 159 WOLFGANG OSWALD: *Israel am Gottesberg.* Eine Untersuchung zur Literargeschichte der vorderen Sinaiperikope Ex 19–24 und deren historischem Hintergrund. X–300 Seiten. 1998.

Bd. 160/1 JOSEF BAUER / ROBERT K. ENGLUND / MANFRED KREBERNIK: *Mesopotamien: Späturuk-Zeit und Frühdynastische Zeit.* Annäherungen 1. Herausgegeben von Pascal Attinger und Markus Wäfler. 640 Seiten. 1998.

Bd. 160/3 WALTHER SALLABERGER / AAGE WESTENHOLZ: *Mesopotamien: Akkade-Zeit und Ur III-Zeit.* Annäherungen 3. Herausgegeben von Pascal Attinger und Markus Wäfler. 424 Seiten. 1999.

Bd. 161 MONIKA BERNETT / OTHMAR KEEL: *Mond, Stier und Kult am Stadttor.* Die Stele von Betsaida (et-Tell). 175 Seiten mit 121 Abbildungen. 1998.

Bd. 162 ANGELIKA BERLEJUNG: *Die Theologie der Bilder.* Herstellung und Einweihung von Kultbildern in Mesopotamien und die alttestamentliche Bilderpolemik. 1998. XII–560 Seiten. 1998.

Bd. 163 SOPHIA K. BIETENHARD: *Des Königs General.* Die Heerführertraditionen in der vorstaatlichen und frühen staatlichen Zeit und die Joabgestalt in 2 Sam 2-20; 1 Kön 1-2. 388 Seiten. 1998.

Bd. 164 JOACHIM BRAUN: *Die Musikkultur Altisraels/Palästinas.* Studien zu archäologischen, schriftlichen und vergleichenden Quellen. XII-372 Seiten, 288 Abbildungen. 1999.

Bd. 165 SOPHIE LAFONT: *Femmes, Droit et Justice dans l'Antiquité orientale.* Contribution à l'étude du droit pénal au Proche-Orient ancien. XVI-576 pages. 1999.

Bd. 166 ESTHER FLÜCKIGER-HAWKER: *Urnamma of Ur in Sumerian Literary Tradition.* XVIII-426 pages, 25 plates. 1999.

Bd. 167 JUTTA BOLLWEG: *Vorderasiatische Wagentypen.* Im Spiegel der Terracottaplastik bis zur Altbabylonischen Zeit. 160 Seiten und 68 Seiten Abbildungen. 1999.

Weitere Informationen zur Reihe OBO: http://www.unifr.ch/bif/obo/obo.html

UNIVERSITÄTSVERLAG FREIBURG SCHWEIZ
ÉDITIONS UNIVERSITAIRES FRIBOURG SUISSE

INSTITUT BIBLIQUE DE L'UNIVERSITÉ DE FRIBOURG EN SUISSE

L'Institut biblique de l'Université de Fribourg en Suisse offre la possibilité d'acquérir un

certificat de spécialisation
CRITIQUE TEXTUELLE ET HISTOIRE DU TEXTE ET DE L'EXÉGÈSE DE L'ANCIEN TESTAMENT

(Spezialisierungszeugnis Textkritik und Geschichte des Textes und der Interpretation des Alten Testamentes)

en une année académique (octobre à juin). Toutes les personnes ayant obtenu une licence en théologie ou un grade académique équivalent peuvent en bénéficier.

Cette année d'études peut être organisée

- ☞ autour de la critique textuelle proprement dite (méthodes, histoire du texte, instruments de travail, édition critique de la Bible);
- ☞ autour des témoins principaux du texte biblique (texte masorétique et masore, textes bibliques de Qumran, Septante, traductions hexaplaires, Vulgate, Targoums) et leurs langues (hébreu, araméen, grec, latin, syriaque, copte), enseignées en collaboration avec les chaires de patrologie et d'histoire ancienne, ou
- ☞ autour de l'histoire de l'exégèse juive (en hébreu et en judéo-arabe) et chrétienne (en collaboration avec la patrologie et l'histoire de l'Eglise).

L'Institut biblique dispose d'une bibliothèque spécialisée dans ces domaines. Les deux chercheurs de l'Institut biblique consacrés à ces travaux sont Adrian Schenker et Yohanan Goldman.

Pour l'obtention du certificat, deux examens annuels, deux séminaires et un travail écrit équivalent à un article sont requis. Les personnes intéressées peuvent obtenir des informations supplémentaires auprès du Curateur de l'Institut biblique:

Prof. Dr. Adrian Schenker
Institut Biblique
Université, Miséricorde
CH-1700 Fribourg / Suisse
Fax +41 - (0)26 - 300 9754

BIBLISCHES INSTITUT DER UNIVERSITÄT FREIBURG SCHWEIZ

Nachdem Sie das Diplom oder Lizentiat in Theologie, Bibelwissenschaft, Altertumskunde Palästinas/ Israels, Vorderasiatischer Archäologie oder einen gleichwertigen Leistungsausweis erworben haben, ermöglicht Ihnen ab Oktober 1997 ein Studienjahr (Oktober – Juni), am Biblischen Institut in Freiburg in der Schweiz ein

Spezialisierungszeugnis
BIBEL UND ARCHÄOLOGIE
(Elemente der Feldarchäologie, Ikonographie, Epigraphik, Religionsgeschichte Palästinas/Israels)

zu erwerben.

Das Studienjahr wird in Verbindung mit der Universität Bern (25 Min. Fahrzeit) organisiert. Es bietet Ihnen die Möglichkeit,

☞ eine Auswahl einschlägiger Vorlesungen, Seminare und Übungen im Bereich "Bibel und Archäologie" bei Walter Dietrich, Othmar Keel, Ernst Axel Knauf, Max Küchler, Silvia Schroer und Christoph Uehlinger zu belegen;

☞ diese Veranstaltungen durch solche in Ägyptologie (Hermann A. Schlögl, Freiburg), Vorderasiatischer Archäologie (Markus Wäfler, Bern) und altorientalischer Philologie (Pascal Attinger, Esther Flückiger, beide Bern) zu ergänzen;

☞ die einschlägigen Dokumentationen des Biblischen Instituts zur palästinisch-israelischen Miniaturkunst aus wissenschaftlichen Grabungen (Photos, Abdrücke, Kartei) und die zugehörigen Fachbibliotheken zu benutzen;

☞ mit den großen Sammlungen (über 10'000 Stück) von Originalen altorientalischer Miniaturkunst des Biblischen Instituts (Rollsiegel, Skarabäen und andere Stempelsiegel, Amulette, Terrakotten, palästinische Keramik, Münzen usw.) zu arbeiten und sich eine eigene Dokumentation (Abdrücke, Dias) anzulegen;

☞ während der Sommerferien an einer Ausgrabung in Palästina / Israel teilzunehmen, wobei die Möglichkeit besteht, mindestens das Flugticket vergütet zu bekommen.

Um das Spezialisierungszeugnis zu erhalten, müssen zwei benotete Jahresexamen abgelegt, zwei Seminarscheine erworben und eine schriftliche wissenschaftliche Arbeit im Umfange eines Zeitschriftenartikels verfaßt werden.

Interessenten und Interessentinnen wenden sich bitte an den Curator des Instituts:

PD Dr. Christoph Uehlinger
Biblisches Institut
Universität, Miséricorde
CH-1700 Freiburg / Schweiz
Fax +41 – (0)26 – 300 9754

ORBIS BIBLICUS ET ORIENTALIS, SERIES ARCHAEOLOGICA

Bd. 1 JACQUES BRIEND / JEAN-BAPTISTE HUMBERT (Ed.): *Tell Keisan (1971–1976), une cité phénicienne en Galilée.* 392 pages, 142 planches. 1980.

Bd. 2 BERTRAND JAEGER: *Essai de classification et datation des scarabées Menkhéperrê.* 455 pages avec 1007 illustrations, 26 planches avec 443 figures. 1982.

Bd. 3 RAPHAEL GIVEON: *Egyptian Scarabs from Western Asia from the Collections of the British Museum.* 202 pages, 457 figures. 1985.

Bd. 4 SEYYARE EICHLER / MARKUS WÄFLER: *Tall al-Ḥamīdīya 1.* Vorbericht 1984. 360 Seiten, 104 Tafeln, 4 Seiten Illustrationen, 4 Faltpläne, 1 vierfarbige Tafel. 1985.

Bd. 5 CLAUDIA MÜLLER-WINKLER: *Die ägyptischen Objekt-Amulette.* Mit Publikation der Sammlung des Biblischen Instituts der Universität Freiburg Schweiz, ehemals Sammlung Fouad S. Matouk. 590 Seiten, 40 Tafeln. 1987.

Bd. 6 SEYYARE EICHLER / MARKUS WÄFLER / DAVID WARBURTON: *Tall al-Ḥamīdīya 2.* Symposium Recent Excavations in the Upper Khabur Region. 492 Seiten, 20 Seiten Illustrationen, 2 Falttafeln, 1 vierfarbige Tafel. 1990.

Bd. 7 HERMANN A. SCHLÖGL / ANDREAS BRODBECK: *Ägyptische Totenfiguren aus öffentlichen und privaten Sammlungen der Schweiz.* 356 Seiten mit 1041 Photos. 1990.

Bd. 8 DONALD M. MATTHEWS: *Principles of composition in Near Eastern glyptic of the later second millennium B.C.* 176 pages, 39 pages with drawings, 14 plates. 1990.

Bd. 9 CLAUDE DOUMET: *Sceaux et cylindres orientaux: la collection Chiha.* Préface de Pierre Amiet. 220 pages, 24 pages d'illustrations. 1992.

Bd. 10 OTHMAR KEEL: *Corpus der Stempelsiegel-Amulette aus Palästina/Israel.* Von den Anfängen bis zur Perserzeit. Einleitung. 376 Seiten mit 603 Abbildungen im Text. 1995.

Bd. 11 BEATRICE TEISSIER: *Egyptian Iconography on Syro-Palestinian Cylinder Seals of the Middle Bronze Age.* XII–224 pages with numerous illustrations, 5 plates. 1996.

Bd. 12 ANDRÉ B. WIESE: *Die Anfänge der ägyptischen Stempelsiegel-Amulette.* Eine typologische und religionsgeschichtliche Untersuchung zu den «Knopfsiegeln» und verwandten Objekten der 6. bis frühen 12. Dynastie. XXII–366 Seiten mit 1426 Abbildungen. 1996.

Bd. 13 OTHMAR KEEL: *Corpus der Stempelsiegel-Amulette aus Palästina/Israel.* Von den Anfängen bis zur Perserzeit. Katalog Band I. Von Tell Abu Farağ bis 'Atlit. VIII – 808 Seiten mit 375 Phototafeln. 1997.

Bd. 14 PIERRE AMIET / JACQUES BRIEND / LILIANE COURTOIS / JEAN-BERNARD DUMORTIER: *Tell el Far'ah.* Histoire, glyptique et céramologique. 100 pages. 1996.

Bd. 15 DONALD M. MATTHEWS: *The Early Glyptic of Tell Brak.* Cylinder Seals of Third Millennium Syria. XIV-312 pages, 59 plates. 1997.

Bd. 16 SHUA AMORAI-STARK: *Wolfe Family Collection of Near Eastern Prehistoric Stamp Seals.* 216 pages. 1998.

Bd. 17 OLEG BERLEV / SVETLANA HODJASH: *Catalogue of the Monuments of Ancient Egypt.* From the Museums of the Russian Federation, Ukraine, Bielorussia, Caucasus, Middle Asia and the Baltic States. XIV-336 pages 208 plates. 1998.

UNIVERSITÄTSVERLAG FREIBURG SCHWEIZ
ÉDITIONS UNIVERSITAIRES FRIBOURG SUISSE

Zusammenfassung

Vom Frühdynastikum bis in die Altbabylonische Zeit und später sind zahlreiche Terracotta-Modelle vorderasiatischer Wagen erhalten geblieben. Sie lassen sich in vier Grundtypen, die jeweils eine ein- und eine zweiachsige Variante haben, klassifizieren. Das Gros der Modelle wird in die Frühdynastische bis Frühaltbabylonische Zeit datiert. Zu Beginn der Altbabylonischen Zeit gibt es kaum noch zweiachsige Wagen, vorwiegend finden sich jetzt Modelle von Einachsern mit Scheibenrädern, Frontschild und Hinterbock oder blosser Stehfläche. Dieses ist also das Material, das bei der Genesis des klassischen Streitwagens Pate gestanden hat.

Sechs Funktionen des Wagens werden unterschieden (Kult-, Last-, Reise-, Sport-, Jagd- und Kriegswagen), die mit den drei Grundtypen Planwagen, Frontschildwagen und Kanzelwagen abgedeckt werden. Die meisten Tonmodelle geben Jagd- oder Kriegswagen wieder. Die Tonmodelle selbst können als Spielzeug, symbolische Götterwagen im Kult oder als Grabbeigaben gedient haben.

Anhand eines sumerischen Textes der Ur III / Isin-Zeit können die sumerischen Wagentermini den einzelnen Bauelementen eines Wagens zugeordnet werden. Der Text der Šulgi-Hymne ‹A›, die von der Fahrt des Königs Šulgi von Ur nach Nippur an nur einem Tag berichtet, legt den Schluss nahe, dass Šulgi einen schnellen, leichten Wagen benutzt haben muss, wohl einen vom Typ Frontschildeinachser mit Hinterbock.

Summary

Terracotta models of wagons, cars and carts have been used in the Ancient Near East from the Early Dynastic until the Old Babylonian Period and even later. They could be classified in four main types each of which has a two-wheeled and a four-wheeled version. The main part of the terracotta models is dated from the Early Dynastic until the Early Old Babylonian Period. At the beginning of the Old Babylonian Period there are hardly any four-wheeled wagons left, predominantly there are now models with a single axle with disc wheels, a front shield and a rear seat or sometimes only a platform for standing. This should thus be the material from which the classic war chariot was stimulated.
There are six different functions of wagons (cult, load, travel, race, hunting, battle) for which are used three main types of construction: covered wagon, wagon/car with front screen and pulpit car. Most of the models depict wagons or cars used for hunting or in war. They may have served as toy, a symbolic god's wagon in cultic ceremonies or for funerary use.
The technical terms used in a Sumerian text dated to Ur III / Isin Period are to be related to the corresponding elements of a car. The text of the Šulgi-hymn ‹A› leads to the conclusion that king Šulgi must have used a light, swift car to succeed travelling from Ur to Nippur in one single day, probably a two wheeled car with front screen and rear seat.